시간이 지나도 변하지 않는
부동산
절대지식

시간이 지나도 변하지 않는

부동산
절대지식

문지웅 지음

한스미디어

· 머 리 말 ·

올바른 투자를 위한
곧고 바른 부동산 지식
—

　2017년 3월 12일 박근혜 전 대통령이 서울 삼성동 사저로 돌아왔습니다. 2013년 2월 25일 취임 후 1,476일 만의 '귀가'입니다. 저는 회사에서 당직을 서며 박 전 대통령이 청와대를 나와 사저로 복귀하는 모습을 자세히 지켜봤습니다.
　그런데 문득 2층으로 된 사저의 가치가 궁금해졌습니다. 부동산을 오래 취재한 탓인 것 같습니다. 바로 공시지가와 용도를 살펴보기 위해 제가 찾은 사이트는 토지이용규제정보서비스(luris.molit.go.kr)입니다. 이곳에 박 전 대통령 사저 주소를 입력하니 대지면적, 가장 최근 공시지가, 용도지역 등의 정보가 한눈에 들어왔습니다.
　대통령이 헌법재판소에서 탄핵선고를 받고 중도 하차하는 순간에 저는 인터넷으로 땅값을 찾아보고 주변 지하철역과 학교를 살펴봤습니다. 본

능적인 행동이었습니다. 부동산 등기부등본, 건축물대장까지 떼어볼 수도 있었지만 자제력을 발휘했습니다. 이 집에 관심 있는 독자 분들은 대법원 인터넷등기소(iros.go.kr)와 건축행정시스템 새움터(eais.go.kr)에 접속해 등기부등본과 건축물대장을 자세히 살펴보시길 권합니다.

사실 저는 아직도 부동산을 잘 모릅니다. 부동산에 투자해 큰 돈을 번 적도 없습니다. 겨우 소형 아파트 한 채 사서 매달 대출 원리금을 갚고 있습니다. 책 작업을 하는 지난 6개월간 수없이 스스로 물어봤습니다. 과연 부동산 책을 쓸 자격이 있는지.

하지만 책 작업은 멈출 수 없었습니다. 반드시 부동산 투자를 해서 큰 돈을 번 사람만 책을 쓸 자격이 있는 건 아니라는 생각이 앞섰기 때문입니다. 동시에 혼자만 알고 실천하지 못한 지식과 정보가 있다면 세상과 공유하는 게 바람직하다고 생각했습니다.

이 책은 기획단계에서부터 자극적인 내용은 배제했습니다. 책임질 수 없는 이야기들로 독자들을 현혹하지 않는다는 원칙을 시종일관 고수했습니다. 따라서 어떤 지역에 집을 사면 큰 수익을 올릴 수 있다는 식의 정보는 이 책에 담겨 있지 않습니다. 반대로 인구, 가계부채, 정부 정책 등에 대한 불안과 불신을 잘 포장해 서민들의 내 집 마련 꿈을 좌절시키는 비관론도 찾아볼 수 없습니다.

그보다 저는 독자들에게 정확하고 충분한 지식과 정보를 제공하고자 노력했습니다. 흔한 말로 '고기를 잡는 방법'을 알려주는 데 초점을 맞췄다는 뜻입니다. 이 책 한 권 외에도 독자들은 다양한 경험과 직관, 철학에 따라 좋은 고기를 잡아 올릴 수도 있고 그 반대일 수도 있습니다. 누군가 책임을 독자들에게 떠넘기기 위한 술수라고 비난한다면 겸허하게 받아들이겠습니다. 거듭 강조하지만 이 책은 부동산에 투자해서 바로 큰 수익을 안겨주기 위한 목적으로 쓰여지지 않았습니다.

객관적이고 정확한 정보를 제공하고자 많은 자료와 통계를 뒤적거렸습니다. 무엇보다 부동산을 처음 접하는 독자들도 쉽게 이해할 수 있도록 쉬운 언어를 사용하는 데 많은 공을 들였습니다. 여전히 어렵고 복잡한 부분이 있다면 이 또한 모두 제 불찰입니다.

책은 크게 7개 파트로 나누었습니다. 파트 1에서는 현재 우리나라 경제가 처한 상황을 진단하고 부동산 시장에 미치는 영향을 분석해 봤습니다. 왜냐하면 부동산 가격은 국·내외 경제 상황과 경기에 따라 크게 출렁이기 때문입니다. 특히 인구 문제를 집중적으로 다뤘습니다. 특정 시점이 지나면 인구가 줄고 베이비붐 세대가 은퇴하면서 빈집이 대량으로 발생해 집값이 폭락할 수 있다는 전망이 왜 틀릴 수밖에 없는지 자세하게 다루고 있습니다.

파트 2에서는 전·월세주택을 다루고 있습니다. 우선 일각에서 제기되고 있는 '전세종말론'이 왜 허구인지 다각도로 분석합니다. 특히 전세종말론자들이 간과하고 있는 금리변수를 다루고 있습니다. 역사상 가장 낮은 초저금리 시대가 막을 내리고 1년 정기예금 금리가 연 4~5%만 나와 준다면 전세주택 공급은 끊이지 않을 것이라는 전망을 내놓습니다. 또한 전세권 등기, 확정일자, 임대차분쟁 등에 대해서도 상세하게 다루고 있어 전·월세주택 계약을 앞둔 임차인이라면 일독을 권합니다.

파트 3과 파트 4는 주택을 매매할 때 알아두면 뼈가 되고 살이 되는 정보를 담고 있습니다. 청약통장에 가입하는 방법에서부터 그 통장을 활용하는 방법까지 수시로 바뀌는 청약제도와 관련한 최신의 정보를 가능한 한 모두 담기 위해 노력했습니다. 청약제도를 제대로 이해하고 준비하는 것은 내 집 마련을 위한 가장 빠른 길이기 때문입니다.

파트 5와 파트 6은 수익형 부동산과 토지 매매에 대해 다루고 있습니다. 이 부분 역시 특정 수익형 부동산 상품을 추천하거나 특정 지역 토지 매매를 권유하는 솔깃한 내용은 담지 않았습니다. 오히려 분양형 호텔의 문제점과 기획부동산 사기 유형 등을 다루며 신중한 투자를 당부하고 있습니다.

마지막으로 파트 7은 이 책의 하이라이트입니다. 마지막에 배치됐지만 부동산에 처음 관심을 갖는 독자라면 가장 먼저 펼쳐보기를 권합니다. 부동산을 제대로 알고 이해하기 위해 기본적으로 알아야 할 개념들을 망라하고 있기 때문입니다. 입문자나 초보자뿐만 아니라 부동산을 좀 안다고 생각하는 독자들도 읽다보면 새로 알게 되는 내용이 많을 거라 생각합니다.

책이 나오기까지 많은 분들의 격려와 도움이 있었습니다. 모든 분들께 진심으로 감사드립니다. 특히 어설픈 저자를 받아주시고 정성을 다해 주신 한스미디어 관계자들에게 경의를 표합니다. 못난 아들 항상 믿고 응원해 주시는 부모님께 이 책을 바칩니다.

2017년 3월
봄의 언저리에서
저자 문지웅

· 목 차 ·

머리말 · 올바른 투자를 위한 곧고 바른 부동산 지식 / 004

2017~2020 대한민국 부동산은 어디로 가는가

|1| 고개 드는 경제 위기론과 부동산 폭락론의 실체 / 016
|2| 부동산을 바라보는 이중적 시각 / 022
|3| 가계부채 1,300조 시대의 부동산 / 027
|4| 앞으로 10년, 대한민국 부동산의 미래 / 033
문기자의 부동산 팩트체크 : 부동산과 인구 / 038
문기자의 부동산 팩트체크 : 금리와 부동산 / 042

전세는 사라지지 않는다 : 임대주택의 미래

|1| 전세 종말론은 허구다 / 046
|2| 입주 많은 지역에 전세는 많다 / 052
|3| 전세가율 70% 넘으면 적신호 / 058
|4| 전세권 등기와 확정일자 / 063
|5| 전월세전환율을 알아야 월세폭탄 피한다 / 069
|6| 월세세액공제로 세금 돌려받기 / 075
|7| 어플리케이션으로 방 구하기 / 081
|8| 도배장판비용은 누가 부담해야 할까 / 086
문기자의 부동산 팩트체크 : 중산층의 주거대안 뉴스테이 / 093
문기자의 부동산 팩트체크 : 2030세대 월세로또 행복주택 / 098
문기자의 부동산 팩트체크 : 전월세상한제 계약갱신청구권 / 102

내 집 마련의 꿈 : 주택매매의 정석

|1| 좋은 집 사려면 최소한 열 번은 가봐라 / 106
|2| 실거래가를 알아야 손해보지 않는다 / 112
|3| 셀프등기 전자계약으로 비용 줄이기 / 117
|4| 아파트 대신 다세대 연립은 어떨까? / 123
문기자의 부동산 팩트체크 : 다운계약과 업계약 / 129
문기자의 부동산 팩트체크 : 역세권의 진실 / 132

청약통장의 마법 : 아파트 분양의 모든 것

|1| 내 집 마련 1단계 청약통장 가입하기 / 138
|2| 집안의 보물 1순위 청약통장 / 145
|3| 아파트투유와 친해지기 / 151
|4| 입주자모집공고 대해부 / 157
|5| 청약경쟁률에 숨겨진 비밀 / 163
|6| 전용면적 59㎡ 전성시대 / 170
|7| 지역조합 아파트 주의보 / 176
문기자의 부동산 팩트체크 : 특별공급의 세계 / 182
문기자의 부동산 팩트체크 : 주택청약종합저축 소득공제 / 186
문기자의 부동산 팩트체크 : 청약가점제와 추첨제 / 189
문기자의 부동산 팩트체크 : 예비당첨, 선착순 그리고 재당첨제한 / 193

꼬마빌딩 한 채 갖기 : 수익형 부동산 투자법

|1| 오피스텔 투자, 아직 늦지 않았다 / 198
|2| 걷기 좋은 상권 상가에 투자하면 시세차익은 덤 / 204
|3| 샐러리맨들의 꿈, 꼬마빌딩 한 채 갖기 / 210
문기자의 부동산 팩트체크 : 임대사업과 세금 / 215
문기자의 부동산 팩트체크 : 분양형 호텔은 어떨까 / 218

성공하는 땅, 실패하는 땅 : 땅 투자 첫걸음

|1| 2016년을 뜨겁게 달군 점포겸용 단독주택용지 / 222
|2| 비사업용토지 절세 노하우 / 228
|3| 토지 투자 기획부동산 주의보 / 234
문기자의 부동산 팩트체크 : 장기미집행 도시계획시설에 투자하기 / 240

PART 7 부동산 투자 전에 반드시 알아야 할 14가지 상식

| 1 | 용적률과 건폐율 / 244
| 2 | 용도지역 / 249
| 3 | 주택의 종류 / 255
| 4 | 부동산의 가격 / 260
| 5 | 신도시와 택지개발지구 / 266
| 6 | 집단대출과 주택담보대출 / 273
| 7 | LTV, DTI 그리고 DSR / 279
| 8 | 재건축, 재개발 그리고 리모델링 / 285
| 9 | 공공주택 / 292
| 10 | 3베이, 4베이, 5베이 / 298
| 11 | 발코니와 베란다, 테라스 / 303
| 12 | 전용면적과 공용면적, 분양가 / 308
| 13 | 부동산 중개수수료 / 313
| 14 | 분양권 전매와 프리미엄, 불법전매 / 319

문기자의 부동산 팩트체크 : 주거용이지만 업무시설인 오피스텔 / 325
문기자의 부동산 팩트체크 : 분양권과 입주권 / 328

PART 1

2017~2020 대한민국 부동산은 어디로 가는가

REAL ESTATE INVESTMENT

고개 드는 경제 위기론과
부동산 폭락론의 실체

 2017년이 되자 불확실성이 높아지고 경제 위기 가능성이 조심스럽게 고개를 들고 있습니다. 안으로는 최순실 국정농단 사태로 박근혜 대통령이 탄핵을 당했고 밖으로는 미국에서 예측불허의 도널드 트럼프 정부가 들어섰지요. 북한 김정은은 신년사에서 미국 본토를 공격할 수 있는 대륙간탄도미사일(ICBM) 개발이 막바지 단계에 들어섰다며 연초부터 핵·미사일 위협을 하고 있습니다.

 또한 사드(THAAD : 고고도미사일방어체계) 문제로 중국은 한국산 배터리 등에 대해 수입을 제한하고 유커(遊客 : 중국 관광객)의 한국 관광 자제를 촉구하고 있죠. 일본은 서울 일본대사관과 부산 일본영사관 앞에 세워진 위안부 소녀상 철거를 요구하며 우리 정부를 압박합니다. 나라 안팎으로 정치는 물론 경제 여건도 최악으로 치닫는 형국입니다.

때마침 2017년은 1997년 IMF(국제통화기금) 외환위기 발생 20년째가 되는 해입니다. 10년 주기 위기설이 다시금 모락모락 피어나는 것도 이런 시기적 특수성과 무관하지 않습니다. 다만 20년 전에는 외환보유고가 89억 달러에 불과했지만 지금은 3,700억 달러가 넘어 외환위기 가능성은 낮습니다. 바꿔 말하면, 달러가 부족해 발생했던 20년 전 위기와는 근본적으로 다른 경제 위기가 발생할 수 있다는 뜻으로도 볼 수 있습니다. 실제로 이렇게 해석하는 전문가들이 적지 않습니다.

실제로 각 기관별 2017년 경제성장률 전망을 보면 자못 심각합니다. 우리 정부와 한국은

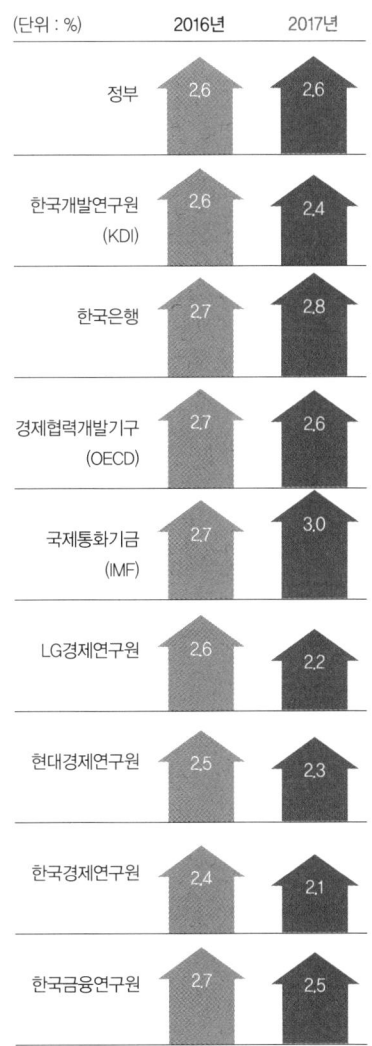

◆ 기관별 경제성장률

(단위 : %)

기관	2016년	2017년
정부	2.6	2.6
한국개발연구원 (KDI)	2.6	2.4
한국은행	2.7	2.8
경제협력개발기구 (OECD)	2.7	2.6
국제통화기금 (IMF)	2.7	3.0
LG경제연구원	2.6	2.2
현대경제연구원	2.5	2.3
한국경제연구원	2.4	2.1
한국금융연구원	2.7	2.5

출처 : 각 기관

행은 각각 2.6%와 2.8%, IMF는 3.0% 성장을 전망했지만 한국개발연구원(KDI) 2.4%, LG경제연구원 2.2%, 현대경제연구원 2.3%, 한국경제연구원 2.1% 등 나머지 기관들은 모두 2%대 초반 성장에 그칠 것으로 내다봤습니다. 2%대 성장률로는 청년 일자리 문제와 늘어나는 복지 수요를 감당하기 어렵습니다. 가계 소득 증대 역시 기대하기 힘들죠. 조선, 철강, 건설 등 전통산업에서는 구조조정 한파가 거세게 불어닥칠 것으로 보입니다. 대면 거래가 급격히 줄면서 금융권 인력감축도 지속될 전망이에요.

위기와 불확실성이 혼재된 부동산 시장

2017년은 이렇게 위기와 불확실성이 혼재해 있어 부동산 시장 전망도 밝지 않습니다. 특히 주택 시장은 2015~2016년 폭발적으로 늘어난 공급(분양)과 2016년 11월 3일 정부가 발표한 부동산 대책 영향으로 연초부터 주춤하고 있습니다. 건설산업연구원은 2017년 집값이 0.8% 떨어질 것으로 전망했고 주택산업연구원은 보합(0%)을 기록할 것으로 내다봤습니다.

하지만 경제 위기 가능성이 높고 집값이 떨어질 것 같다고 해서 부동산에 대한 관심을 접고 거리를 두기 시작하면 내 집 마련의 꿈

◆ 기관별 부동산 시장 전망

구분	건설산업연구원	주택산업연구원
인허가(만 가구)	55	58.1
분양(만 가구)	38	38.6
매매가변동률(%)	−0.8	0
전세금변동률(%)	−1	0.4

출처 : 건설산업연구원, 주택산업연구원

은 영영 이룰 수 없을지도 모릅니다. 많은 사람들이 부동산을 멀리 할 때가 바로 기회가 될 수 있다는 뜻이죠. 실제로 글로벌 금융위기가 발발하자 2008년 12월 전국 미분양주택은 16만 5,599가구까지 급증했지만 그 후 계속 감소해 2016년 12월 말 현재 1만 11가구에 불과합니다. 전국 대부분 지역의 아파트값은 이미 10년 전 가격을 회복했고 일부 지역은 더 많이 올랐습니다.

즉 과거 두 차례 경제위기 이후 부동산 시장 상황을 볼 때 적어도 부동산 시장은 '위기=기회'라는 등식이 성립될 여지가 크다는 뜻입니다. 물론 이 등식은 100% 완벽하지 않습니다. 등식을 작동하는 힘은 부동산 시장에 대한 꾸준한 관심과 지식, 정보에서 나옵니다. 미리 준비하지 않으면 기회가 와도 붙잡을 수 없다는 뜻이죠.

실제로 위기가 닥쳐 집값이 본격적으로 떨어지기 시작하면 어디가 바닥인지 알기 어렵습니다. 이 때문에 부동산에 대한 관심을 거두는 경우도 많은데요. 어디가 바닥인지 모르는 상황에서 집을 샀다가 손해 보지 않을까 두려운 마음 때문이죠.

부동산은 준비된 사람에게
기회를 선물한다

—

　위기를 돌파하는 두 가지 방법이 있습니다. 우선, 꾸준한 관심과 정보를 바탕으로 시세보다 저렴하게 나오는 급매물을 잡는 방법입니다. 급매물은 가만히 앉아서 잡을 수 없어요. 평소 관심 있게 지켜보고 있던 부동산이 있다면 인근 공인중개업소에 미리 말을 해두는 게 가장 좋은 방법입니다. 시세보다 저렴한 주택을 사게 되면 가격이 어느 정도 떨어져도 버틸 수 있는 힘이 생기고 가격이 오르기 시작하면 남들보다 더 큰 시세차익을 거둘 수 있습니다.

　바닥 신호를 감지하는 방법도 있는데요. 주택을 포함한 부동산 경기는 국내 경제에서 아주 중요한 비중을 차지합니다. 주택 시장이 위축되면 섀시업자, 인테리어업자, 이삿짐센터 등 서민경제가 직격탄을 맞습니다. 결코 바람직한 일이 아니죠. 이 때문에 정부에서는 부동산 경기가 곤두박질치지 않도록 가격과 수요 관리를 하려고 합니다. 강화된 청약 규제를 풀어주거나 대출 조건을 완화해 주는 등의 조치를 생각해 볼 수 있지요. 양도소득세, 취득세 감면 혜택도 자주 동원되는 수단입니다. 따라서 부동산 경기 바닥은 정부의 부동산 활성화 대책이 집중되는 시기와 맞닿아 있다고 볼 수 있습니다. 부동산은 심리에 영향을 많이 받기 때문에 정부 대책이 집중되면 가격과 거래가 살아나기 쉬운 상품 중 하나입니다.

부동산 매매시장은 위기와 기회가 상존하지만 전세 등 임대시장 여건은 2017년 크게 개선될 것으로 보입니다. 2017년 전국적으로 아파트 입주물량이 2016년보다 10만 가구 이상 증가할 것으로 전망되기 때문이지요. 반대로 가계부채 문제로 은행 대출 여건은 더 나빠지고 있습니다. 미국발 금리 인상 영향으로 주택담보대출 금리도 조금씩 오르고 있습니다. 입주가 몰리는 지역을 중심으로 값싼 전세물량이 많이 나올 수 있다는 이야기입니다. 새 아파트에 2년 이상 시세보다 저렴하게 거주할 수 있다면 이보다 좋은 기회는 없을 겁니다.

물론 주의할 점도 있죠. 바로 '깡통전세' 문제입니다. 깡통전세란 집주인이 은행에서 받은 대출과 전세금의 합이 집값의 70%를 넘어 집이 경매에 넘어갈 때 전세금을 온전하게 돌려받지 못할 가능성이 높은 주택을 말합니다. 따라서 대출과 전세금의 합이 70%가 넘는 주택은 아무리 전세금이 저렴하다고 해도 경기가 급격히 꺾이면서 집값이 덩달아 급락할 경우 깡통전세로 전락할 수 있기 때문에 각별히 주의해야 합니다. 집값이 상승국면이라면 걱정하지 않아도 되는 일이지만 2017년 경제 상황을 봤을 때 신경쓰지 않으면 큰 피해를 볼 수 있는 대목이에요.

부동산을 바라보는 **이중적 시각**

부동산이란 뭘까요? 집이란 우리에게 무엇일까요? 이 물음에 대한 답은 사람마다 다를 수 있습니다. 누군가는 '사촌이 땅을 사면 배가 아프다'는 옛 속담을 먼저 떠올릴 겁니다. 이제는 고위 공직자 검증에서 결정적 흠으로 보지도 않는 '다운계약서'를 떠올리는 사람이나, 직관적으로 '강남'을 떠올리는 사람들도 있을 겁니다.

필자도 부동산을 오래 취재해 왔지만 사실 딱 '이것이다'라고 말하기 어렵습니다. 네이버 국어사전에는 '움직여 옮길 수 없는 재산으로 토지나 건물, 수목 따위'라고 정의되어 있는데요. 집은 '사람이나 동물이 추위, 더위, 비바람 따위를 막고 그 속에 들어가 살기 위하여 지은 건물'입니다.

이런 정의는 사실 추상적입니다. 우리가 실제 살고 있는 집과 밟고 다니는 땅, 밥을 먹고 차를 마시고 일하는 건물은 모두 부동산입니다. 부동산이라는 말은 곧 사고 팔 수 있다는 뜻이죠. 거래의 대상이라는 말입니다. 거래가 가능하기 때문에 투자도 됩니다. 우리가 부동산에 관심을 가지는 이유는 바로 투자가 가능한 상품이기 때문입니다.

투자가 가능한 대표적인 상품은 주식입니다. 주식은 수시로 사고 팔 수 있기 때문에 부동산보다 쉽게 접근할 수 있죠. 가격도 저렴합니다. 부동산 투자가 어렵고 두려운 이유는 주식처럼 연습이 불가능한 것이라는 사실도 중요한 이유 중 하나입니다.

투자로 접근하면 부동산은 까마득합니다. 답이 잘 보이지 않고 쉽사리 엄두가 나지 않죠. 게다가 부동산 투자는 '투기'라는 꼬리표를 항상 달고 다닙니다. '남이 하면 투기, 내가 하면 투자'라는 말도 있지만 남의 시선을 많이 의식하는 사람들은 투기라고 하면 일단 피하고 봅니다. '부동산 투기를 한 번도 안 했으니 나는 도덕적으로 완벽하다'며 스스로 위안을 삼을 테지만 친구나 동료가 부동산으로 돈을 벌었다는 소식을 접하면 밀려드는 후회로 잠을 설치게 됩니다.

투기도 안 하고 후회도 안 하려면 어떻게 해야 할까요? 부동산에 관심을 가지면 마치 도덕적으로 엄청 타락한 사람인양 취급받지 않으려면 어떻게 하는 게 좋을까요?

투기가 아닌
'투자'를 하라

　부동산 투자나 투기로 큰 돈을 버는 시대는 이제 끝났습니다. 누군가 큰 돈을 벌었다는 소문이 들려도 무시해도 좋을 만큼 예외적인 경우라고 봐야 해요. 억세게 운 좋은 '아웃라이어'(outlier)임에 분명합니다. 통계학에서 흔히 '유의미성을 찾기 어렵다'고 표현하는 경우죠. 일반화할 수 없다는 뜻입니다. 그렇다면, 큰 돈을 벌 목적이 아니라면 뭐하러 부동산에 관심을 가져야 하느냐고 물을 수 있겠습니다. 답은 바로 '살기 위해서'입니다.

　학자들은 '거주목적'이라고 말합니다. 부동산은 이제 살기 위해서 관심을 가져야 합니다. '떼돈을 벌기 위해서'가 아니라 '잘 살기 위해서' 부동산에 대한 정보와 지식이 필요한 시대에 우리는 살고 있습니다. 거창하게 패러다임의 변화라고 말해도 됩니다. 젊은 사람들은 한 푼이라도 저렴하고 쾌적한 집에서 잘 살기 위해, 마땅한 소득이 없는 노년층은 자식들에게 손 벌리지 않고 잘 살기 위해 부동산을 알아야 합니다.

　지금도 인터넷 검색창에서 부동산을 검색하면 수많은 정보가 쏟아집니다. 잘 사는 것도 좋은데 이렇게 많은 정보 중에서 진짜와 가짜는 어떻게 구분할 수 있을까요? 잘 살기 위한 진짜 정보가 과연 존재하기는 하는 걸까요? 이 대목에서 꽉 막히는 분들도 많습니다.

1차 방정식은 누구나 풀 수 있지만 이 문제는 그렇게 단순하지 않습니다.

부동산은 주식이나 채권, 펀드, 예금, 보험 등 다른 상품과 달리 실체가 있습니다. 내비게이션에 주소를 찍으면 해당 장소가 나옵니다. 부동산은 움직이지 않고 항상 그 자리에 있습니다. 물론 시간이 지나면서 주변 환경은 바뀌겠지만 눈에 보이고 잘 변하지 않죠.

이 부분이 부동산을 대하는 우리의 자세에 결정적인 영향을 미치는 변수입니다. 부동산을 골방에 앉아서 다른 사람 얘기나 인터넷 서핑으로 얻은 정보만으로 접근하다가는 큰 코 다치기 쉽다는 뜻입니다. 물론 아주 기초적인 정보는 스마트폰으로 간편하게 얻을 수 있지만 그 이상 기대해서도 안 되고 기대할 수도 없는 게 부동산입니다.

반드시 발품을 팔아야 합니다. 부동산을 알기 위해서는 현장으로 달려가야 한다는 뜻이죠. 부동산은 덩치가 크기 때문에 연습할 수 없다고 했습니다. 그렇지만 구경은 자유예요. 다행히 부동산은 구경할 자유를 우리에게 허락하고 있습니다. 부동산이 있는 현장에 달려가서 얻는 지식과 인터넷이나 책에서 배운 정보가 결합할 때 우리의 삶은 더욱 풍요롭고 행복해질 수 있습니다.

부동산으로 잘 사는 부자들은 틈만 나면 현장으로 달려갑니다. 인터넷에 있는 정보일지라도 현장에서 보고 듣고 느끼면 또 다릅니다. 자유롭게 구경할 수 있는데 현장에 가보지도 않고 덜컥 집이나 땅을 사는 사람을 두고 잘 샀다고 할 수 있을까요? 결과적으로 많은 이익을 안겨주면 잘 샀다는 얘기를 듣기도 하겠지만 이 역시 예외적인 경우로 봐야 합니다. 현장에 가보지 않고 부동산을 잘 살 수 있는 확률은 극히 낮습니다.

  당장 실천할 수 있는 일이 있습니다. 부동산 공부는 '우리 동네'부터 시작하면 됩니다. 부동산에 대한 관심은 우리 동네에 대해 관심을 가지는 것부터 시작합니다. 내가 살고 있는 아파트는 어떤 땅에 지어졌고 용적률이 얼마고, 건폐율이 얼마인지 먼저 파악해 보는 게 출발점입니다. 목적지가 어디냐구요? 부동산으로 잘 사는 겁니다. 잘 사면 잘 살 수 있습니다. 답은 바로 내가 지금 살고 있는 곳에 있습니다.

가계부채
1,300조 시대의 부동산

2008년 리먼브라더스 파산으로 촉발된 미국발 금융위기는 '서브프라임 모기지' 부실이 결정적 원인입니다. 서브프라임 모기지란 쉽게 말해서 '비우량 대출'이라고 보면 됩니다. 대출이 우량하지 않다는 건 부실 가능성이 높다는 거죠. 부실은 원금이나 이자 납부가 제때 안 될 때 발생합니다.

서브프라임 모기지 사태가 발생하기 전 미국 금융기관들은 돈을 마구잡이로 빌려줬습니다. 집값이 30만 달러인데 대출이 40만 달러, 50만 달러 나가는 경우도 허다했어요. 이때까지 미국민들은 자기 돈 하나도 들이지 않고 집을 샀습니다. 은행들은 집값이 지속적으로 오를 것으로 보았지만, 집값은 곤두박질치기 시작했고 집을 팔아도 대출을 다 갚지 못하는 '깡통주택'(underwater)이 속출했습니다.

그런데 우리나라에서도 서브프라임 모기지 사태가 발생할 수 있다는 우려가 곳곳에서 나오고 있습니다. 부동산에 막 관심을 가져 보려고 하는데 부동산 가격이 폭락하고 깡통주택이 마구 쏟아지면서 경제위기가 닥칠 거라고 하니 이를 어쩌죠? 값이 떨어질 게 뻔하고 심지어 처음 샀던 가격의 절반에 물건을 내놔도 팔리지 않는 상황이 온다면 어떻게 할까요?

가계부채의 본질을 파악하라

요즘 우리 경제의 뇌관으로 가장 많이 거론되는 것이 가계부채 문제입니다. 가계부채 문제가 폭발하면 우리 경제는 걷잡을 수 없는 소용돌이 속으로 빠져들게 됩니다. 마치 미국발 금융위기처럼 말이죠. 참고로 미국은 금융위기를 극복하기 위해 총 7,000억 달러를 쏟아부었습니다. 우리 돈으로 800조 원이 넘는 규모인데요. 우리나라 1년 정부예산 400조 원보다 2배나 많은 천문학적 금액입니다.

우리나라 전체 가계부채는 1,344조 원(2016년 말 기준)으로, 우리 인구가 5,100만 명 정도이므로 1인당 2,600만 원이 넘는 빚을 지고 있는 셈입니다. 3인 가구로 환산하면 가구당 빚은 대략 8,000만 원이나 됩니다. 집집마다 은행에 이 정도 빚을 지고 있다는 뜻이죠.

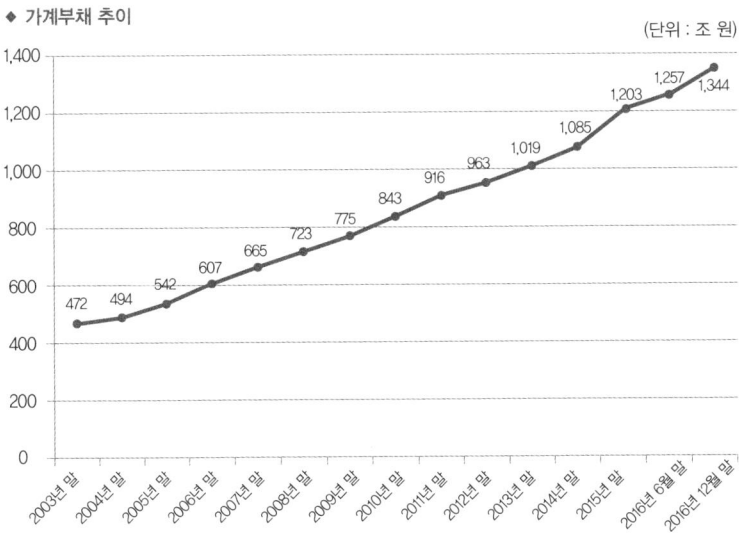

◆ 가계부채 추이 (단위 : 조 원)

가계부채 중 부동산 담보대출이 차지하는 비중은 절반이 조금 넘는데요. 2015년, 2016년 가계부채가 폭발적으로 늘었는데 원인은 부동산 담보대출 증가에 있다고 합니다. 아파트 분양이 역대급으로 많았고 금리까지 사상 최저 수준으로 떨어지다 보니 은행 빚을 얻어서 부동산을 사들인 사람들이 그만큼 많았다는 겁니다.

가계부채가 계속 증가하다 보니 금융당국에서도 부담이 커집니다. 소득은 제자리 걸음인데 빚만 계속 늘어나다 보면 소비가 줄고 경기가 나빠져 결국 소득이 줄고 빚을 갚기 어려워질 수 있다는 분석이죠. 그러나 이 분석은 일리가 없지는 않지만 너무 단편적인 시각입니다.

가계부채 문제의 본질은 1,200조 원이냐 1,300조 원이냐 하는 총량에 있는 게 아닙니다. 부채의 양보다 질을 따져봐야 한다는 뜻이죠. 다행스럽게도 우리나라는 미국과 달리 우량하지 못한 담보대출 비율이 굉장히 낮아요. 연체율을 보면 알 수 있는데 2016년 6월 말 기준으로 0.24%밖에 되지 않습니다.

집값 대비 담보대출 규모도 서브프라임 사태하고 비교할 수 없을 정도로 적습니다. 집값 대비 대출 비율을 주택담보대출비율(LTV)이라고 하는데 우리나라는 평균 50% 정도에 불과합니다. 미국은 이 비율이 90%를 넘어 100%, 110%까지 치솟아 문제가 됐죠. LTV가 50% 정도라면 집값이 지금보다 절반 넘게 떨어지지 않는 이상 큰 문제는 발생하지 않을 것으로 보입니다.

따라서 가계부채 총량이 1,200조 원을 넘어 1,300조 원을 넘는다고 해서 지레 겁먹고 부동산 공부를 그만둘 필요는 없습니다. 가계부채가 늘면 마치 당장 집값이 곤두박질치고 경제위기가 닥칠 것처럼 말하는 사람들이 많고 이런 얘기도 귀 기울여 듣는 건 말릴 수 없지만 전적으로 의존하거나 의지해서는 안 됩니다. 마치 큰 위기가 당장 올 것처럼 말하는 것은 어떤 어떤 지역 부동산 가격이 폭등할 것이라며 투기를 조장하는 달콤한 유혹과 전혀 다르지 않습니다. 공포를 팔아서 돈을 버는 일종의 '공포 마케팅'일 뿐입니다.

부동산 시장이 살아나면 가계부채가 늘고 부동산 시장이 죽으면 가계부채는 줄어듭니다. 이 말은 부동산이 필연적으로 '금융'과 떼려야 뗄 수 없는 관계에 놓여 있다는 뜻이죠. 즉, 자기 돈 다 주고 집이나 땅을 사는 사람은 없다는 말과 같습니다.

다시 풀어서 말하자면 부동산은 비록 주식이나 펀드보다 목돈이 드는 상품이긴 하지만 반드시 처음부터 큰 돈이 필요하건 아니라는 뜻입니다. 빌려서 사고, 팔아서 갚는 게 기본 중의 기본이죠. 실제로 오피스텔과 같은 수익형 부동산은 금리가 낮은 경우 자기 자금으로 투자할 때보다 대출을 받아서 투자하는 것이 수익률이 더 높게 나옵니다. 시중에서 '레버리지(지렛대) 효과'라고 말하는 부분이죠.

돈을 빌리면 가계부채는 늘어나지만 갚으면 가계부채는 감소합니다. 부동산 경기가 좋으면 갚는 사람보다 빌리려는 사람이 당연히 많습니다. 가계부채가 증가하는 것은 그만큼 부동산에 대한 낙관적 전망이 우세하고 부동산 시장 상황이 좋다는 뜻입니다. 부동산 시장이 나쁘고 전망이 불투명하거나 가격이 내릴 것 같으면 가계부채는 감소합니다. 대신 부동산 시장은 꽁꽁 얼어붙겠죠.

가계부채를 잡겠다고 은행 대출을 옥죄면 부동산 시장은 급격하게 얼어붙습니다. 부동산 시장이 죽으면 국내 경제 전체가 흔들릴 수 있어요. 집값이 떨어지는 건 어찌보면 큰 문제가 아닐 수 있습니다. 그보다 분양이 안 돼 건설사들이 하나 둘 무너지고 공인중개업소, 이삿짐 업체, 인테리어 가게 등이 줄줄이 문을 닫으면 국내 경제 전체가 흔들릴 수밖에 없습니다.

  따라서 그나마 내수 경기를 이끌고 있는 부동산 시장을 죽이는 가계대출 압박 카드는 신중하게 꺼내 들어야 합니다. 무턱대고 부동산 대출 심사를 강화하고 한도를 줄이거나 또는 대출을 거절하면 결국 가계부채의 질만 악화될 뿐입니다. 물론 가계부채의 양은 줄어들겠지만 과연 바람직한 결과인지에 대해서는 의문이 제기될 수밖에 없지요.

앞으로 10년, 대한민국 부동산의 미래

부동산 지식은 궁극적으로 잘 살기 위해 필요하다고 했습니다. 가계부채 문제도 따지고 보면 공포가 과장된 측면이 있다는 사실도 살펴봤습니다. 하지만 여전히 왜 다시 부동산인지 의문을 제기하는 사람들이 있을 겁니다. 고꾸라지는 시장에 괜히 발을 담갔다가 거덜날지도 모른다는 두려움은 좀처럼 쉽게 가시지 않습니다.

많은 사람들이 부동산에 대해 공포를 갖게 된 것은 1997년 IMF 외환위기와 2008년 글로벌 금융위기, 2011년 유럽 재정위기 등 세 차례 큰 위기를 겪는 과정에서 부동산 가격이 휘청거렸던 상황이 머릿속에 남아있기 때문입니다. 위기는 언제 또 닥칠지 모르고 부동산 가격은 언제 다시 떨어질지 모른다는 불안감이 팽배합니다.

공포와 불안감은 주택 구매를 회피하게 만듭니다. 분명히 곧 경제위기가 올텐데 집을 왜 사냐고 말하는 사람들을 주변에서 흔히 볼 수 있죠. 이런 사람들은 전세를 선호합니다. 전세는 저금리 때문에 월세로 계속 바뀌는데 집값하락 공포에 사로잡혀 전세를 찾는 사람들이 많아지다 보니 전세난은 갈수록 심해지는 양상이죠. 서울 인구가 1,000만 명 아래로 떨어진 것도 같은 맥락입니다. 공포를 조장하는 사람들은 전세난과 전세난민 발생을 정부 탓으로 돌리지만 사실 진짜 책임은 이들에게 있습니다.

공포 마케팅에 전셋집을 찾아 돌아다니는 사이 집값은 글로벌 금융위기 이전 수준까지 회복됐습니다. 서울 일부 재건축 단지 가격은 그 이상으로 치솟고 있어요. 다른 지역 집값도 마찬가지 상황입니다. 떨어진다, 떨어진다 주문을 외며 서울을 떠난 사람들 중 적지 않은 분들이 후회하고 있습니다.

인구와 가구수 증가에
답이 있다

그렇다면 앞으로 10년 후 대한민국 부동산 시장의 미래는 어떨까요? 폭락할까요? 폭등할까요? 이도저도 아니면 그냥 이 상태로 쭉 갈까요?

뒤에서 더 자세히 살펴보겠지만 대한민국 인구는 2031년 정점을 찍은 후 감소할 가능성이 높습니다. 앞으로 적어도 10년 이상 인구는 계속 증가한다는 뜻이기도 합니다. 인구가 늘어난다는 의미는 부동산 가격이 적어도 떨어지지 않을 가능성이 높다는 뜻이기도 하지요.

인구 하나만 봐서는 대한민국 부동산의 미래를 예측하기 어렵습니다. 가구수도 동시에 봐야 해요. 그런데 지금 같은 추세가 지속된다면 가구수는 2031년을 지나 2035년까지 계속 증가할 것으로 보입니다. 늦은 결혼과 1~2인 가구의 증가 때문이죠. 가구수 증가는 인구 증가보다 부동산 시장에 더 큰 영향을 미칩니다. 한 사람은 한 개의 부동산을 필요로 하지 않지만 한 가구는 하나의 부동산을 필요로 하기 때문이지요.

적어도 10년 이상 인구수와 가구수는 동시에 늘어날 것으로 보입니다. 그렇지만 인구와 가구가 증가한다고 부동산 가격도 껑충껑충 뛸까요?

더 이상 집 지을 땅이 부족하다는 것도 눈여겨 봐야 합니다. 서울이나 부산, 대구, 광주, 인천 등 대도시만 봐도 빈 땅에 아파트 짓는 사례는 이제 찾아보기 어렵습니다. 재건축 아니면 재개발입니다. 정부에서도 2014년 9월, 더 이상 신도시를 만들지 않겠다고 발표했습니다. 집 지을 땅이 부족하고 신도시도 더 만들지 않는다면 부동산 가격은 쉽게 떨어지기 힘든 구조입니다.

물론 악재도 있습니다. 경제성장률이 2%대에 고착되고 있는데 작은 위기에도 크게 흔들릴 수 있는 상황이에요. 게다가 1인당 국민소득 증가도 정체 국면입니다. 경제가 성장하지 않고 소득이 늘지 않으면 부동산 가격은 오르기 어렵겠죠.

'내 집을 가져야겠다'는 인식이 점점 약해지고 있는 것도 부동산 가격 상승을 막는 요인 중 하나로 꼽힙니다. 같은 물건이라도 사겠다는 사람이 많으면 가격은 오르지만 반대로 적으면 가격은 떨어지기 마련이죠. "내 집 마련을 왜 해야 하냐"고 반문하는 젊은층을 주변에서 어렵지 않게 발견할 수 있습니다.

여러 가지 상황을 종합해 보면 앞으로 10년, 그리고 이후 대한민국 부동산 시장이 어떻게 변할지 예측하기 어렵지만 지나친 낙관도 과도한 비관도 부적절하다고 봐야 할 것입니다. 어떤 지역에 땅이나 건물을 사면 가격이 오를지 내릴지 맞추는 건 어쩌면 신의 영역일지도 모릅니다. 너무 많은 변수가 존재하기 때문이죠.

따라서 단순히 시세차익을 거두기 위한 도구로 부동산에 접근하는 방식부터 벗어나야 합니다. 시세차익은 누구도 예측할 수 없습니다. 부동산은 앞서 살펴본 것처럼 잘 살기 위한 도구일 뿐이지 떼돈을 벌기 위한 수단이 아닙니다. 나한테 잘 맞는 집을 고르는 게 무엇보다 중요합니다. 가격 상승이나 하락은 부차적인 문제일 뿐입니다.

이렇게 부동산을 잘 살기 위한 도구로 접근하다 보면 아무리 위기가 닥쳐도 큰 손해는 보지 않을 겁니다. 사람은 누구나 비슷한 생각을 가지고 있으며 내가 좋다고 생각하는 지역이나 아파트는 다른 사람들도 좋다고 생각할 확률이 높기 때문이죠. 사겠다는 사람이 몰리면 전체 인구가 아무리 줄어도, 거시경제 여건이 아무리 나빠져도 잠시 주춤할 뿐 금세 가격은 회복됩니다.

| 문기자의 부동산 팩트체크 |

부동산과 인구

요즘 언론이나 학계에서는 '부동산과 인구'의 상관관계에 대한 보도와 연구가 많이 나오고 있습니다. 인구가 앞으로 우리나라 부동산 시장 구조를 바꿀 것이라는 분석과 전망이 봇물을 이루는 모습입니다. 대체로 비관론에 가까운데, 세계 최저 수준 출산율 탓에 2032년부터 인구가 줄기 때문에 부동산 가격도 떨어질 것이라는 전망입니다. 저출산, 고령화, 생산가능인구(15~64세) 감소, 베이비붐세대의 은퇴와 인구감소 등은 부동산 시장을 뒤흔들 수 있는 악재라는 분석이죠.

하지만 악재만 있는 건 아닙니다. 부동산 시장을 지탱해 주는 호재도 분명히 있습니다. 그리고 유념할 점은 이 같은 인구 변화에 따른 부동산 가격 변동은 1~2년 단기적인 것이 아니라 10~20년 장기적이라는 점입니다. 너무 먼 미래를 먼저 내다보고 부동산을 등한시할 필요는 없다는 뜻이에요.

인구는 줄어도 가구수가 증가한다

그렇다면 인구 감소 등에도 불구하고 부동산 가격 급락을 막는 요인은 무엇일까요? 앞서 말했듯이 우리나라 인구는 지금 추세대로라면 2032년부터 감소하지만 가구수는 그 때까지도 계속 증가합니다. 부동산 시장에 더 큰 영향을 미치는 것은 인구의 총량이 아니라 가구수라고 보는 견해도 많습니다. 인구가 감소해도 가구수가 계속 늘어난다면 증가하는 가구수만큼 주택이 더 필요하기 때문입니다.

인구는 감소하는데 가구수는 왜 늘어날까요? 인구 감소 속도보다 가구분화 속도가 빠르기 때문입니다. 쉽게 설명하자면 인구 100명으로 50가구가 사는 사회에서 인구는 10명 감소했지만 가구수는 5가구 늘어나는 것과 같아요. 어떻게 이런 일이 가능할까요?

통계를 보면 답이 나옵니다. 2031년부터 2035년까지 인구와 가구수 추계를 살펴보면 인구는 4년 동안 12만여 명 감소하지만 전체 가구수는 41만여 가구가 증가합니다. 이 때 1인 가구는 43만여 가구나 늘어나는 것으로 추정됩니다. 즉, 인구가 줄면서 전체

가구수도 줄어야 하지만 1인 가구가 급격히 늘어나면서 전체 가구수도 오히려 증가하게 된다는 뜻이죠.

◆ 총가구와 총인구 변화

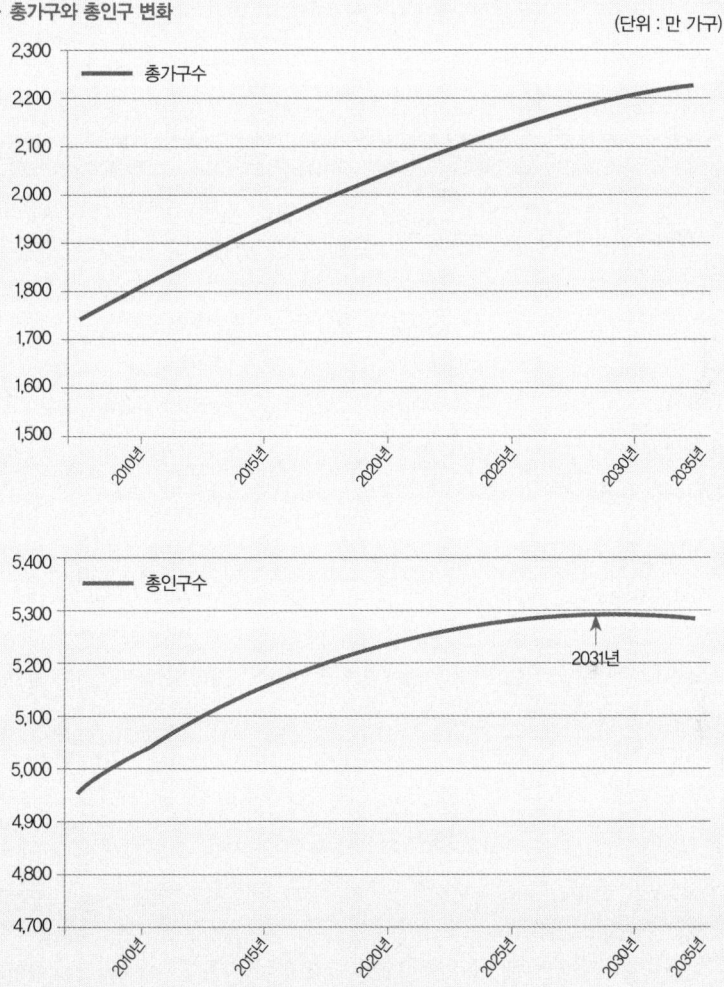

출처 : 통계청 장래가구추계(2010년), 장래인구추계(2016년)

700만 명에 가까운 베이비붐세대가 은퇴하면서 생활자금 마련을 위해 부동산을 처분하기 시작해도 크게 걱정하기에는 아직 이릅니다. 베이비붐세대의 자녀세대인 에코세대 약 1,000만 명이 버티고 있기 때문이죠. 1979~1992년생인 에코세대는 베이비붐세대보다 인구는 260만 명 많지만 필요로 하는 주택수는 훨씬 많을 수 있습니다.

◆ 베이비붐세대와 에코세대 비교

구분	베이비붐세대	에코세대
출생	1955~1963년생	1979~1992년생
인구규모	695만 명	954만 명
인구비중	14.5%	19.9%
주 거주지	경기 157만 명	서울 223만 명
1인 가구	58만 가구	100만 가구
주거유형	자가 59.6%	보증부월세 42.5%
주택유형	아파트 52.3%	단독주택 49.6%

출처 : 통계청(2012년 8월, 〈베이비부머 및 에코세대의 인구사회학적 특성분석〉)

30대 중반을 넘은 에코세대는 이미 주택 시장에서 주력 구매층이 되고 있어요. 이들은 직장과 가깝고 교통이 편리한 지역에 들어서는 작은 새 아파트를 선호합니다. 베이비붐세대가 중대형 아파트를 선호한 것과 대조적인 모습이죠. 딸린 가족이 없거나 1~2명밖에 안되기 때문에 큰 아파트가 필요 없는 겁니다.

인구는 줄지만 1인 가구가 늘고 에코세대가 진입하면서 부동산 시장도 큰 변화를 겪게 될 것으로 보입니다. 역세권에 있는 작은 집들은 불티나게 팔리겠지만 그렇지 않은 집들은 소외당할 수 있어요. 오래된 아파트도 마찬가지죠. 공급이 많다고는 하지만 오피스텔이 여전히 매력적인 수익형 부동산 상품이 되는 것도 이런 인구구조 변화와 밀접한 관계가 있습니다.

베이비붐세대가 주택을 처분하거나 혹은 주택 무관심층으로 남을 것이라는 가정과 전망도 과연 그럴 것인지 의견이 분분합니다. 비관론자들은 막연하게 베이비붐세대의 주택처분으로 부동산 시장이 폭락할 것이라고 하지만 최근 나온 자료를 보면 이 같은 주장은 적어도 2015년까지는 틀린 것으로 보입니다.

한국감정원이 2016년 10월 펴낸 〈최근 5년간 연령대별 아파트 구입자 변화〉라는 보고서를 보면 전 연령층 중에서 60세 이상 고령층의 아파트 구매가 두 번째로 많이 늘었습니다. 나이가 들면 부동산을 처분하거나 부동산에 대한 관심이 줄어들 것이라는 가정은 아직까지 현실화되지 않는 것으로 보입니다.

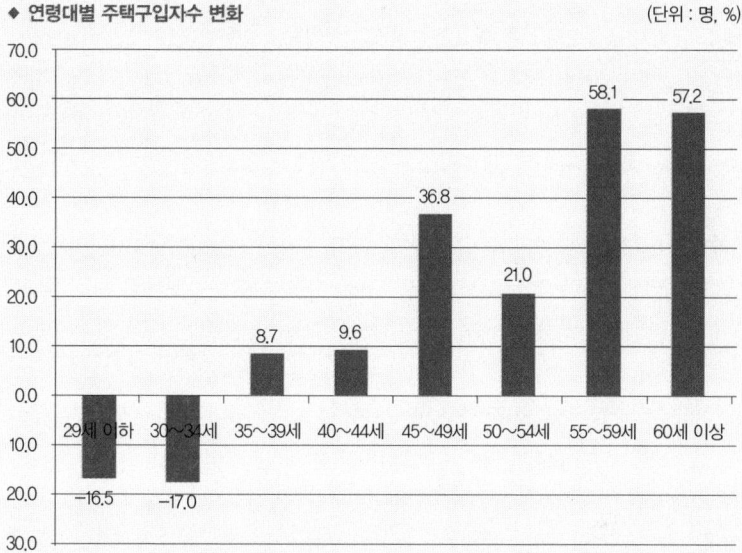

◆ 연령대별 주택구입자수 변화 (단위 : 명, %)

출처 : 한국감정원, 〈최근 5년간 연령대별 아파트 구입자 변화〉

이런 결과가 나온 이유는 부동산에 대한 추억, 학습효과 때문인 것으로 추정됩니다. 즉 베이붐세대, 고령자, 은퇴자들은 과거에 부동산 투자로 부를 축적한 경험이 있습니다. 가격이 요동을 치다가도 결국 다시 회복되는 경험을 한 세대인 것이지요. 그러다 보니 나이가 들고 고정 수입을 안겨주는 일을 그만두더라도 부동산에 대한 관심을 계속 이어가는 것입니다. 베이붐세대가 버텨준다면 인구가 줄거나 고령화가 심화된다고 해도 아파트값이 폭락하는 일은 벌어지지 않을 것으로 보입니다.

| 문기자의 부동산 팩트체크 |

금리와 부동산

금리는 돈을 빌려주고 받을 때 적용하는 이자율입니다. 금리가 높으면 돈을 빌려주는 사람은 이자를 많이 받고 반면 금리가 낮으면 돈을 빌리는 사람은 이자를 적게 내겠죠. 금리가 높을수록 돈을 빌려주는 사람이 유리하고 낮을수록 빌리는 사람이 유리합니다. 일본 등에서 시행하고 있는 '마이너스 금리'는 은행에 돈을 맡기면 이자를 주는게 아니라 오히려 수수료를 받는다는 뜻입니다. 은행에 돈을 맡기지 말고 투자를 하고 소비를 하라는 얘기죠. 경기침체를 극복하기 위한 극약처방이 마이너스 금리 정책입니다.

개인이 돈을 한꺼번에 수억 원씩 빌리는 일은 부동산 대출을 받을 때 빼곤 거의 없습니다. 집이나 땅, 상가, 오피스텔 등 부동산은 자기자금만으로 구매하기에는 금액이 너무 크기 때문에 대부분 땅이나 건물을 담보로 대출을 받는 것이죠. 한 번에 수억 원씩 대출을 받기 때문에 당연히 금리에 민감할 수밖에 없습니다.

우리나라의 경우 금융기관 대출 금리는 한국은행 기준금리에 따라 오르고 내립니다. 한국은행이 기준금리를 올리면 대출금리도 올라가고 내리면 대출금리도 내려갑니다. 대출이 많은 사람들은 한국은행이 금리를 낮춰주면 좋겠지만 은행 예금이 많은 분들은 금리가 내려갈 때마다 한숨을 내쉬게 됩니다. 경제는 언제나 이렇게 양면성이 존재합니다.

글로벌 금융위기 이후 계속되는 저금리 기조

2008년 글로벌 금융위기 이후 전 세계적으로 금리 인하 열풍이 불고 있습니다. 금리를 내려서 경제를 살리겠다는 복안이죠. 오죽하면 마이너스 금리까지 등장할까요.

우리나라도 마찬가지입니다. 한때 5%에서 왔다갔다 하던 한국은행 기준금리는 지금 1%대 초반에 머물러 있습니다. 사상 최저 수준이죠. 초저금리라는 표현이 지나치지 않습니다. 기준금리가 1%대에 머물다 보니 은행의 부동산 담보대출 금리도 2~3% 수준입니다. 역시 우리가 살면서 목격할 수 있는 가장 낮은 수준입니다.

◆ 한국은행 기준금리

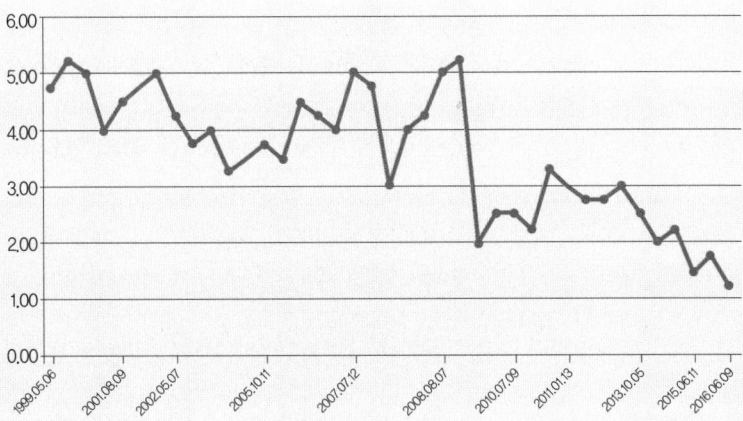

출처 : 한국은행

　　금리가 바닥까지 떨어지다보니 이 기회에 집을 분양받거나 사려는 사람들이 많습니다. 2015년부터 시작된 사상 최대의 아파트 분양 붐은 저금리 영향이 큽니다. 분양을 받아 중도금 집단대출을 받아도 금리가 2%대니까 4~5%대와 비교하면 이자 부담이 절반 가까이 줄었습니다. 2016년에도 아파트 분양은 줄지 않았는데 그 이유는 역시 저금리에 있다고 봐야 합니다.
　　한국은행이 금리를 올리기 시작하면 부동산 시장은 어떻게 될까요? 관건은 금리 상승의 폭과 속도라고 전문가들은 말합니다. 한꺼번에 0.5%포인트 이상 올리거나, 3개월에 한 번씩 연달아 서너 번 금리를 올리기 시작하면 부동산 시장은 큰 충격에 빠질 수 있습니다. 이런 사실을 한국은행에서 일하는 경제전문가들이 모를 리 없겠죠. 그렇다면 아주 천천히 소폭으로 금리를 올리면서 부동산 경착륙을 막을 가능성이 높습니다.
　　이런 가운데 미국 중앙은행인 연방준비제도이사회(FRB)는 2016년 12월 14일(현지시간) 기준금리를 0.25%포인트 올렸습니다. 2015년 12월 0.25%포인트 올린 후 1년 만에 다시 같은 폭의 금리 인상을 단행한거죠. 더욱이 연준은 2017년 세 차례 금리를 더 올리겠다는 계획도 밝혔습니다.
　　미국의 금리 인상은 우리나라 부동산 시장에도 직접적인 영향을 미치는 중요한 변수로 꼽힙니다. 미국 금리 인상은 주택담보대출의 금리 인상으로 이어져 변동금리 대출자들의 이자상환 부담을 가중시키고 신규 집단대출이나 담보대출을 억제시키는 효과를 나타냅니다. 2016년 2%에 머물던 주택담보대출 금리는 2017년 초 3%대까지 올라섰는데요. 한국은행 기준금리는 그대로지만 금융권에서 먼저 대출 금리 인상에 나서며 리스크 관리에 들어간 것입니다. 부동산 시장에는 이보다 더 큰 악재도 없습니다. 게다가 2016년 11월 3일 정부는 청약규제를 골자로 하는 부동산 대책을 발표했고 금융당국은 잔금대출까지 거치기간을 제한하며 분할상환을 의무화하겠다고 밝혔어요. 가계부채를 잡겠다고 취하고 있는 정책이 미국발 금리 인상으로 부동산 시장을 얼어붙게 만들면서 가계부채의 질을 악화시키는 상황에 놓인 겁니다.

PART 2

전세는 사라지지 않는다 : 임대주택의 미래

REAL·ESTATE·INVESTMENT

전세 종말론은 허구다

많은 학자와 전문가, 언론이 '전세시대의 종말'을 얘기합니다. 머지않아 전세가 소멸하면 주택 시장에는 자가와 월세 두 가지만 남게 될 것이라는 전망이죠. 과연 전세는 다 사라지고 임대차 시장에는 월세만 남게 될까요? 전세가 사라지고 월세만 남게 되면 우리나라 부동산 시장에는 어떤 변화가 올까요?

우선 최근 전월세 시장에서 월세가 차지하는 비중이 얼마나 되는지 살펴보겠습니다. 2011년 전월세 거래 중 월세 비중은 33%였어요. 2012년 34%로 비중이 조금 늘었고 2013년 39.4%로 비중이 급격히 늘었습니다. 그리고 2014년 40%를 넘어 41%를 기록했고 2016년에는 45.2%까지 비중이 치솟았습니다. 월세 비중은 불과 5년

◆ 전월세 거래 중 월세 거래 비중

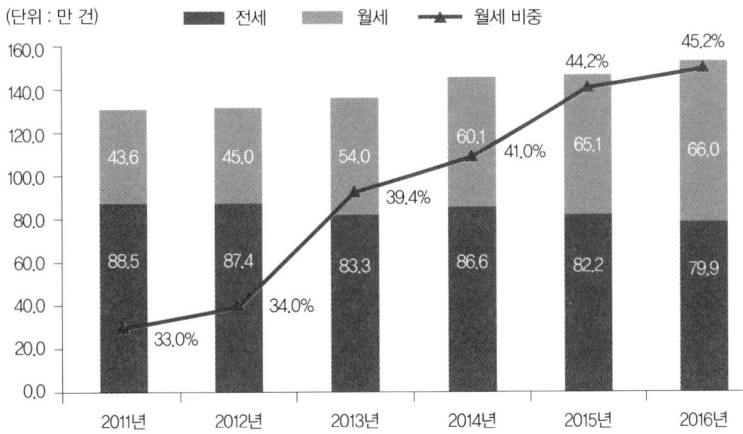

출처 : 국토교통부

만에 12.2%포인트 급증했습니다.

　월세 비중은 실제로 이보다 더 높을지도 모릅니다. 임대소득 노출을 꺼리는 집주인이 전입신고조차 못 하도록 막는 경우가 많기 때문이죠. 서울 강남이나 신촌, 마포 등 오피스텔 밀집지역에서 전입신고가 가능한 오피스텔은 찾기 어려워요. 국토교통부에서 산출하는 월세 통계에는 전입신고를 하지 않아 확정일자를 받지 못한 월세와 확정일자를 받을 필요가 없어 받지 않은 순수월세가 빠져 있습니다. 따라서 실제 월세 비중은 대략 50% 내외가 되지 않을까 합리적으로 추정해 봅니다.

　월세 비중이 이렇게 급증하고 있는 결정적인 이유는 금리 때문입니다. 아파트나 빌라 또는 오피스텔을 월세로 줄 때의 수익률이 전세로 줄 때의 수익률보다 높기 때문에 임대인들이 월세를 선호하는 겁니다.

예를 들어 전세로 1억 원, 월세로는 40만 원하는 오피스텔이 있다고 하죠. 임대인은 전세금 1억 원을 받아서 은행에 넣어봐야 1년 정기예금 금리는 1.5%로, 만기 때 받는 이자는 150만 원에 불과합니다. 여기에 이자소득세(15.4%) 23만 1,000원을 빼면 실제 임대인이 받는 돈은 1년에 126만 9,000원입니다. 반면 월세로 40만 원씩 받고 세금을 따로 내지 않는다면 임대인의 1년 월세 수입은 480만 원이에요. 월세로 줄 때 임대인 수익이 4배 가까이 더 많습니다.

그런데 만약 은행 예금금리가 6%가 된다면 어떨까요? 임대인은 전세금 1억 원을 받아서 은행에 1년 맡기면 세금을 빼고 507만 6,000원을 받습니다. 반면 월세 40만 원에 변화가 없다면 1년 월세 수입은 480만 원이죠. 금리가 어느 정도 올라가면 임대인 입장에서 전세가 월세보다 유리하게 됩니다.

금리와 집값 상승에 대한 기대, 전세는 결코 사라지지 않을 것

금리 외에 집값 상승에 대한 기대감도 전세냐 월세냐 향방을 가르는 요인으로 작용합니다. 예를 들어 볼까요? 여윳돈이 2억 원 있는 A 씨가 매매가 5억 원인 아파트에 투자하려고 해요. 당연히 3억 원 대출을 받아야겠죠? 그런데 이 아파트 전세 시세가 4억 원이에요. 그렇다면 A 씨는 자기돈 1억 원 넣고 전세금 4억 원을 받아서 아파트값을 지불하면 은행에서 굳이 대출을 받을 필요가 없습니다. 이런 방식의 투자를 '갭 투자'라고 하는데요. 매매가 대비 전세금 비율인 전세가율이 높은 지역의 경우 소액으로도 갭 투자가 가능합니다.

갭 투자를 하는 이유는 뭘까요? 갭 투자는 임대수익이 목적이 아닙니다. 갭 투자는 시세차익을 거두기 위한 투자 방법이죠. 위의 사례에서 A 씨가 투자한 아파트가 4년 뒤 1억 원 올라 6억 원이 되었고, 1주택자로 2년 보유요건을 충족했기 때문에 일단 양도소득세가 없다고 가정해 봅시다. 그럼 A 씨는 매매대금을 6억 원 받아서 임차인에게 전세금 4억 원을 돌려주고 2억 원을 수령하게 됩니다. 4년간 A 씨가 투입한 자기자금은 1억 원이기 때문에 4년간 수익률은 100%죠. 연 수익률로 환산하면 25%입니다. 연 25% 수익을 안겨주는 상품은 요즘 눈을 씻고 찾아볼래야 찾아볼 수 없습니다.

결국 시장에 월세보다 전세가 많이 나오기 위해서는 금리가 어느 정도 올라야 하고 집값 역시 꾸준히 올라줘야 합니다. 적어도 이 두 가지 조건만 충족된다면 전세시대의 종말은 쉽게 오지 않을 거예요.

그렇다면 과연 금리는 오르고 집값도 꾸준히 상승할까요? 우선

금리부터 볼게요. 시장 금리는 한국은행 기준금리에 따라 움직입니다. 한국은행이 기준금리를 올리면 은행 예금금리와 대출금리가 올라가고, 반대로 내리면 예금·대출금리 모두 내리게 됩니다.

한국은행 기준금리는 요즘 역사상 최저 수준에 머물고 있어요. 게다가 미국이 또다시 금리를 올리려고 준비하고 있습니다. 미국이 금리를 올리면 우리나라도 따라서 금리를 올릴 수밖에 없어요. 그렇지 않으면 이자율 차이 때문에 많은 외국자본이 우리나라 금융시장을 떠나게 됩니다. 이 과정에서 달러 환전 수요가 폭증하면 외환위기가 또 오지 않으리라고 누구도 장담하지 못합니다. 물론 아주 극단적인 가정입니다만 그렇다고 전혀 불가능한 얘기는 아닙니다.

결국 우리나라 금리는 조금씩 오를 수밖에 없는 환경에 처해있습니다. 금리가 조금씩 올라가면 가계부채 문제가 발생하고 기업투자가 위축될 수 있지만 그렇다고 금리를 언제까지 최저 수준으로 유지할 수는 없어요. 금리와 기업투자는 크게 상관관계가 없다는 것도 이미 다 알려진 사실입니다. 단, 금리 인상 때 가계부채 뇌관이 터지지 않을까 우려하는 목소리는 귀담아 들어야 해요. 또 낮은 금리를 유지하는 한 가계부채 증가는 막을 수 없는 것도 사실이죠. 금리를 올리면 가계부채의 질이 나빠지고 유지하거나 내리면 가계부채가 계속 증가하는 상황이라 금리 인상 또는 하락을 예단하기는 쉽지 않지만 장기적으로 오를 가능성에 무게가 실립니다.

부동산 가격이 2005~2006년처럼 급격히 오르는 일은 앞으로 없을 겁니다. 경제성장률도 2%대로 고착화되고 있는 마당에 부동산 가격만 신나게 오를 일은 없습니다. 부동산 가격이 크게 오르지 않을 거라는 전망에 집을 사지 않는 사람들이 계속해서 늘어나고 전세 수요는 줄지 않습니다. 결국 전세금은 오를 수밖에 없는 상황이죠.

소액의 자금으로 갭 투자를 통해 집을 사는 건 어렵지 않습니다. 앞서 살펴본 것처럼 집값이 껑충껑충 뛴다면 갭 투자 수익률도 치솟겠지만 집값이 4년간 5,000만 원만 올라도 A 씨의 4년 수익률은 50%, 1년 수익률은 12.5%로 상당히 높은 수준입니다. 5억 원 하는 아파트가 4년 동안 5,000만 원 오르면 상승률은 10%입니다. 1년에 2.5%씩 가격이 오른 셈인데 한국감정원 조사에 따르면 2014년부터 2016년까지 3년간 서울 아파트값 연평균 상승률은 2.47%입니다. 얼추 비슷하죠? 갭 투자 자체는 투기성이 짙지만 전세를 공급하다는 측면에서 비난만 할 수는 없습니다.

결국 전세는 금리 인상 가능성, 집값 상승에 대한 기대감 등으로 적어도 우리 생전에 소멸할 가능성은 제로에 가깝습니다. 전월세 거래 중 월세 비중이 올라갈 수는 있겠지만 전세의 씨가 마르는 상황은 오지 않을 거예요. 더욱이 2017~2018년 주택 입주 물량은 100만 가구에 육박합니다. 막대금(잔금)을 치러야 하는 집주인들은 대출을 조금이라도 줄이기 위해 전세를 많이 줄 것으로 보입니다.

입주 많은 지역에 전세는 많다

　혹시 2015년 전국에서 부동산 가격이 가장 많이 오른 지역이 어딘지 아시나요? 2015년 전국 주택가격은 평균 3.51% 올랐는데 거의 2배 정도 오른 지역이 있습니다. 이곳은 2008년 글로벌 금융위기로 부동산 경기가 급락하자 2009년 미분양주택이 2만 가구를 넘길 정도로 주택 시장이 침체에 빠졌죠. 2009년 이 지역 주택 가격은 1.19% 빠지면서 전국에서 가장 많이 떨어졌어요. 그런데 불과 6년 만에 상황은 180도 바뀌었습니다. 2015년 부동산 시장은 이 지역을 빼놓고 얘기할 수 없습니다.

대구에서 무슨 일이 벌어졌던 것일까?

이미 어느 정도 예상하셨듯이 정답은 대구입니다. 대구는 글로벌 금융위기 이후 가장 침체됐지만 2014년부터 회복되더니 2015년 정점을 찍었습니다. 정점을 찍었다는 표현이 보여주듯 2016년부터 대구 시장은 다시 조금씩 나빠지기 시작했습니다. 더욱이 2017~2018년 전망도 썩 밝지 못합니다. 대구 부동산 시장에 무슨 일이 있었길래 이런 일이 벌어지는 걸까요?

부동산 시장은 국내외 경기(경제) 상황과 정책, 금리, 인구 등 다양한 요소에 영향을 받지만 그 중에서도 특히 수요·공급에 큰 영향을 받습니다. 수급여건에 따라 부동산 시장은 좋아졌다 나빠졌다 하는 경우가 많아요. 그래서 부동산 정책을 총괄하는 국토교통부의 가장 큰 역할은 수요에 비해 공급이 너무 부족하거나 너무 많지 않도록 관리하는 일이랍니다.

그런데 대구 부동산 시장은 글로벌 위기가 터진 2008년부터 입주물량이 지나치게 많이 몰렸어요. 아파트 공급은 2009년, 2010년까지 이어졌습니다. 경기는 바닥을 치는데 아파트 입주는 집중되다 보니 대규모 미입주 사태가 벌어졌습니다. 가격이 더 떨어질 것 같으니 집주인들이 입주를 포기한 것입니다. 미입주는 통계상 '준공후 미분양'으로 잡힙니다. 불꺼진 아파트라는 뜻으로 부동산에서는 가장 나쁜 상황으로 봅니다. 건설사들 입장에서도 가장 안 좋은 상황이죠. 입주대금을 받아서 은행 빚을 갚고 다른 사업도 해야 하는데 여기서 꽉 막히게 되는 겁니다.

대구는 한동안 큰 홍역을 치른 탓에 2011년부터 아파트 공급이 확 줄었습니다. 2008년 3만 가구 가깝던 입주 물량은 2011년 5,000여 가구 수준으로 줄더니 2012년에는 4,000여 가구 수준으로 떨어져 공급절벽을 우려하는 목소리가 커졌습니다.

그 사이 글로벌 위기는 어느 정도 극복되었고 금리는 사상 최저 수준으로 떨어졌습니다. 정부정책은 이제 부동산 시장을 살리는 데 초점이 맞춰졌습니다. 최경환 전 경제부총리는 취임과 동시에 LTV(담보인정비율)와 DTI(총부채상환비율) 규제를 완화했습니다. 금리는 낮고 대출은 더 받을 수 있게 되다 보니 부동산 경기는 조금씩 살아나기 시작했습니다. 마침 아파트 공급이 현저하게 줄었던 대구 부동산 시장은 이때부터 달아올랐어요.

부동산 시장이 살아나다 보니 어떤 현상이 일어났을까요? 건설사들은 다시 대구로 달려가기 시작했죠. 대구가 좋다고 하니 너나 할 것 없이 대구 부동산 시장에 뛰어들었습니다. 2010년 대구의 주택건설 인·허가는 4,724가구에 불과했지만 2014년 1만 9,079가구까지 늘더니 2015년에는 2만 7,118가구까지 급증했어요. 인·허가에서 공급(입주)까지는 짧게는 1년, 길게는 3년 정도 걸립니다.

입주물량 많은 곳에
관심 가져야

공급이 수요보다 많을 때 공급과잉이라는 표현을 사용합니다. 과거 경험에 비추어 볼 때 대구 부동산 시장에서 새 아파트나 새 집 수요는 연간 1만~1만 5,000가구 정도라고 합니다. 그런데 2016년 대구는 아파트 입주물량만 2만 7,000여 가구나 됩니다. 수요보다 공급이 확실히 많은 경우죠. 2016년 한 해 동안 대구 집값은 1.84% 떨어져 전국에서 집값이 가장 많이 하락한 지역이라는 오명을 쓰게 됐습니다. 대구는 2017~2018년에도 3만 5,000가구 정도 아파트 입주가 예정돼 있습니다. 수요보다 공급이 많은 상황은 적어도 2018년까지 이어질 수 있다는 뜻이죠.

그런데 공급초과 상황은 반드시 나쁘게만 볼 건 아닙니다. 전세나 월세를 구하는 무주택자들에게는 오히려 큰 기회일 수 있기 때문입니다.

전세나 월세도 공급이 많으면 매매가처럼 떨어지기 마련입니다. 대단지 아파트가 입주하는 시점에는 항상 전세나 월세 가격이 크게 떨어집니다. 갑자기 공급이 증가하기 때문이죠. 물론 돈 좀 있는 집주인들이야 제값을 받을 때까지 버티겠지만 대다수 집주인들은 공실을 없애기 위해 가격을 내리죠. 2016년 송파구와 강동구 일대 아파트 전세가 내린 것도 같은 이치죠. 이 일대 위례신도시와 하남미사강변도시 등에 분양한 아파트 입주가 집중되면서 전·월세 물량이 많이 나왔기 때문에 전·월세 가격이 내려간 것입니다.

따라서 싼 가격의 전·월셋집, 그것도 새 아파트에 저렴하게 살고 싶은 무주택자라면 아파트 입주가 많은 지역이 어딘지 미리 파악해두면 아주 유용합니다. 대단지 입주가 이뤄지는 곳은 어김없이 시세보다 저렴한 전·월셋집이 나옵니다. 입주 정보를 미리 알고 먼저 인근 공인중개업소에 가서 찜을 해두면 공인중개사로부터

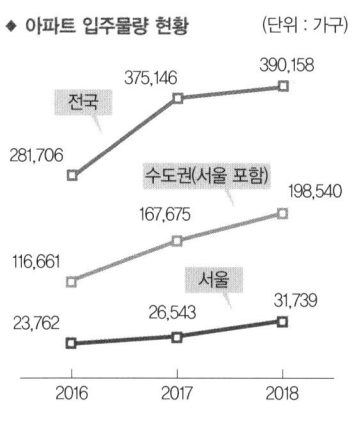

◆ 2017~2018년 입주물량 상위 5개 지역

	서울 등 수도권	지방
1위	화성(52,089가구)	세종(28,398가구)
2위	시흥(25,243가구)	경남 창원(26,338가구)
3위	용인(22,469가구)	충남 천안(19,404가구)
4위	김포(21,740가구)	충북 청주(14,398가구)
5위	수원(17,446가구)	대구 달성(14,201가구)

출처 : 부동산114

문자나 전화가 계속 올 거예요. 서울 강서구 마곡지구가 그랬고 위례신도시도 그랬습니다. 입주가 몰리는 시점에서 집주인들이 가격을 내려도 임차인을 구하지 못하는 '역전세난'까지 발생하기도 했습니다.

통계를 보면 수도권의 경우 화성 동탄2신도시, 시흥 배곧신도시, 김포한강신도시 등에 2017~2018년 새 아파트 입주 물량이 몰려있습니다. 지방에서는 세종시와 창원시, 천안시, 청주시, 대구 달성군 등이 입주가 몰리는 지역입니다. 무주택자라면 이렇게 입주가 많은 지역을 눈여겨봐야 합니다.

전세가율 70% 넘으면 적신호

아무리 전셋집 구하기가 어렵다고 해도 물건이 있다고 무작정 덜컥 계약서에 도장을 찍는 일은 없어야 합니다. 급해도 알아볼 건 알아보고 계약해야 나중에 후회하지 않아요. 알아보는 데 시간이 많이 걸리는 것도 아닙니다. 산수만 할 줄 알면 됩니다. 이제부터 전세가율이 무엇인지, 전세계약을 할 때 전세가율이 왜 중요한지 살펴보겠습니다.

전세 계약서에 도장을 찍기 전에 '전세가율'은 꼭 챙겨봐야 합니다. 전세가율이란 매매가격 대비 전세가격 비율을 의미해요. 매매가가 1,000만 원인 집이 있는데 전세가 700만 원이라면 전세가율은 70%가 됩니다. 나누기와 곱하기만 할 줄 알면 전세가율은 쉽게 구할 수 있어요. 즉 전세가율은 아파트나 빌라(다세대, 연립), 원룸(다가구)의 전셋값이 집값에서 차지하는 비중을 나타냅니다. 전세가 귀하면 귀할수록 이 전세가율은 올라갑니다. 100%에 근접하게 되는 거죠.

치솟는 평균 전세가율

실제로 한국감정원에 따르면 2012년 1월 전국주택 평균 전세가율은 57.4%였지만 2016년 10월 66.8%까지 치솟았습니다. 특히 아파트 전세가율은 62.8%에서 74.5%까지 증가했습니다. 평균이 70%를 넘었다는 뜻이기 때문에 80~90%에 이르는 단지도 많을 거예요.

심지어 90%가 넘는 단지도 있습니다. 간혹 어떤 단지에서는 전세가가 매매가보다 높은 경우도 발견됩니다. 자주 있는 일은 아니지만 전세가와 매매가 역전현상까지 나타나는 시대에 우리는 살고 있습니다.

어떻게 상품(집)을 빌리는 가격이 사는 가격보다 비쌀 수 있을까요? 이것은 전세의 성격과 직결되는 문제입니다. 전세보증금(전세금)은 임차인이 집을 빌리는 기간 동안 임대인에게 맡겨두는 돈입

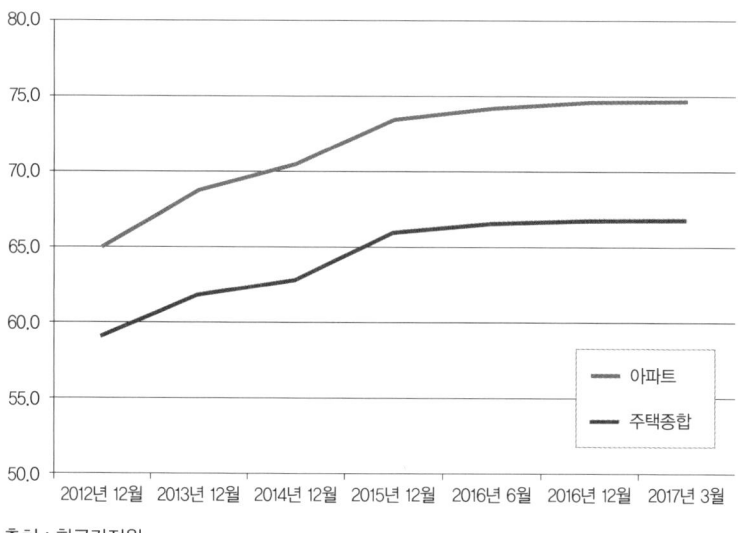

◆ 전국주택 평균 전세가율과 아파트 전세가율 (단위 : %)

출처 : 한국감정원

니다. 전세계약 기간이 종료하면 임차인은 임대인에게 맡겼던 전세금을 돌려받을 수 있습니다. 즉, 다른 상품과 달리 전셋집은 빌려 쓴 후에도 돈을 돌려받을 수 있기 때문에 임차인은 매매가보다 높은 가격을 주고라도 전세계약을 맺는 겁니다. 잠시 주춤하는 사이 다른 사람이 계약할 수 있기 때문이죠.

이런 의문이 듭니다. 매매가가 1억 원이고 전세가가 1억 2,000만 원이라면 1억 원을 주고 그 집을 살 것인지 왜 굳이 2,000만 원을 더 주고 전세계약을 맺을까요? 선뜻 이해하기 어렵지만 가격 외에 두 가지 중요한 변수 때문입니다.

우선 집값 상승에 대한 기대감 때문입니다. 2,000만 원을 더 주고 전세계약을 맺은 아파트 시세가 2년 뒤 오히려 떨어졌다면 집을 사는 것보다 전세가 유리하겠죠? 집값 상승에 대한 기대감이 없거나 낮은 경우 아무리 전세가 비싸도 사람들은 전셋집만 찾게 되는 것입니다.

비용이나 세금 문제도 있습니다. 앞선 예에서 1억 2,000만 원 전세 계약 때 부동산 중개수수료는 0.3%로 36만 원입니다. 하지만 1억 원을 주고 매매를 하게 되면 수수료는 0.5%로 50만 원이 나오죠. 매매보다 전세 수수료가 14만 원 저렴합니다.

또한 전세는 취득세 개념이 없습니다. 취득하는 게 아니라 빌리는 개념이기 때문이죠. 하지만 매매를 하면 취득세를 내야 합니다. 이 아파트 면적이 전용면적 $59m^2$라면 취득세는 1.1%로 90만 원이나 나옵니다. 여기에 소유권 이전등기 비용까지 부담해야 하죠.

보유기간 동안에는 재산세도 나옵니다. 재산세는 시세나 실거래가가 아니라 공동주택 공시가격에 따라 7월과 9월 두 번 나눠서 냅니다. 공시가격은 시세의 70~80% 수준으로 나오기 때문에 8,000만 원이라고 보면 1년 재산세는 12만 원 정도 나옵니다. 재산세 역시 전세로 살 때는 신경쓰지 않아도 되는 부분이죠.

그런데 전세가율이 70%가 넘으면 조심해야 한다는 얘기를 많이 합니다. 100% 넘는 계약도 있는데 70%면 저렴한 것 아닌가 생각할 수 있지만 조심하는 것이 좋습니다. 매매가가 2억 원이고 전세가가 1억 5,000만 원인 아파트가 있다고 합시다. 이 아파트의 전세가율은 75%입니다. 그런데 2년 뒤에 집값이 떨어져서 1억 5,000만 원이 됐어요. 임차인은 집값이 바닥을 쳤다고 보고 계약을 연장하지 않고 전세금을 돌려받으려고 합니다. 그런데 임대인은 가진 돈이 없어서 은행에 대출을 받아서 전세금을 돌려주려고 하지만 은행에서는 집값의 70%까지만 빌려준다고 합니다. 1억 5,000만 원의 70%면 1억 500만 원이죠. 집주인은 4,500만 원을 더 구해야 전세금을 내줄 수 있습니다.

임차인은 빨리 나가야 하는데 임대인이 전세금을 내주지 않아 분쟁이 발생합니다. 집주인이 모르겠다며 뒤로 넘어지면 임차인은 전세권설정등기의 힘을 빌려 집을 경매에 넘겨 전세금을 회수할 수 있습니다. 그러나 집값이 저 정도로 떨어지는 상황이라면 경매 낙찰가율은 50~60%밖에 안 될 거예요. 60%라고 잡아 봐도 2억 원의 60%인 1억 2,000만 원입니다. 결국 경매에 넘겨도 임차인은 1억 2,000만 원밖에 건질 수 없습니다. 3,000만 원이란 돈이 사라진다는 얘기입니다.

이렇게 전세가율이 70%가 넘어가는 집은 주택가격이 크게 떨어지면 계약기간이 끝난 후에 전세금을 제대로 못 돌려받을 가능성이 존재합니다. 집값이 크게 떨어질 것 같다면 전세가율이 높은 집은 아무리 전세가 귀하다고 해도 계약에 신중해야 합니다.

전세권 등기와 확정일자

 전세계약을 체결한 임차인들은 늘 마음 한편에 불안감을 갖고 살아갑니다. 사업을 하던 집주인이 부도가 나면서 집이 경매에 넘어가면 전세보증금(전세금)을 다 날리고 길바닥으로 쫓겨나지 않을까 하는 불안감이 그것입니다. 그래서 보통 집주인의 소득이 확실한 전셋집을 구하라고들 하지만 전셋집이 부족한 상황에서 임차인들은 찬밥 더운밥 가릴 처지가 아니죠. 따라서 임차인은 전세계약을 체결한 후 자신이 낸 전세금을 지킬 안전장치를 마련해야 불안감을 떨치고 살 수 있습니다.

황금 같은 전세금을 보호하는
두 가지 방법

내가 낸 전세금을 보호하는 방법은 크게 확정일자와 전세권 설정 등기 두 가지가 있습니다. 하나만 있으면 고민하지 않을 텐데 두 가지 제도가 있어서 고민이 됩니다. 하지만 임차인이 처한 상황에 따라 하나는 되고 하나는 안 되는 경우가 있어요. 이런 상황에 처하면 두 가지 제도가 있다는 사실을 다행으로 여기게 될지도 모릅니다.

우선 확정일자와 전세권 설정 요건부터 살펴볼까요? 주민센터에서 확정일자를 받기 위해서는 반드시 전입신고를 해야 합니다. 그리고 실제로 계속 거주해야 확정일자 효력이 유지됩니다. 확정일자를 받고 중간에 다른 데 나가 살았거나 다른 곳으로 주민등록을 옮긴 적이 있다면 확정일자 효력이 사라집니다. 그리고 확정일자는 임대인 동의 없이 임차인 혼자 할 수 있습니다. 물론 계약서에 특약으로 전입신고를 하지 않기로 했다면 특약이 우선입니다.

확정일자와 달리 전세권 설정 등기를 하기 위해서는 우선 임대인 동의가 필요합니다. 임대인 등기권리증권과 인감증명서, 주민등록초본이 필요해요. 임대인이 응하지 않으면 전세권 설정은 불가능합니다.

임대인 동의만 구했다면 전세권 설정은 가능합니다. 따로 전입신고와 실거주 요건이 없습니다. 전셋집으로 주민등록을 옮기지 않아도 되고 실제 거주하지 않고 제3자에게 다시 전세나 월세를 줘도 전세권 설정 등기 효력은 유지됩니다.

◆ 전세권 등기와 확정일자 비교

	확정일자	전세권
근거	임대차보호법	민법
요건	실거주, 전입신고	실거주, 전입신고 불필요
임대인 동의	불필요	필요
비용	전세금 상관없이 600원	40~50만 원+말소비용 별도
보장범위	건물+토지	건물
효력발생 시기	전입신고 익일 0시부터	등기 직후부터
등기부 기재	없음	있음
전대차	불가능	가능
묵시적 계약 갱신	임대인 딴소리 못함 (2년 더 보장)	임대인 딴 소리하면 6개월 안에 나가야 함
보증금 회수	보증금반환 소송 후 강제집행 (소액임차 보증금은 보장)	소송 없이 경매 청구해 배당

비용은 전세 1억 원 기준, 전세권 법무사 수수료 포함

이렇게만 보면 전세권 설정이 확정일자보다 유리한 것 같지만 비용에서 차이가 있습니다. 확정일자 비용은 전세금 규모와 상관없이 건당 600원 정도밖에 하지 않지만 전세권 설정을 하려면 비용이 훨씬 많이 듭니다. 전세 1억 원을 기준으로 하면 법무사수수료까지 합쳐서 보통 40~50만 원 정도 나옵니다. 게다가 전세기간 종료 후 전세권 설정을 말소하려면 별도 비용을 또 지불해야 합니다.

또 확정일자의 효력(우선변제권)은 건물은 물론 토지까지 미치지

만 전세권은 건물에만 미칩니다. 이 때문에 만약 전셋집이 경매에 넘어갈 경우 확정일자를 받아뒀다면 소송을 통해 건물과 토지 가치를 합쳐서 전세금을 돌려받을 수 있지만 전세권 설정을 했다면 경매를 신청해 건물가치만큼만 전세금 보장받을 수 있어요.

예를 들어 볼까요? A 씨는 전세 1억 원 아파트에 살고 있습니다. 그런데 이 아파트가 경매에 넘어가 청산금이 8,000만 원(건물가치 2,000만 원, 토지가치 6,000만 원) 나왔습니다. 이 경우 확정일자를 받아뒀다면 8,000만 원까지 보장받게 됩니다. 반면 전세권 설정을 했다면 건물가치인 2,000만 원까지만 보장받을 수 있습니다. 다른 채권자가 없다면 남는 6,000만 원은 임차인 몫이 아니라 임대인 몫으로 돌아갑니다. 물론 아파트는 토지가치보다 건물 가치가 더 크기 때문에 이런 일은 거의 발생하지 않아요.

따라서 대지지분이 많은 단독주택은 전세권보다 확정일자가 유리합니다. 대지지분이 거의 없는 오피스텔은 전세권이나 확정일자 효력이 비슷하지만 임대인이 세금 문제 때문에 확정일자를 못 받게 하는 경우가 많아 이 경우 전세권 설정이라도 해 두는 게 만약의 사태를 대비해 유용합니다.

이 대목에서 앞서 살펴봤던 소액임차보증금 최우선변제제도도 다시 살펴보겠습니다. 최우선변제는 임차인 보호를 위해 마련된 제도로 서울은 3,400만 원이고 수도권은 2,700만 원인 곳이 대부분이지만 안산과 용인, 김포, 광주는 2,000만 원입니다. 그 밖의 지역은 1,700만 원까지 보장받을 수 있습니다.

그렇다면 확정일자를 받으면 최우선변제 적용을 받고 전세권 설정을 하면 적용을 못 받는 걸까요? 확정일자를 받고 대항력을 유지하기 위해서는 전입신고와 실거주 조건이 필요한데 이 조건은 최우선변제 조건과 같습니다. 따라서 일반적으로 확정일자를 받아뒀다면 만약 선·후순위 채권자가 많아도 가장 먼저 최우선변제금액만큼 보장받을 수 있습니다.

전세권 등기와 확정일자, 설정비용과 변제범위 등 꼼꼼하게 따져야

하지만 전세권 설정 등기를 했다고 반드시 최우선변제를 받는 것은 아닙니다. 전세권 등기는 앞서 봤듯이 전입신고와 실거주 조건(대항요건 또는 대항력)을 요구하지 않기 때문이죠. 즉, 전세권 설정을 하면서 전입신고+실거주 조건을 갖춰 대항력을 갖게 된다면 최우선변제 대상이 되지만 그렇지 않다면 최우선변제는 받지 못합니다.

2년 전세계약이 끝나 재계약을 해야 하는 경우 임대인이 계약 종료일까지 별다른 말이 없다면 묵시적으로 계약 연장이 된 것으로 봅니다. 그런데 이와 같은 묵시적 계약갱신은 확정일자를 받은 경우와 전세권 설정 등기를 한 경우 효력이 다르다는 점에 유의해야 합니다. 즉 확정일자를 받고 묵시적 계약 갱신이 됐다면 기존 계약 기간만큼 계약이 연장된 것으로 볼 수 있습니다. 그리고 이 경우 새로운 계약서는 작성하지 않아도 됩니다. 물론 확정일자도 새로 받을 필요가 없죠. 임대인은 뒤늦게 묵시적 계약 갱신을 거부할 수도 없습니다.

그런데 전세권 설정이 된 경우에는 다릅니다. 묵시적 계약 갱신이 됐다고 해도 임대인은 계약 해지를 주장할 수 있습니다. 민법 313조에 "전세권의 존속기간을 약정하지 아니한 때(묵시적 계약갱신 때)에는 각 당사자는 언제든지 상대방에 대하여 전세권의 소멸을 통고할 수 있고 상대방이 이 통고를 받은 날로부터 6월이 경과하면 전세권은 소멸한다"고 규정돼 있기 때문이죠.

전월세전환율을 알아야
월세폭탄 피한다

요즘 전세에 살다가 반전세(보증부 월세)로 옮겨가는 분들이 많습니다. 물론 스스로 반전세를 선택하는 경우는 거의 없어요. 반전세보다 전세가 주거비 측면에서 훨씬 저렴하기 때문입니다. 일반적으로 주거비는 '월세〉자가〉전세'순으로 많이 든다고 합니다.

주거비가 더 들지만 반전세나 월세로 갈 수밖에 없는 건 전세가 귀하기 때문입니다. 전세가 많다면 주거비가 저렴한 전세를 선택하겠죠. 전세가 부족하니까 반전세라도 울며 겨자 먹기로 구하고 보는 것입니다. 반전세마저 놓치면 순수 월셋집에 살아야 하는데 월급을 받아서 30%나 50%를 월세로 내게 되면 미래를 위한 저축은 꿈도 꾸지 못합니다.

그런데 전세를 반전세나 월세로 전환할 때도 '전월세전환율'이라는 기준이 있습니다. 이러한 기준이 없다면 집주인의 횡포에 속수무책으로 당할 수밖에 없어요. 물론 이 기준은 법적 강제성은 없습니다. 전환율이 지나치게 높다고 생각하면 임차인 스스로 계약을 포기하면 되니까 법에서 강제하지 않고 기준만 제시해 주는 겁니다.

전월세전환율이 높을수록 월세부담 커져

전월세전환율은 주택임대차보호법 제7조의 2항에 규정돼 있습니다. 법적 용어는 '월차임 전환율'이지만 일반적으로는 전월세전환율이라고 부르죠. 이 법에 따르면 전월세전환율이란 '(전세)보증금의 전부 또는 일부를 월 단위 차임으로 전환하는 경우의 비율'입니다. 하지만 이렇게 설명하면 이해하기 어렵습니다.

조금 더 쉬운 정의는 실제로 전월세전환율을 산정하고 있는 한국감정원 자료에서 찾을 수 있습니다. 한국감정원에 따르면 전월세전환율이란 '전세금을 월세로 전환할 때 적용되는 비율로 임대인은 요구수익률, 임차인은 전월세 선택 및 월세계약 시 기회비용을 계산하는 지표'가 됩니다. 이 정의에 따라 전월세전환율은 [{월세/(전세금 -월세보증금)}×100]으로 산정된 월세이율을 연이율로 환산(월세이율×12)해서 산출합니다.

예를 들어 보면 훨씬 쉽습니다. 전세금 1억 원인 주택을 보증금 1,000만 원과 월세 50만 원으로 계약한다고 가정해 볼까요? 이 경우 전월세전환율은 공식에 따라 6.7%가 나옵니다. 만약 월세가 30만 원이라면 전월세전환율은 4.0%죠. 즉 같은 집이라면 전월세전환율이 높을수록 월세부담이 크고, 낮을수록 월세부담이 적다는 사실을 알 수 있습니다.

◆ 전월세전환율 계산 예시

전세금	보증금	월세	전월세전환율
1억 원	1,000만 원	50만 원	6.70%
		37만 5,000원	5.00%
		30만 원	4.00%
		22만 5,000원	3.00%
		15만 원	2.00%
	2,000만 원	44만 7,000원	6.70%
		33만 3,000원	5.00%
		26만 7,000원	4.00%
		20만 원	3.00%
		13만 3,000원	2.00%

전월세전환율(%)={(월세/(전세금−월세보증금)}×100×12

여기서 잠깐 임대차보호법으로 다시 돌아가 볼게요. 임대차보호법에서는 전월세전환율 상한선을 정하고 있습니다. 과거에는 '한국은행기준금리×4배 이내'였습니다. 한국은행 기준금리가 1.25% 라면 5.0%는 넘기지 말라는 뜻이죠. 물론 강제성은 없습니다. 그런데 2016년 11월 30일부터 전월세전환율 상한선을 구하는 공식이 '한국은행기준금리+알파(a)'로 바뀌었어요. a값은 시행령에서 정하게 되는데 기준금리가 1.25%인 경우 a은 3.75를 넘지 못합니다. 3.75를 넘으면 오히려 전월세전환율 상한선이 올라가기 때문입니다. 정부에서는 a값을 3.5%로 정했습니다. 이 때문에 현재 법정 전월세전환율은 4.75%입니다.

앞선 예에서 전월세전환율이 5%라고 가정한다면 적정 월세는 얼마일까요? 월세를 X로 놓으면 '(X/9,000만 원×100×12=5.0)'에서 X를 구하면 됩니다. X값은 37만 5,000원이 나옵니다.

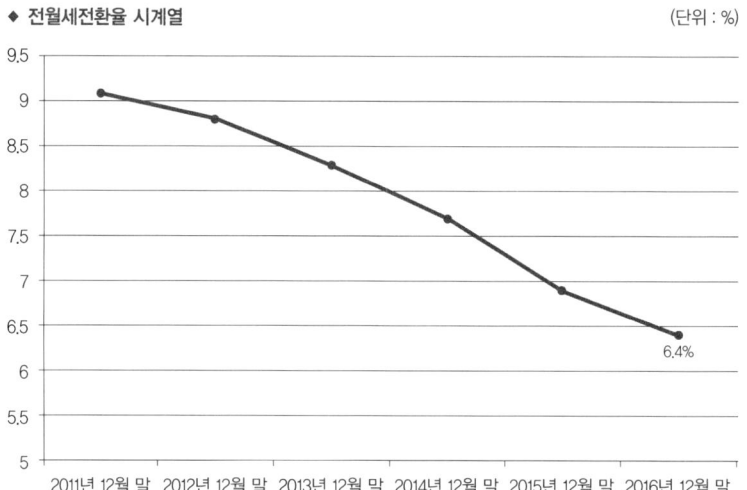

◆ 전월세전환율 시계열 (단위 : %)

출처 : 한국감정원

그렇다면 현실에서 전월세전환율은 얼마나 될까요? 한국감정원에 따르면 2011년 1월 전국에 있는 주택의 평균 전월세전환율은 9.6%였습니다. 이후 전월세전환율은 조금씩 떨어지기 시작해서 2016년 12월 현재 6.4%를 기록하고 있습니다. 법적상한은 4.75%인데 법에서 정한 상한보다는 1.65%포인트 높게 나옵니다.

전월세전환율이
계속 떨어지는 이유

그런데 전월세전환율은 왜 계속 떨어지고 있는 걸까요? 얼핏 생각하면 집주인들이 월세를 더 받기 위해서 전월세전환율을 계속 끌어올릴 것 같은데 말이죠.

앞서 전월세전환율이 임대인 입장에서는 요구수익률이고 임차인 입장에서는 월세 계약에 따른 기회비용을 나타내는 지표라고 했습니다. 수요보다 공급이 모자란다면 임대인은 이 수익률 목표치를 높게 가져갈 수 있지만 반대로 수요보다 공급이 많으면 수익률 목표치를 낮출 수밖에 없습니다. 수익률을 낮추지 않으면 공실이 발생해 오히려 전세를 줄 때보다 손해를 입게 되기 때문이죠.

최근 집주인들은 너 나 할 것 없이 전세를 월세나 반전세로 돌립니다. 그러다 보니 전세는 줄고 월세 물건은 쌓이고 있어요. 반면 임차인들은 여전히 전세 수요가 월세보다 훨씬 많습니다. 이 글 첫머리에 언급한 것처럼 전세 주거비 부담이 월세보다 저렴하기 때문입니다.

결국 월세 물량이 시장에 쌓이다보니 집주인들은 목표 수익률을 계속 낮추는 겁니다. 앞선 예에서 임대인이 목표치를 6.7%로 뒀다면 월세수익은 50만 원이고 5.0%라면 37만 5,000원, 4.0%라면 30만 원입니다. 전세는 동일하게 1억 원입니다. 전세금 1억 원을 은행에 1년 동안 맡겨도 금리는 약 1.5%로 이자수익은 세금을 고려하지 않을 경우 1년간 150만 원입니다. 전월세전환율 목표치를 4.0%까지 낮춰도 임대인의 연간 월세수익은 360만 원으로 전세를 줄 때보다 2배 이상 유리합니다. 계속 계산해보면 임대인은 전월세전환율을 2%까지 내려도 전세로 줄 때보다 유리합니다.

따라서 임차인은 A라는 집에 대해 반전세나 월세 계약을 맺을 때 주변 시세도 고려해야 하지만 전세 시세를 알아보고 전월세전환율이 얼마나 되는지 따져봐야 월세폭탄을 피할 수 있습니다. 앞선 예에서 보통 1억 원 전세 아파트의 경우 전월세전환율이 5.0%이고 따라서 시세는 보증금 1,000만 원·월세 37만 5,000원인데 임대인이 보증금 1,000만 원/월세 60만 원을 요구한다면 이런 집은 피하는 게 좋습니다. 아니면 집주인에게 전월세전환율이 8.0%로 너무 높다며 깎아달라고 요구하는 것도 좋은 방법입니다.

월세세액공제로 세금 돌려받기

모든 임대주택이 월세로 바뀌는 날은 쉽게 오지 않겠지만 저금리가 지속되면서 전세의 월세전환은 거스를 수 없는 대세가 되었습니다. 금리가 4~5% 수준으로 오른다면 전세가 다시 증가할 수도 있겠지만 만성적인 저성장 시대에 접어든 마당에 한국은행이 기준금리를 단기간에 크게 올리기는 쉽지 않아 보입니다.

전세에 사는 것보다 월세에 살면 주거비 부담이 확실히 늘어납니다. A빌라가 전세는 1억 원이고 월세는 60만 원이라고 가정해 볼까요? 1억 원을 전부 은행에서 연 3% 금리를 주고 대출을 받는다고 하면 1년간 전세 주거비는 1억 원에 대한 이자인 300만 원입니다. 반면 월세 주거비는 720만 원이죠. 월세 주거비가 전세 주거비의 3.4배 더 많이 든다는 사실을 알 수 있습니다.

월세가 보편화된 미국, 유럽 등 해외 선진국에서는 보통 월급 중 월세가 차지하는 비중이 30%를 넘어가면 위험한 것으로 봅니다. 그리고 월세 비중이 50%를 넘어가면 매우 심각한 상태로 보고 임대주택 공급, 주거비 지원 등 대책을 마련합니다. 주거비 부담을 방치하면 결국 소비가 줄어 경기침체로 이어질 수 있기 때문이죠.

월세는 확실히 가계의 주거비 부담을 증가시키는 요인입니다. 가계의 주거비 부담을 줄이고 내수 위축을 막기 위해 우리 정부는 지난 2010년 월세 소득공제 제도를 도입했습니다. 그리고 2015년부터 월세 소득공제는 월세 세액공제로 바뀌었죠. 소득공제와 세액공제의 유불리는 각자 처한 상황에 따라 워낙 다르기 때문에 일률적으로 말하긴 어렵습니다.

서민 주거안정 위해 정부에서
월세 세액공제 범위 확대

현재 우리 정부는 매년 초 연말정산 때 월세 세액공제를 신청하면 직전년도 월세 중 일부를 돌려줍니다. 엄밀하게 말해서 월세를 돌려주는 게 아니라 기왕에 월급에서 원천징수로 납부했던 소득세 중 일부를 돌려받는 겁니다.

월세 세액공제를 받기 위해서는 일단 연소득이 7,000만 원을 넘지 않아야 합니다. 이 때 연소득은 부부의 경우 합산하지 않아요. 한 부부가 있고 남편 연봉이 5,000만 원이고 부인 연봉이 1억 원인데 월세를 70만 원씩 내고 살고 있다면 남편은 월세 세액공제를 받을 수 있습니다.

주택 요건도 맞아야 합니다. 전용면적 $85m^2$를 넘지 않아야 합니다. 아파트, 단독, 다가구, 연립, 다세대 모두 괜찮아요. 오피스텔도 면적 조건만 갖추면 됩니다. 넓은 집에 비싼 월세를 내고 사는 사람들이 낸 월세까지 깎아줄 필요는 없다는 정책적 판단이 작용한 결과입니다.

월세 세액공제를 받으려면 임차인인 근로자 본인이 체결한 월세 계약이어야 하고 반드시 전입신고가 돼 있어야 합니다. 월세 세액공제를 신청할 때 주민등록등본과 월세계약서, 월세 이체내역서를 제출해야하는데 이때 주민등록등본상의 주소와 월세 계약서 주소가 일치해야 하고 근로자 본인이 세대주이거나 세대 구성원이면서 월세계약 당사자여야 한다는 뜻입니다. 따라서 1월부터 12월까지 월세를 냈지만 전입신고를 4월에 했다면 4월부터 12월에 낸 월세만 세액공제를 받을 수 있습니다.

과거에는 확정일자 요건까지 필요했어요. 확정일자를 받아야만 월세 세액공제를 받을 수 있었죠. 하지만 보증금이 적거나 순수 월세인 경우 전입신고로 제3자에 대한 대항력만 갖추면 되지 확정일

◆ 월세세액공제 개요

구분	내용
대상주택	전용면적 85㎡ 이하 주택 및 오피스텔, 고시원
대상자	총급여액 7,000만 원 이하인 무주택 근로자
공제한도	월세 연간 750만 원
세액공제율	납부한 월세의 10%
공제요건	확정일자 불필요(2014년 1월 1일~)
	월세(반전세) 계약서 주소와 주민등록 주소 일치
	근로자 및 배우자가 체결한 계약도 인정

자를 받아서 우선변제권을 갖출 필요는 없습니다. 이 때문에 2014년부터 확정일자 조건은 폐지됐습니다. 따라서 확정일자를 받지 않아도 월세 세액공제는 받을 수 있습니다.

이제 가장 중요한 세액공제한도와 세액공제율을 볼까요? 월세 세액공제한도는 연간 750만 원입니다. 헷갈리기 쉬운데 750만 원까지 모두 세액공제를 해준다는 뜻이 아니에요. 월세를 1년에 1,000만 원 내도 750만 원까지만 세액공제 대상으로 인정해 주겠다는 뜻입니다.

월세 세액공제율은 10%로 연간 750만 원 월세를 냈다면 750만 원의 10%인 75만 원 세액공제를 해줍니다. 이 말은 예를 들어 연말정산을 다 끝내고 기납부세액이 100만 원인데 산출세액이 90만 원인 경우 10만 원만 돌려받지만 산출세액에서 75만 원을 빼준다는 뜻이에요. 그렇다면 이미 100만 원 세금을 냈지만 산출세액은 15

만 원이 되기 때문에 이 근로자는 85만 원을 돌려받게 됩니다.

최근 월세 부담이 높아지자 정부에서는 월세 세액공제 범위를 확대할 계획입니다. 우선 2017년부터 배우자 명의의 월세 계약이라도 세액공제를 받을 수 있도록 세액공제 요건을 완화했습니다. 앞서 설명한 것처럼 월세 세액공제를 받기 위해서는 반드시 월세 계약이 본인 명의로 돼 있어야 해요. 하지만 현실에서는 시간 여유가 있는 배우자가 계약서에 도장을 찍는 경우가 많죠. 따라서 정부에서는 부인이 계약서에 도장을 찍었다고 해도 남편이 무주택 세대주이고 연봉 7,000만 원 이하라면 세액공제를 받을 수 있도록 제도를 개선했습니다.

세액공제율도 확대하려고 했지만 무산됐습니다. 지금은 750만 원 한도로 10%를 세액공제율로 정하고 있는데 12%로 올릴 계획이었죠. 이 경우 최대 세액공제액은 75만 원에서 90만 원으로 15만 원 늘어납니다. 그만큼 월세 임차인은 더 많은 세금을 돌려받게 되는 거죠.

세액공제 대상이 되는 주택에 고시원도 포함했습니다. 지금은 직장인이 고시원에 내는 월세는 세액공제 대상이 아닙니다. 취업을 했지만 주거비를 아끼기 위해 고시원에 살고 있는 사회초년생들에게 혜택이 돌아갈 것으로 보입니다.

한편 전입신고를 못하게 하고 세액공제도 못 받게 하는 임대인들이 있습니다. 주택임대사업자등록을 내지 않고 사실상 불법으로 임대사업을 하는 경우죠. 임차인이 전입신고를 하고 세액공제까지 받게 되면 임대인은 임대소득이 과세 당국에 노출되기 때문에 기를 쓰고 막으려고 합니다.

이런 경우라면 임차인은 임대인의 상황을 역으로 이용하는 지혜를 발휘해야 합니다. 우선 임대료 인하를 요구할 수 있습니다. 세액공제를 통해 1년간 돌려받을 수 있는 세금을 계산해 임대인에게 보여주는 거죠. 임대인이 아랑곳하지 않으면 5년 안에 연말정산경정청구제도를 이용해 소급해서 세액공제 혜택을 받을 수 있어요.

이 경우 '월세 계약이 종료된 후 5년 내'가 아니라 '연말정산 종료 후 5년 내'라는 점에 주의해야 합니다. 예를 들어 2015년 1월 1일부터 12월 31일까지 낸 월세 세액공제를 2016년 3월에 세액공제받지 못했다면 2021년 3월까지 경정청구를 해야 합니다. 만약 이때까지도 같은 집에 살고 있어서 집주인 눈치 때문에 경정청구를 못했다면 구제받을 방법이 없어요. 2017년 5월 월세 계약이 종료돼 다른 곳으로 이사를 갔다고 해도 마찬가지입니다. 2017년 5월부터 5년을 계산해 2022년 5월까지 경정청구를 하면 구제받을 수 있다고 생각해선 안 됩니다.

어플리케이션으로 방 구하기

    전세나 월세를 구하는 고전적인 방법은 공인중개업소를 방문해 공인중개사로부터 도움을 받는 겁니다. 공인중개사는 매물장에 올라있는 몇 개의 집을 보여줍니다. 집이 마음에 들면 계약을 하고 잔금 때 중개수수료를 지급합니다. 고전적인 방법인 만큼 가장 많이 활용됩니다.

    그런데 요즘 젊은 층은 스마트폰 하나로 집을 구하기도 합니다. 직방, 다방, 방콜 같은 부동산 중개 서비스 어플리케이션(앱)을 활용하는 방법이죠. 부동산 앱은 주로 혼자 사는 2030세대들이 원룸이나 오피스텔 전월세를 구할 때 가장 많이 활용하고 있습니다.

    부동산 앱의 기본 구조는 모두 동일합니다. 우선 부동산 앱을 구글플레이나 애플 앱스토어에서 다운로드한 후 실행합니다. 지도를 이용하거나 지하철역, 대학 등으로 검색하면 공인중개사들이 앱에 올린 매물이 보입니다.

매물 정보에는 실제 사진과 면적, 위치, 집(방)의 상태, 관리비, 임대료 등 모든 정보가 아주 자세하게 담겨 있습니다. 세 가지 앱 모두 비슷해요. 매물 정보를 보고 더 궁금한 사항이 있으면 매물을 올린 공인중개업소에 바로 전화를 걸어서 물어보면 됩니다.

원하는 매물 후보군을 추렸다면 이제 직접 방을 보러 갈 차례입니다. 매물을 올린 공인중개업소와 연락한 후 계약조건과 방 상태를 꼼꼼히 따져보고 계약 여부를 신중하게 결정해야 합니다. 계약을 재촉하는 공인중개사가 있다면 한 번쯤 의심해보는 게 좋습니다. 특히 전세의 경우 전입신고와 확정일자가 가능한지 따져봐야 해요. 확정일자가 안 되면 전세권 설정을 해야 하는데 비용 차이가 상당히 크기 때문입니다.

부동산 앱을 이용한다고 해도 중개수수료는 내야 합니다. 앱은

◆ 부동산 관련 어플들

부동산앱	다방	직방	방콜
다운로드수	600만 건 돌파	1,000만 건 돌파	100만 건 돌파
매물정보수	51만 건	250만 건	2만여 건
주요특징	360도 방 둘러보기, 테마옵션 선택	허위매물관리 및 안심직방 서비스	45일 주기 갱신, 방찾아주세요 서비스
광고모델	〈응답하라 1988〉 혜리	송승헌, 이희준	없음

하나의 창구, 통로일 뿐이기 때문이죠. 결국 공인중개사를 만나 방을 보고 계약서를 작성해야하기 때문에 앱을 통해 방을 구했다고 해도 공인중개업소에서 방을 구했을 때와 같은 수수료를 내게 됩니다.

사실과 다른 허위 매물도 많아 주의 필요

그런데 부동산 앱에도 미끼매물, 허위매물이 많은 것으로 알려져 있습니다. 허위매물, 미끼매물은 인터넷을 통한 부동산 거래에서 항상 문제가 되는 부분이죠.

실제로 2016년 7월 한국소비자원이 직방, 다방, 방콜 등 3개 부동산 앱에 올라온 서울 지역 매물 100건을 조사한 결과 22건은 매물을 볼 수 없었고 보증금과 관리비, 월세 등 가격정보가 상이한 경우도 13건이나 있었습니다. 또 층수나 옵션 등의 매물정보가 1개 이상 일치하지 않는 겨우도 24건이나 됐습니다. 매물을 볼 수 없었던 22건 중 15건은 이미 계약이 끝난 상태였다고 합니다. 전형적인 허위매물, 미끼매물이죠. 가격이 상이한 13건 중 9건은 관리비로 조사됐습니다.

조사를 마친 한국소비자원은 "방문 전 전화 통화를 통해 해당 매물이 있는지, 추가 요금은 발생하지 않는지 등을 명확히 확인하고, 매물 가격이 주변 시세에 비해 지나치게 저렴하거나 사진상 방의 크기가 표시 면적에 비해 넓어 보일 경우 허위, 미끼성 매물의 가능성을 의심하라"고 당부했습니다.

한국소비자원은 2016년 9월 또 다른 조사결과도 발표했습니다. 부동산 앱에 대한 관심이 뜨겁다 보니 소비자들에게 최대한 많은 정보를 제공하기 위함인데요. 이 조사결과를 보면 '방콜〉직방〉다방'순으로 소비자 만족도가 높았습니다. 방콜은 화면구성과 고객기대 부응, 소개매물, 부가서비스, 서비스체험 등 앱 이용 편리성 한 항목만 빼고 모든 항목에서 가장 높은 점수를 얻었습니다. 이런 조사결과도 부동산 앱을 이용할 때 참고하면 좋을 것입니다.

부동산 앱 외에 인터넷 카페에 임대인들이 직접 올린 매물을 보

◆ 부동산 어플 소비자 만족도 조사결과 (단위 : 점)

업체명	종합 만족도	화면구성 및 고객기대 부응*	모바일 부동산 앱 서비스			서비스 체험**
			소개 매물	앱 이용 편리성	부가 서비스	
방콜	3.48	3.56	3.38	3.51	3.37	3.43
직방	3.44	3.55	3.31	3.64	3.23	3.4
다방	3.41	3.53	3.26	3.54	3.26	3.37
평균	3.44	3.55	3.32	3.56	3.29	3.4

* 모바일 부동산 앱의 화면구성 등과 서비스의 신속성·신뢰성·고객니즈 이해에 대한 태도를 측정
** 소비자가 서비스를 체험하면서 느낀 주관적 감정에 대한 평가로 긍·부정의 빈도 측정

고 방을 구하는 방법도 젊은층 사이에서는 인기를 끌고 있습니다. 직거래는 중개수수료를 아낄 수 있다는 점에서 임대인과 임차인에게 매력적인 거래 방법입니다. 하지만 직거래를 하는 경우 임차인이 모든 리스크를 부담해야 하는 단점이 있습니다. 예를 들어 '나는 부동산 등기부등본을 볼 줄 모른다'고 생각한다면 직거래는 곤란합니다. 매매가 3억 원이고 전세 2억 원인 빌라인데 은행에 선순위 근저당이 2억 원이 있다면 계약해서 될까요? 근저당 2억 원과 보증금 2억 원을 합치면 집값을 넘어서기 때문에 이런 집은 절대 피해야 합니다. 아니면 계약을 맺을 때 은행 근저당 해지를 조건으로 명시해야 합니다.

도배장판비용은 누가 부담해야 할까

전월세를 계약할 때나 전월세 계약 종료 후 임대인과 임차인 사이에 많은 분쟁이 발생합니다. 분쟁이 발생하는 이유는 결국 돈 때문이죠. 누가 비용을 부담할 것이냐를 두고 다투는 것입니다. 계약서를 잘 쓰면 뭐가 문제일까 하겠지만 아무리 계약서를 꼼꼼하게 써도 문제는 발생하기 마련입니다. 미리 예상하지 못한 변수가 발생하기 때문이죠. 이제부터 임대차 계약 관련 다양한 분쟁 사례를 살펴보겠습니다. 임대인도 임차인도 서로의 부당한 요구 때문에 속앓이 하지 않으려면 아는 것이 힘입니다.

다양한 사례를 보기에 앞서 임대차 분쟁과 관련한 대표적인 법조문부터 하나 볼게요. 민법 제623조는 '임대인은 목적물을 임차인에게 인도하고 계약존속 중 그 사용, 수익에 필요한 상태를 유지하게 할 의무를 부담한다'며 임대차계약에서 임대인의 의무를 규정하고 있습니다. 반대로 민법 제309조는 '전세권자는 목적물의 현상을 유지하고 그 통상의 관리에 속한 수선을 하여야 한다'며 전세권자(임차인)의 의무를 명시하고 있습니다. 두 조항이 서로 반대되는 것 같죠? 임대차분쟁은 애매한 법조문에서부터 출발합니다.

민법 제623조는 전세나 월세를 가리지 않습니다. 모든 임대차계약에 적용됩니다. 그런데 민법 제309조는 전세권자라고 못박고 있죠? 전세권자가 되기 위해서는 전세권 설정 등기를 해야 합니다. 전세에 살지만 전세 등기를 하지 않으면 전세권자가 아닙니다. 이 경우 주택임대차보호법 제12조에 따라 '미등기 전세', '채권적 전세'로 봅니다. 따라서 임차인은 전세권자가 될 수 없습니다.

그런데 민법 제623조도 그렇고 제309조도 강행규정이 아닙니다. 법에 적혀 있는 것보다 시장의 관행, 임대인과 임차인 간 계약이 우선이라는 뜻이에요. 법무부에서 제공하는 주택임대차표준계약서를 봐도 임대주택의 수리와 비용에 대해서는 임대인과 임차인이 우선 합의하도록 돼 있습니다. 글 첫머리에서 살펴본 것처럼 계약서는 아무리 잘 써도 예측할 수 없는 분쟁이 발생합니다.

우선 관행과 법조문을 종합해서 살펴보겠습니다. 시장의 관행은 도배와 장판에 대해서는 '전세는 임차인이, 월세는 임대인'이 하는 겁니다. 이 같은 관행은 민법 제309조와 제623조를 종합한 결과죠. 하지만 앞서 살펴본 것처럼 전세도 전세권 등기를 한 전세가 있고 그냥 전세가 있습니다. 전세권 전세는 민법 제309조에 따라 임차인이 도배, 장판 수리 비용을 부담해야 하지만 그냥 전세는 애매합니다. 월세는 민법 제623조에 따라 확실히 임대인이 비용을 부담해야 하는데 전세권 등기를 하지 않은 그냥 전세는 정말 애매해요. 이 경우 계약서에 따로 정하지 않으면 그냥 전세도 월세와 마찬가지로 임대인이 도배, 장판 비용을 부담해야 합니다. 관행과 다소 어긋나죠? 따라서 관행대로 하려면 임대인과 임차인은 그냥 전세의 경우 계약서에 명시하는 게 분쟁의 소지를 없애는 방법입니다.

그렇다면 도배, 장판 말고 임차인이 낸 사소한 흠집이나 형광등 같은 소모품 수리, 교체 비용은 누가 부담해야 할까요? 이 부분에 대해서 우리 대법원의 명확한 판례가 있습니다. 대법원이 2012년 6월 14일 선고한 [2010다89876] 판결에 따르면 별 비용을 들이지 않고 고칠 수 있는 사소한 하자, 파손은 임대인이 비용을 부담하지 않아도 됩니다. 그러나 그 파손이나 하자를 수선하지 않을 시 임차인이 계약에 의하여 정해진 목적에 따라 거주하는 데 심각한 지장을 받을 정도라면 임대인이 수리, 교체비용을 부담해야 합니다. 이 판례는 전세권 등기를 한 전세냐 그냥 전세냐, 월세냐 따지지 않습니다. 임대차 계약 일반에 해당하는 내용이죠.

판례를 거꾸로 해석하면 보일러나, 싱크대처럼 기본적으로 사람

이 계약서는 법무부에서 국토교통부·서울시 및 학계 전문가와 함께 민법, 주택임대차보호법, 공인중개사법 등 관계법령에 근거하여 만들었습니다. 법의 보호를 받기 위해 【중요확인사항】(별지)을 꼭 확인하시기 바랍니다.

주택임대차계약서

☐ 보증금 있는 월세
☐ 전세 ☐ 월세

임대인( )과 임차인( )은 아래와 같이 임대차 계약을 체결한다

[임차주택의 표시]

소 재 지	(도로명주소)			
토 지	지목		면적	m²
건 물	구조·용도		면적	m²
임차할부분	상세주소가 있는 경우 동·층·호 정확히 기재		면적	m²

미납 국세	선순위 확정일자 현황	확정일자 부여란
☐ 없음 (임대인 서명 또는 날인 ㉑)	☐ 해당 없음 (임대인 서명 또는 날인 ㉑)	
☐ 있음(중개대상물 확인·설명서 제2쪽 II. 개업공인중개사 세부 확인사항 ⑨ 실제 권리관계 또는 공시되지 않은 물건의 권리사항'에 기재)	☐ 해당 있음(중개대상물 확인·설명서 제2쪽 II. 개업공인중개사 세부 확인사항 ⑨ 실제 권리관계 또는 공시되지 않은 물건의 권리사항'에 기재)	

유의사항: 미납국세 및 선순위 확정일자 현황과 관련하여 개업공인중개사는 임대인에게 자료제출을 요구할 수 있으나, 세무서와 확정일자부여기관에 이를 직접 확인할 법적권한은 없습니다. ※ 미납국세·선순위확정일자 현황 확인방법은 "별지"참조

[계약내용]

제1조(보증금과 차임) 위 부동산의 임대차에 관하여 임대인과 임차인은 합의에 의하여 보증금 및 차임을 아래와 같이 지불하기로 한다.

보 증 금	금	원정(₩)			
계 약 금	금	원정(₩)은 계약시에 지불하고 영수함. 영수자 (인)			
중 도 금	금	원정(₩)은	년	월	일에 지불하며
잔 금	금	원정(₩)은	년	월	일에 지불한다
차임(월세)	금	원정은 매월 일에 지불한다(입금계좌:)			

제2조(임대차기간) 임대인은 임차주택을 임대차 목적대로 사용·수익할 수 있는 상태로 ___년 ___월 ___일까지 임차인에게 인도하고, 임대차기간은 인도일로부터 ___년 ___월 ___일까지로 한다.

제3조(입주 전 수리) 임대인과 임차인은 임차주택의 수리가 필요한 시설물 및 비용부담에 관하여 다음과 같이 합의한다.

수리 필요 시설	☐ 없음 ☐ 있음(수리할 내용:)
수리 완료 시기	☐ 잔금지급 기일인 ___년 ___월 ___일까지 ☐ 기타 ( )
약정한 수리 완료 시기까지 미 수리한 경우	☐ 수리비를 임차인이 임대인에게 지급하여야 할 보증금 또는 차임에서 공제 ☐ 기타 ( )

제4조(임차주택의 사용·관리·수선) ① 임차인은 임대인의 동의 없이 임차주택의 구조변경 및 전대나 임차권 양도를 할 수 없으며, 임대차 목적인 주거 이외의 용도로 사용할 수 없다.
② 임대인은 계약 존속 중 임차주택을 사용·수익에 필요한 상태로 유지하여야 하고, 임차인은 임대인이 임차주택의 보존에 필요한 행위를 하는 때 이를 거절하지 못한다.
③ 임대인과 임차인은 계약 존속 중에 발생하는 임차주택의 수리 및 비용부담에 관하여 다음과 같이 합의한다. 다만, 합의되지 아니한 기타 수선비용에 관한 부담은 민법, 판례 기타 관습에 따른다.

임대인부담	예컨대, 난방, 상하수도, 전기시설 등 임차주택의 주요설비에 대한 노후·불량으로 인한 수선은 민법 제623조, 판례상 임대인이 부담하는 것으로 해석됨
임차인부담	예컨대, 임차인의 고의·과실에 기한 파손, 전구 등 통상의 간단한 수선, 소모품 교체 비용은 민법 제623조, 판례상 임차인이 부담하는 것으로 해석됨

④ 임차인이 임대인의 부담에 속하는 수선비용을 지출한 때에는 임대인에게 그 상환을 청구할 수 있다.

법무부에서 제공하는 주택임대차표준계약서 중 수리와 비용에 관한 부분

이 거주하기 위해 주택에 갖춰져야 하고 수리, 교체에 큰 비용이 드는 부분은 임대인이 책임져야 한다는 뜻이 됩니다.

법과 현실의 차이, 계약 전 꼼꼼하게 정해 두는 것이 최선

다시 정리해보면 이렇습니다. 거실 형광등, 욕실 샤워기, 세면대 수도꼭지 등 큰 비용이 들지 않는 소모품 수리나 교체는 임차인이 직접 하는 게 맞습니다. 이런 사소한 부분까지 임대인에게 수리, 교체를 요구하는 건 사회통념에 어긋난다고 보는 것이죠.

그 다음 도배나 장판은 약간 애매합니다. 계약서에 명시적으로 임대인 또는 임차인 부담으로 기재했다면 계약서에 따르게 됩니다. 하지만 계약서에 따로 넣지 않았다면 관행으로 돌아가서 '전세는 임차인, 월세는 임대인'이 책임지는 게 일반적인 경우라고 볼 수 있죠. 관행은 서로 우길 수 있고 분쟁 발생 시 문제가 복잡하기 때문에 계약서에 정확히 책임소재를 기재하는 게 바람직합니다.

큰 비용이 들어가는 싱크대나 보일러는 어떨까요? 앞서 설명했듯이 싱크대나 보일러 같은 큰 비용이 들고 고장난대로 방치했을 때 임차인이 거주하는 데 큰 불편함을 겪는 경우라면 임대인이 수리, 교체 비용을 부담해야 합니다. 이 경우 계약서에 특약사항으로

'싱크대, 보일러 고장 시 수리, 교체비용도 임차인이 부담한다'고 넣으면 어떻게 될까요? 주택임대차호법 제10조는 '이 법에 위반된 약정(約定)으로서 임차인에게 불리한 것은 그 효력이 없다'고 규정하고 있기 때문에 무효라는 주장과, 임차인이 월세나 전세금을 할인받는 조건으로 특약을 넣었다면 임대인과 임차인이 합의한 계약서상 특약이 우선이기 때문에 유효하다는 주장이 엇갈리기 때문에 판결을 받아봐야 할 것 같습니다. 만약 월세나 전세금 할인 없이 임대인의 일방적인 주장에 따라 계약서에 이런 특약이 들어갔다면 무효라고 봐야 한다는 게 중론입니다.

전세나 월세 계약이 끝나는 시점에서 도배, 장판, 보일러, 싱크대 등의 수리나 원상복구를 두고도 임대인과 임차인 간 분쟁이 끊이지 않습니다. 원상회복 역시 계약서, 법조문, 판례를 종합적으로 따져봐야 합니다.

우선 법무부의 주택임대차표준계약서를 볼까요? 제8조에 따르면 임대차계약이 종료된 경우에 임차인은 임차주택을 원래의 상태로 복구해 임대인에게 반환해야 합니다. 다만 시설물 노후화나 통상 생길 수 있는 파손 등은 임차인의 원상복구의무에 포함되지 않습니다. 표준계약서상 임차인의 원상회복 의무는 민법 제316조와 제615조, 제654조 등에 규정된 것을 계약서에 옮겨 담은 겁니다.

우리나라 법원 판례도 "임차할 당시 상태보다 나빠지더라도 통상적인 방법으로 사용한 결과라면 임차인에게 원상회복 의무는 없으며, 이러한 통상의 손모(써서 닳고 없어짐)에 관하여는 특약이 없는 한 임대인이 부담해야 한다"는 겁니다.(서울중앙지법, 05가합 100279)

이에 따라 계약기간 중 정상적이었던 방문 한 쪽이 떨어져나갔다거나, 못질로 인해 벽체가 크게 손상됐다면 임차인이 원상회복 비용을 부담해야 합니다. 반면 디지털 도어락 건전지가 떨어졌다거나 벽에 못 자국 몇 개 있다고 해서 임대인은 임차인에게 원상회복을 요구할 수는 없습니다. 2년 동안 벽지가 누렇게 변했다고 해도 마찬가지예요. 특히 전세는 임차인이 보통 도배를 하기 때문에 임대인 직전 임차인에게 도배 비용을 받을 게 아니라 새로 들어오는 임차인이 도배를 하고 들어오도록 하면 됩니다.

어디까지는 임대인 책임이고 어디까지 임차인 책임인지 법이 불분명하고 판례도 애매하기 때문에 임대차 계약 때 분명히 해주는 게 좋습니다. 계약서를 작성한 후에 집안 곳곳의 사진을 미리 찍어두면 계약 종료 때 임대인이나 임차인이 다른 소리 하는 것을 막을 수 있습니다.

| 문기자의 부동산 팩트체크 |

중산층의 주거대안 뉴스테이

이명박정부에 '보금자리주택'이 있다면 박근혜정부에는 '뉴스테이'(New Stay)가 있습니다. 뉴스테이 덕분에 전·월세난에 허덕이는 중산층, 서민들은 이제 기존 공공임대주택과 차별화되는 브랜드 임대주택에 살 수 있는 기회를 갖게 됐습니다. 일부 지역에서 임대료가 너무 비싼 거 아니냐는 비판도 제기되고 있지만 뉴스테이는 임대주택, 임대아파트가 주는 편견을 깨고 있다는 점만으로도 충분히 평가받을 가치가 있습니다. 뉴스테이가 언제까지 지속적으로 공급될지 알 수 없지만 공급되는 동안에는 전·월세난에 지친 무주택자들에게는 큰 희망이 될 것으로 보입니다.

기존 임대주택의 업그레이드 버전

뉴스테이는 '기업형 임대주택'입니다. 기존 임대주택은 한국토지주택공사(LH)나 서울시 SH공사, 경기도시공사 등 공공이 주체가 되어 대량으로 공급했는데요. 아파트 외관은 천편일률적이고 동네는 슬럼화됐습니다. 공공임대주택 주민들은 지역 주민들로부터 차별을 받아야 했고 일부 지역에서는 '휴거'(휴먼시아 거지)라는 말까지 나왔습니다. 돈이 없어도 공공임대에 무주택자들이 공공임대주택에 들어가지 않으려는 이유는 이와 같은 낙인효과 때문이죠.

게다가 서민들은 물론 중산층까지도 치솟는 전·월세에 허리가 휠 정도로 어려움을 겪고 있습니다. 전세는 좀처럼 구하기 어렵고, 월세를 내면 아이들 학원비나 생계비를 줄여야 하는 처지에 내몰린 사람들은 저렴하면서도 양질의 임대주택이 나오기를 희망했습니다. 물론 차별도 없어야겠죠.

이 같은 고민 끝에 2015년 1월 뉴스테이 정책이 발표됐습니다. 그리고 정부는 2017년까지 15만 가구의 뉴스테이 부지를 확정하고 4만 가구에 대해서는 입주자모집까지 한다는 계획입니다. 박근혜정부가 끝나도 이미 뉴스테이를 공급하기로 한 사업장이 있기 때문에 2020년대 초반까지는 뉴스테이가 계속 공급될 것으로 보입니다.

◆ 뉴스테이 공급계획

구분	2015년	2016년	2017년	합계
부지확보	2.4	5.5	7.1	15
영업인가	1.4	2.5	4.6	8.5
입주자모집	0.6	1.2	2.2	4

출처 : 국토교통부 (단위 : 만 가구)

뉴스테이의 가장 큰 특징은 임대주택이지만 임대주택 티가 전혀 나지 않는다는 점입니다. 임대주택 티가 전혀 나지 않는 이유는 민간사업자들이 아파트를 짓고 임대관리까지 직접 하기 때문이죠. 처음부터 끝까지 공공에서 하던 공공임대주택과 다른 점입니다. 'e편한세상 도하' '수원권선 꿈에그린' '신동탄 SK뷰 파크' 등 아파트 단지 이름에서도 과거 공공에서 대량으로 공급한 임대주택과 분명히 구분됩니다.

민간분양 아파트에 뒤지지 않는 품질을 자랑하면서도 뉴스테이 임대료는 주변 시세보다 저렴합니다. 사업비 중 상당 부분을 주택도시기금에서 제공하기 때문이죠. 정부의 기금이 투입되기 때문에 민간 사업자의 자금 부담이 크지 않으니 임대료를 주변 시세보다 낮게 가져갈 수 있는 것입니다.

예를 들어 1호 뉴스테이인 'e편한세상 도화'는 연간 임대료 인상폭을 3%로 제한했습니다. 정부에서 보장한 5%보다 2%포인트 더 낮습니다. '동탄 행복마을 푸르지오' 역시 연간 임대료 인상폭을 3%로 결정했죠. 불과 한 달만 지나도 전·월셋값이 껑충껑충 뛰고 있는 세상인 만큼 뉴스테이 입주자들은 임대료 걱정이 거의 없는 것과 같습니다.

뉴스테이는 기존의 민간아파트와 달리 단지 전체가 임차인들로만 구성됩니다. 이 점은 기존 공공임대주택과 같지만 사업자들은 공공임대주택에서는 찾아볼 수 없는 각종 주거 서비스를 제공합니다. 정부에서 사업자를 선정할 때 임차인들을 위한 다양한 주거 서비스 계획을 중요한 평가항목으로 삼기 때문이죠.

예를 들어 GS건설이 동탄2신도시에 공급한 '동탄 레이크자이 더 테라스'는 단지 안에 국공립어린이집을 유치하고 재능기부자들을 입주자로 선정해 영어와 요리 등 입주민들을 위한 강좌도 개최합니다. 또 가전, 가구 등 렌탈 서비스와 카셰어링 서비스도 제공합니다.

SK건설이 화성시 기산동에 공급한 'SK뷰 파크3차'는 SK텔레콤의 스마트홈 서비스,

SK와이파이 서비스, SK전자책 서비스 등 SK그룹 연계 서비스를 제공합니다. 또 카셰어링 서비스, 방문세차 및 차량점검 서비스, 입주민 프리랜탈 서비스 등도 선보입니다.

뉴스테이는 기본 거주기간이 8년으로 장기간이고 청약통장이 필요 없는 것은 물론 임차인의 소득수준, 주택소유 여부도 따지지 않습니다. 역시 뉴스테이가 기존 임대주택과 차별되는 대목이죠.

◆ 뉴스테이 추진현황

구분	위치	시험자	전용면적(m²)	가구수
LH공모 1차	화성동탄2 A-14	대우건설	59~84	1,135
	위례	대림산업, 대림코퍼레이션	84	360
	김포한강 Ab-04	금성백조	70	1,770
LH공모 2차	화성동탄2 A-95	롯데건설, 대토신	70~84	612
	충북혁신	우미건설, KB신탁	70~84	1,345
LH공모 3차	화성동탄2 B-15,16	GS건설, 코람코신탁	96~106	483
	수원호매실	현대건설, KB신탁, 삼성화재	74~93	800
LH공모 4차	대구금호	서희건설, KB신탁, 우리관리	74~99	591
	인천서창2	한화건설, 대토신, 신영에셋	74~84	1,212
	김포한강 Ab-22	롯데건설, 대토신	67~84	912
LH공모 5차	화성동탄2 A-92	현대산업개발, 교보생명, 제이알투자운용	74~84	774
	시흥장현	계룡건설, 대토신, 신영에셋	75~84	651
	화성봉담2	현대건설, 대토신, 우리레오PMC	62~84	1,004
	광주효천	중흥건설, 한자신, KB증권	59	615
LH공모 6차	영등포 교정시설	현대산업개발, 대토신	64~79	2,214
	대구국가산단 A2-2	서한, 한자신, 젠스타	66~84	1,038
LH공모 7차	김해율하2 A-2			974
	서울양원 C-3			331
	파주운정3 A-15			846

구분	위치	시험자	전용면적(m²)	가구수
민간제안	인천도화	대림산업	59~84	2,105
	서울신당	하나은행, 반도건설	25~59	729
	서울대림	HTH	29~44	293
	수원권선	한화건설	59~84	2,400
	화성반월	롯데건설	59~84	1,185
	하나은행지점	하나은행, 하나생명, HN주택임대관리	20~51	719
	노량진 한샘	고려e스쿨	19~31	207
	광명소하	KT AMC, 한라	44	420
	화성기산	SK건설	60~84	1,086
정비사업	인천청천2	한토신	37~119	3,500
	광주누문	스트래튼	미정	3,000
	인천십정	스트래튼	미정	3,000
	천안십정	대림산업	미정	1,300
	인천송림초고	스트래튼	미정	1,600
	대구내당내서	서한	미정	350
	부산우암2	대림산업	미정	2,800
	인천미추8	대한토지신탁	미정	2,750
	의정부장암3	하나자산신탁	미정	600
	부산우암1	생보자산신탁	미정	1,800
	고양능곡6	한국경우AMC	미정	2,350
	인천부평4	한국자산신탁	미정	1,850
	인천도화1	하나자산신탁	미정	1,600
	인천금송	스트래튼	미정	2,000
촉진지구 1차	서울문래	롯데	60 이하	737
	대구대명	KT에스테이트, 계룡건설	60 이하, 60~85	409
	의왕초평	LH	미정	2,400
	과천주암			5,200

구분	위치	시행자	전용면적(m²)	가구수
촉진지구 1차	부산기장	LH	미정	1,100
	인천계양	인천도시공사	미정	1,300
	인천남동			600
	인천연수			1,400
촉진지구 2차	서울독산	롯데	미정	1,500
	김포고촌	LH		2,900
	남양주주진건			5,700

출처 : 국토교통부

    사실 최근 전·월세난이 심화되는 결정적인 이유 중 하나는 충분한 재산과 소득이 있는 계층에서 집을 사지 않기 때문입니다. 주택가격이 장기적으로 떨어질 수 있다는 막연한 불안감 때문입니다. 결국 이들은 무주택 서민들과 함께 임대차시장에서 경쟁하면서 전·월셋값을 힘껏 끌어올리고 있습니다. 뉴스테이는 이런 계층을 끌어들여 전·월세난 해소에 기여하고 있는 것이죠.

    8년 후에는 어떻게 될까요? 아직 아무도 가보지 않은 길입니다. 뉴스테이 중 상당수는 정부가 출자한 기금이 대주주이기 때문에 쉽게 분양전환하지 못할 것으로 보입니다. 하지만 일부 단지들은 분양전환에 나설 가능성이 높아요. 분양전환을 하면 사업주체는 한꺼번에 목돈을 만질 수 있기 때문이죠. 법에 정해진 건 없지만 이 때 건설사들은 임차인들에게 우선 분양전환 권리를 줄 수도 있습니다. 임차인으로 살다가 뉴스테이 분양전환을 노리는 것도 내 집 마련 방법이 될 수 있다는 뜻이죠.

| 문기자의 부동산 팩트체크 |

2030세대 월세로또 행복주택

2016년 4월 21일부터 25일까지 서울 가좌역 행복주택 입주자 모집이 있었습니다. 가좌역 행복주택은 가재울 뉴타운 길 건너편 철도부지에 들어서는 행복주택입니다. 박근혜 전 대통령이 2012년 대선 공약에서 제시했던 남는 철도부지를 활용한 행복주택 첫 케이스죠.

동시에 가좌역 행복주택은 요즘 서울에 사는 10~20대로부터 폭발적인 인기를 얻고 있는 '경의선숲길'(일명 연트럴파크)과도 가깝습니다. 버스를 타고 10분만 나가면 연세대와 서강대, 이화여대, 홍익대까지 갈 수 있습니다. 이 대학에 재학 중인 학생이나 이 대학을 졸업한 후 갓 취업한 사회초년생에게는 더 없이 좋은 기회였습니다.

입주자 모집 결과는 어땠을까요? 가좌역 행복주택은 총 362가구 모집에 1만 7,180명이 신청해 평균경쟁률 47.5대 1을 기록했습니다. 어마어마한 경쟁률이죠. 특히 전용면적 29㎡ 사회초년생 우선공급의 경우 1가구 모집에 2,012명이 몰려 2,012대 1이라는 놀라운 경쟁률을 올렸어요.

행복주택은 대학생, 사회초년생, 신혼부부 등 2030세대를 위해 박근혜정부에서 야심차게 추진한 공공임대주택입니다. 기존 공공임대주택이 가족 단위의 저소득층이나 고령층을 대상으로 했다면 행복주택은 아직 경제적 기반이 없는 젊은층을 대상으로 한다는 점에서 사업 초기부터 큰 관심을 받았습니다.

사실 오늘날 청년들은 취업난은 물론 주거난에도 시달리고 있습니다. 대통령 직속 청년위원회 조사결과에 따르면 수도권 소재 대학생 중 집을 떠나 원룸에서 자취나 하숙을 하는 경우 10명 중 7명은 최저주거면적인 14㎡(4.2평)도 안 되는 곳에서 살고 있습니다. 또 많은 학생들과 취업준비생 등은 겨우 1평보다 조금 넓은 고시원 방에서 꿈을 키워가고 있죠. 겨우 잠만 잘 수 있는 고시원 방의 월세도 30~40만 원이다 보니 아르바이트는 기본입니다. 금수저, 은수저, 흙수저 얘기가 괜히 나오는 게 아닙니다.

행복주택은 이런 청년들의 주거문제를 해결하기 위해 도입됐습니다. 정부 재정을 투입해 대학가나 역세권에 시세보다 훨씬 저렴하면서도 살기 좋은 집을 지어 청년들이

◆ 행복주택 추진현황

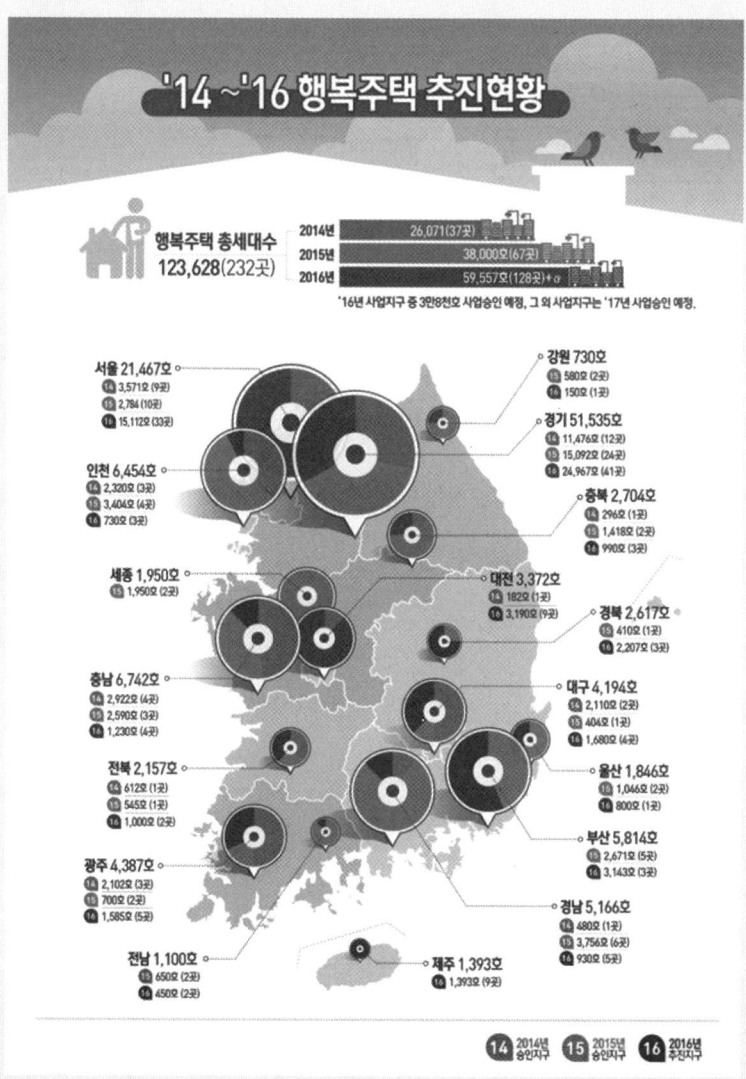

출처 : 국토교통부

PART 2 전세는 사라지지 않는다 : 임대주택의 미래 취업한 후 어느 정도 사회적 기반을 다질 때까지 살 수 있도록 한 것입니다. 청년층으로 대상을 한정한 임대주택은 행복주택이 사실상 처음입니다.

좋은 시설과 싼 임대료로 큰 인기

행복주택의 가장 큰 장점은 좋은 시설과 대비되는 저렴한 임대료입니다. 신혼부부의 경우 시세의 80% 수준에서 임대료가 책정되고 사회초년생은 시세의 72% 정도 임대료를 지불합니다. 대학생 임대료는 시세의 68% 수준이에요. 시세보다 저렴하게 공급해야 청년들이 행복주택에 거주하면서 꿈을 키울 수 있기 때문입니다.

임대료는 저렴하지만 시설은 결코 민간 오피스텔이나 도시형생활주택에 뒤지지 않습니다. 특히 행복주택은 대학생 등 1인 가구 거주 불편을 없애기 위해 무인택배함과 무선와이파이는 필수적으로 갖춰야 합니다. 신혼부부를 위한 국공립어린이집도 행복주택 단지에 들어오는 경우가 많습니다. 국공립어린이집에 한 번 들어가려면 신생아 출생 전부터 대기해야 한다는 말이 나올 정도인데 행복주택 입주 신혼부부들은 어린이집 걱정까지 덜 수 있는 것입니다.

이사 부담이 적은 것도 행복주택이 가진 큰 장점입니다. 행복주택에 입주하는 대학생, 사회초년생, 신혼부부는 기본적으로 6년까지 거주할 수 있어요. 전체 입주자 중 약 20%를 차지하는 고령자나 주거급여수급자는 길게는 20년까지 저렴한 임대료를 내고 행복주택에 살 수 있습니다. 특히 행복주택에 입주해 살다가 대학생, 사회초년생이 취업을 하거나 결혼을 해서 각각 사회초년생, 신혼부부 자격을 갖출 경우 최장 10년까지 거주할 수 있어요. 아이들이 있는 신혼부부도 자녀 1명당 2년씩 최장 10년까지 거주할 수 있습니다.

당초 행복주택은 대학생, 사회초년생, 신혼부부만 대상으로 했지만 2030세대 수요가 많아 대상이 계속 추가되는 중입니다. 우선 취업준비생이 입주대상에 빠져있었는데 추가됐습니다. 대학이나 고등학교를 졸업·중퇴한 후 2년이 안 된 취업준비생도 행복주택에 입주할 수 있게 된 것이죠. 취업을 했다가 이직을 위해 퇴직한 재취업준비생도 퇴직 후 1년, 전체 취업기간이 5년 안쪽이라면 행복주택에 입주할 수 있습니다. 기존에는 신혼부부만 가능했지만 예비신혼부부도 행복주택 입주가 가능합니다.

행복주택에 입주하려면 일단 기본적으로 무주택자여야 합니다. 그리고 소득과 자산 기준도 충족해야 하겠죠. 예를 들어 대학생이라면 본인과 부모 소득이 도시근로자 가구 평균소득의 100% 이하만 입주자로 선정될 수 있습니다. 또 대학생이라면 본인 소유 자동차가 없어야 행복주택에 입주할 수 있습니다. 사회초년생과 신혼부부는 청약통장도 필요합니다. 대학생과 노년층, 주거급여수급자 등 취약계층은 청약통장이 없어도 됩니다.

| 문기자의 부동산 팩트체크 |

전월세상한제
계약갱신청구권

최근 수년 동안 부동산 정책의 가장 뜨거운 감자는 '전월세상한제'와 '계약갱신청구권'입니다. 처음 들어보는 분들도 많겠지만 인터넷 검색창에 두 이슈를 검색해 보면 얼마나 많은 논란이 있었는지 금방 알 수 있습니다.

요즘 전셋집 구하기는 정말 어렵습니다. 1,000가구 대단지 아파트에 전세 물건이 하나도 없는 경우도 많아요. 물건이 나오는 동시에 계약되는 상황입니다. 전셋집 구하기 전쟁이라고 해도 지나친 말이 아닙니다.

수요는 많은데 공급이 딸리다 보니 전셋값은 천정부지로 치솟고 있습니다. 아주 자연스러운 현상이죠. 전셋값이 집값의 80~90%까지 오른 경우도 많아요. 어떤 곳은 집값보다 전셋값이 비싼 경우도 있습니다. 그만큼 전세 수요, 전세 선호는 강한데 공급이 많이 부족하기 때문입니다.

월세는 전세에 비해서는 비교적 안정적입니다. 월세는 전세보다 주거비 부담이 크기 때문에 웬만해선 임차인들도 선호하지 않아요. 하지만 전세를 주던 집주인이 '원래 1억 원 올려야 하는데 대신 월세로 30만 원을 내라'고 하면 목돈을 마련할 방법이 없는 임차인은 이 계약을 수용할 수밖에 없습니다.

이렇게 전월셋값이 계속 오르자 야권에서는 전월세상한제와 계약갱신청구권을 도입해 서민이라고 할 수 있는 임차인들을 보호해야 한다고 주장하고 있습니다. 반면 정부와 국토교통부는 두 제도 도입 시 부작용이 더 크게 우려된다며 반대 입장을 고수하고 있죠. 양측 논리 모두 일리가 있기도 하지만 한편으로는 빈틈도 많아요.

여야의 이해차로 현실화에 시간 걸릴 듯

우선 전월세상한제부터 살펴볼까요? 전월세상한제는 지금은 계약기간 중에만 연 5%까지 전세나 월세 인상이 가능한데 계약갱신(재계약)을 하는 경우에도 5%룰을 적용하자는 주장입니다. 전세 1억 원 아파트에 살고 있는 A 씨의 사례에 전월세상한제를 적용해 보면 집주인은 2년 계약이 끝나는 시점에 보증금을 500만 원까지만 올릴 수 있습니다. 반대로 전월세상한제가 없는 지금은 재계약 시점에 집주인 마음대로 5,000만 원을 올려달라고 할 수도 있고 1억 원을 더 달라고 할 수도 있어요.

이렇게 보면 전월세상한제는 임차인에게 아주 유리한 제도 같습니다. 하지만 이 제도를 임대인 입장에서 거꾸로 본다면 아주 불리합니다. 임차인의 주거안정성 보호와 임대인의 재산권 보호가 충돌하는 셈이죠. 그렇기 때문에 이 제도를 도입한다고 발표하는 순간 재계약이나 신규계약을 앞둔 임대인들은 앞으로 올리지 못할 전월세금을 한꺼번에 미리 다 올려 받을 가능성이 높습니다. 아니면 임대사업을 접고 다른 사업을 알아볼 겁니다. 이 경우 임대주택 공급은 급격히 줄어들어 전월세난은 지금보다 더 심해질 가능성이 높습니다.

◆ 전월세상한제 계약갱신청구권 주요 내용

구분	현재	개정방향	도입 찬반	
			찬성론	반대론
전월세 상한제	임대료 인상 연 5%로 제한 (재계약, 신규계약에 미적용)	임대주택 활용기간 중 임대료 인상 연 5%로 제한(재계약에 적용, 신규계약은 미적용)	임대료 급격한 인상에 제동 전월세 시장 안정에 기여	도입발표 즉시 임대료 급등 임대료 인상 제한으로 임대주택 급감 임대주택 급감으로 전월세난 심화
계약 갱신 청구권	임대차계약 기본 2년만 인정 단, 묵시적 계약 갱신 효력도 인정	1안)기본 2년+2년 1회 계약갱신청구권 보장=2+2 2안)기본 3년+3년 1회 계약갱신청구권 보장=3+3 3안)기본 2년+2년씩 2회 계약갱신청구권 보장=2+2+2	임차인 주거 안정 강화	도입발표 즉시 임대료 급등 갱신계약기간종료 후 임대료 급등 임대인재산권침해 우려

계약갱신청구권도 마찬가지예요. 계약갱신청구권이란 지금은 주택임대차보호법상 2년인 계약기간을 대체로 1회에 한해서 특별한 사정이 없는 한 연장해 주자는 겁니다. 2년 계약 종료 시점에 임차인에게 주어지는 권리로 임대인은 정말 특별한 사정이 아니

라면 이 권리를 들어줘야 합니다. 이 경우 임대차기간은 사실상 기본 2년에서 4년으로 늘어나게 되는 셈이죠.

2년 계약이 끝나면 시장 시세에 맞춰 임대료를 올리고 싶은 건 임대인이라면 당연히 가지는 마음입니다. 하지만 4년을 보장하게 되면 임대인은 4년 동안 연 5%씩 임대료를 올릴 수밖에 없어요. 앞선 예에서 전세 1억 원이라면 2년 후 1억 5,000만 원에 다시 전세를 줄 수 있었던 임대인은, 계약갱신청구권이 발동되면 2년 후 지금 임차인에게 최대 1억 1,000만 원만 받고 2년 더 살 수 있도록 해야 합니다. 따라서 계약갱신청구권 도입 발표 즉시 임대인들은 미래에 올리지 못하는 임대료를 앞으로 당겨서 먼저 올릴 가능성이 높습니다. 이 경우 갑자기 시장에서 전월셋값이 급등하는 문제가 발생합니다. 또 4년이 지난 후 재계약 시점에서 임대인들은 그동안 못 올린 전월세를 한꺼번에 다 올릴 가능성이 짙어요. 억눌렸던 임대료가 재계약 시점에 폭발하는 구조라고 볼 수 있습니다.

전월세상한제와 계약갱신청구권은 이렇게 장점과 단점이 복잡하게 교차하는 제도입니다. 학자들마다 의견도 다르고 여당과 야당의 주장도 팽팽하게 맞서는 제도죠. 한 번도 가보지 못한 길이기 때문에 일단 가보자는 의견도 있고, 반대로 갔다가 바로 낭떠러지가 나오면 돌이킬 수 없다는 반론도 만만치 않습니다.

PART 3

내 집 마련의 꿈 : 주택매매의 정석

REAL ESTATE INVESTMENT

좋은 집 사려면
최소한 열 번은 가봐라

부동산 매매계약은 크게 준비단계와 실행(계약)단계, 그리고 계약 후 단계 등 세 단계로 구분됩니다. 사실 계약서 작성에 들어가는 시간은 얼마 안돼요. 대부분의 시간은 준비단계에 들어가죠. 준비단계에 얼마나 많은 시간과 노력을 기울이느냐에 따라 부동산 투자의 성패가 좌우된다고 해도 지나치지 않습니다.

부동산 매매를 위한 준비단계에서 가장 중요한 것은 첫째도, 둘째도, 셋째도 '입지'입니다. 집이 아무리 잘 지어졌다고 해도 교통입지, 학군입지가 나쁘면 의미가 없다는 뜻인데요. 부동산 매매나 투자에서 입지보다 중요한 부분은 없습니다.

좋은 입지의 부동산을 선택하기 위해서는 발품을 팔아야 합니

◆ 부동산 매매절차

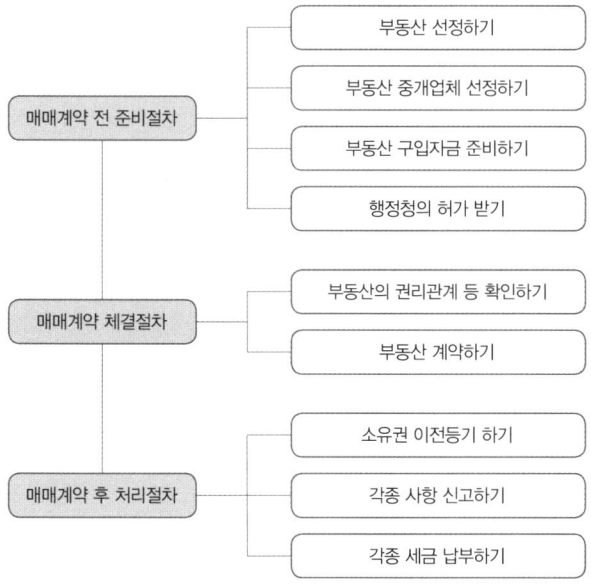

다. 직접 가보지 않고 계약서에 도장을 찍는 것만큼 어리석은 일도 없습니다.

현장 방문 전에는 우선 기본적인 사항부터 확인하고 가야 시간과 비용을 줄일 수 있습니다. 우선 해당 물건이 토지나 일반적인 건축물이라면 '일사편리'(kras.seoul.go.kr) 사이트에서 지목, 면적, 개별공시지가, 토지대장, 건축물대장 등 기본적인 사항을 조회할 수 있습니다. 땅의 용도나 건폐율, 용적률도 확인할 수 있어요.

일반적인 아파트라면 시세나 실거래가, 학군 등의 정보를 미리 알아보고 현장에 가보는 게 좋습니다. 시세나 실거래가는 한국감정원 홈페이지나 어플리케이션에서 확인할 수 있습니다. 학군은 교육청에 문의하는 게 가장 빠르고 정확합니다.

인터넷을 통한 정보 습득과 현장 확인은 필수

기본 정보를 숙지했다면 이제 현장을 직접 방문할 차례입니다. 현장 방문 때 가장 손쉽게 정보를 구할 수 있는 곳은 공인중개업소예요. 공인중개사는 그 지역 부동산에 대해서 가장 잘 아는 전문가들입니다. 따라서 공인중개사를 잘 활용하는 것도 좋은 땅, 좋은 집을 사는 중요한 전략으로 꼽힙니다.

특히 공인중개사와 친분을 쌓게 되면 '급매물'을 잡을 수 있습니다. 급매물은 소유주의 개인 사정 때문에 급하게 처분하는 매물로 시세보다 저렴하게 나옵니다. 따라서 급매물을 잘 잡으면 앉은 자리에서 시세 차익을 거둘 수 있습니다. 다만 한 지역에서 복수의 공인중개업소를 방문하면 오히려 불리한 경우도 발생합니다. A라는 아파트 매수를 원하는 소비자가 동일 물건에 대해 여러 곳의 공인중개업소에 문의할 경우 사정이 급하지 않은 매도인은 매수자가 급한 것으로 알고 가격을 올리는 일이 종종 발생합니다. 매수 문의가 계속되면 매도인이 물건을 거둬들이는 경우도 있죠.

가장 중요한 입지를 확인하기 위해서는 한 번 방문으로 부족합니다. 적어도 10번은 가보고 사야 한다는 말이 있을 정도에요. 오늘 아침에 가봤다면 내일은 점심 때 가보고 모레는 저녁에 가봐야 합니다. 주중에 가봤다면 주말에도 가봐야 해요. 여러 번 가봐야 부동산이 좋은 입지인지 아닌지 정확히 파악할 수 있습니다.

입지를 평가할 때는 교통망도 잘 체크해야 합니다. 교통망이란 결국 버스노선과 지하철 노선으로 집약됩니다. 버스 정류장이 가깝고 노선도 많은데 지하철역도 가깝다면 이보다 좋은 입지는 없어요. 교통이 편리한 곳에 위치한 부동산은 다른 조건이 다 나빠도 가격이 잘 떨어지지 않는 특성이 있습니다.

기존에 있는 교통망만 체크하는 사람은 하수예요. 앞으로 들어올 교통망까지 체크하는 사람이 진정한 고수입니다. 새로 생기는 도로, 지하철 정보는 인근 공인중개업소나 인터넷 검색을 통해서 얻을 수 있습니다. 아직 계획 단계에 있는 고급 정보는 알면 좋지만 쉽게 접하기 어렵고 실현되지 않을 수도 있기 때문에 굳이 의지할 필요는 없습니다. 아직 언론이나 대외적으로 발표되지 않은 개발 정보를 흘려 투자자를 모집하는 '기획부동산'의 현란한 설명에 절대 현혹되지 말아야 합니다.

교통망까지 확인했다면 교육입지를 살필 차례입니다. 답사 전 사전에 학군 정보를 얻었다면 현장에서는 직접 확인하는 일만 남습니다. 매수를 희망하는 아파트 단지에 거주하는 아이들이 어떤 학교 교복을 입고 있는지, 어떤 학교로 등교를 많이 하는지 현장에서 직접 살펴볼 수 있습니다. 간혹 대단지 아파트인 경우 거주하는 동에 따라 다른 학교에 배정되는 경우도 있기 때문에 잘 관찰해야 나중에 후회하지 않습니다.

인터넷으로 볼 때와 현장에서 볼 때의 가장 큰 차이점은 '경사도'입니다. 인터넷으로 볼 때는 평지에 있는 아파트처럼 보이지만 실제 현장에 가보면 단지 자체가 급경사로 된 곳이 많아요. 어떤 단지는 아파트 입구부터 맨 위에 있는 동까지 고도차이가 아파트 5층 높이만큼 나는 경우도 있습니다. 경사도는 아파트 가격 상승 제한 요인이 됩니다.

현장에 갔는데 해당 물건에 세입자가 거주하고 있어 집안 내부 상태를 정확히 파악하기 어려운 경우가 많습니다. 이 경우 세입자에게 집을 보여 달라고 강제할 수 있는 방법이 없어요. 세입자에게 양해와 동의를 구하는 방법밖에 없습니다. 입지와 가격 조건이 좋은 경우 집 상태를 자세히 살피지 않고 계약하는 경우도 많은데 이때에는 발생할 수 있는 리스크를 충분히 감안해야 합니다. 매수인 입장에서는 가격을 깎을 수 있는 요인이죠.

현장에 갔다면 아파트 단지가 전체적으로 잘 관리되고 있는지 살펴보는 것도 중요한 대목입니다. 똑같이 10년 된 아파트라도 관리 상태에 따라 전혀 다른 경우가 많아요. 따라서 단지 내 도로, 화단, 외벽, 주차장 등을 꼼꼼하게 살펴볼 필요가 있습니다. 관리비가 대략 얼마쯤인지, 다른 단지와 비교해 많이 나오지는 않는지 등의 정보는 공동주택관리정보시스템(k-apt.go.kr)에서 확인할 수 있습니다.

실거래가를 알아야 손해보지 않는다

　공시가격, 시세, 실거래가 등 부동산은 종류별로 다양한 가격이 존재합니다. 가격이 딱 하나만 있다면 매매계약 체결 때 매도인이나 매수인 모두 크게 고민하지 않아도 될 텐데 여러 가지 가격이 존재해 머릿속을 복잡하게 만들죠. 하지만 반대로 생각하면 복잡한 만큼 꼼꼼하게 따져보는 사람과 그렇지 않은 사람으로 나뉘게 될 거예요. 이렇게 나뉘는 경우 아무 생각 없이 계약한 사람보다 꼼꼼하게 가격을 비교해본 사람이 유리한 건 당연한 이치입니다.

　가격 중에서 가장 중요한 건 역시 실거래가격입니다. 다른 가격도 중요하지만 이것 저것 모두 참고하다 보면 오히려 판단을 흐릴 수도 있어요. 계약 체결 전에는 실거래가만 잘 참고해도 터무니없

게 손해보는 일은 막을 수 있습니다.

국토교통부 홈페이지에서
실거래가 확인

실거래가란 부동산이 실제로 거래된 가격을 말합니다. 공인중개사나 매도인 또는 매수인이 실제 부동산을 사고 판 가격이란 뜻이죠. 실제로 계약서에 도장을 찍은 가격이기 때문에 비슷한 위치의 부동산을 사고 팔 때 가장 유용한 비교잣대가 됩니다.

실거래가는 국토교통부 실거래가 공개시스템에서 확인할 수 있습니다. 2006년 1월 '부동산 실거래 신고 제도'가 도입되면서 아파트와 연립·다세대주택, 다가구·단독주택 등 주택의 매매, 전월세 실거래가부터 먼저 공개됐죠. 2015년 9월부터 아파트 분양권과 입주권, 오피스텔 매매 및 전월세 실거래도 공개되고 있습니다. 공개 범위가 대폭 확대된 것인데요. 2015년 12월부터 실거래가 공개 범위는 토지까지 확대됐습니다.

이제 남은 건 광화문, 여의도, 강남 등에 즐비한 오피스 빌딩입니다. 국토교통부는 오피스 빌딩 실거래가도 공개한다는 계획을 갖고 있어요. 실거래가가 투명하게 공개돼야 사기꾼들이 발을 붙이지 못하기 때문입니다.

◆ 국토교통부 실거래가 메인 화면

◆ 서울부동산정보광장 메인 화면

하지만 홈페이지를 통해 공개되는 실거래가는 한계가 있습니다. 바로 신고 시점 때문이죠. 현재 부동산 매매계약을 체결하는 거래 당사자나 공인중개사는 계약 체결 후 60일 안에만 신고하면 됩니다. 따라서 신고를 늦게 하는 경우 최장 60일 전 계약한 실거래가가 뒤늦게 공개되기도 합니다. 부동산 가격이 급변하는 시기라면 아무리 실거래가라도 참가하기 어려울 수 있다는 뜻이죠.

이 경우 가장 최근 실거래가를 알아보려면 공인중개업소에 문의하는 방법뿐입니다. 공인중개사들이 공유하고 있는 매물 정보 사이트에는 정식 계약은 됐지만 아직 신고 되지 않은 부동산 실거래가도 기재돼 있기 때문입니다. 공인중개사를 잘 설득하면 가장 최근 실거래가 정보를 공인중개업소에서 얻을 수 있습니다.

아파트의 경우 실거래가는 동·호수별로 공개되지 않고 전용면적과 층별로 공개됩니다. 동·호수가 공개되면 누구나 뗄 수 있는 부동산등기부등본을 통해 매매 당사자를 확인할 수 있어 개인정보 보호 문제가 발생할 수 있기 때문입니다.

면적과 층만 알아도 가격 비교는 충분히 가능합니다. 사실 아파트의 경우 층에 따라 가격이 크게 다르기 때문인데요. 보통 저층은 가격이 낮고 고층으로 갈수록 가격이 올라가는 구조입니다. 고가 아파트의 경우 1층과 최고층 가격이 1억 원 이상 벌어지는 경우도 있습니다.

2016년 10월 31일 5억 원에 거래된 아파트가 있다고 가정해 볼게요. 같은 단지의 다른 동이지만 면적과 층이 같은 매물이 11월 5일 6억 원에 나왔습니다. 사야 할까요? 사는 사람이 있을까요? 아무리 부동산 가격이 급등하는 시기라고 해도 5일 만에 1억 원을 더 달라고 하는 경우는 없습니다. 이 매물은 아마 가격을 낮추지 않으면 계약이 성사되기 어려울 겁니다. 5억 5,000만 원에 나왔다면 어떻게 해야 할까요? 부동산 가격 급등기라면 몰라도 5일 만에 5,000만 원은 너무 과도한 상승폭으로 보입니다. 과감하게 매수를 포기하고 다른 물건을 찾아보는 게 좋습니다.

직접 비교할 수 있는 실거래가 정보를 구하기 어려운 경우도 많습니다. 토지가 대표적인 경우죠. 도심에서 벗어난 토지는 거래가 빈번하지 않아 실거래가는 물론 시세도 알기 어렵습니다. 어쩔 수 없이 이런 경우에는 공시지가를 참고할 수밖에 없습니다. 보통 토지의 경우 공시지가의 실거래가 반영비율을 50~60%라고 보기 때문에 이 정도 정보를 가지고 공인중개사와 상의해 적절한 가격을 산출할 수 있습니다.

셀프등기 전자계약으로 비용 줄이기

매매계약을 체결했다면 소유권 이전등기를 해야 합니다. 보통 공인중개업소에서 소개해주는 법무사에게 소정의 수수료를 지급하면 법무사 사무실에서 알아서 등기를 마친 후 등기권리증을 매수자에게 전달해 줍니다. 부동산 거래 금액에 따라 다르지만 법무사 비용은 보통 50만 원 안팎으로 나옵니다. 중개수수료에 법무사 수수료까지 내다보면 이 돈이 너무 아까울 때가 많아요. 따라서 시간 여유가 있다면 '셀프등기'로 적어도 법무사 비용은 아낄 수 있습니다.

'셀프등기'는 법무사 비용을 줄이기 위해 매수인이 구청과 등기소를 차례로 방문해 직접 등기를 완료하는 행위를 말합니다. 법무사 사무실을 통하지 않고 직접 등기를 마친다고 해서 셀프(self)라는 수식어가 붙었습니다. 조금만 시간을 내어 발품을 팔면 거래 금액에 따라 적게는 20~30만 원에서 많게는 100만 원 안팎의 수수료를 줄일 수 있기 때문에 특히 젊은 층 사이에서 큰 인기를 얻고 있습니다.

◆ 셀프등기 절차

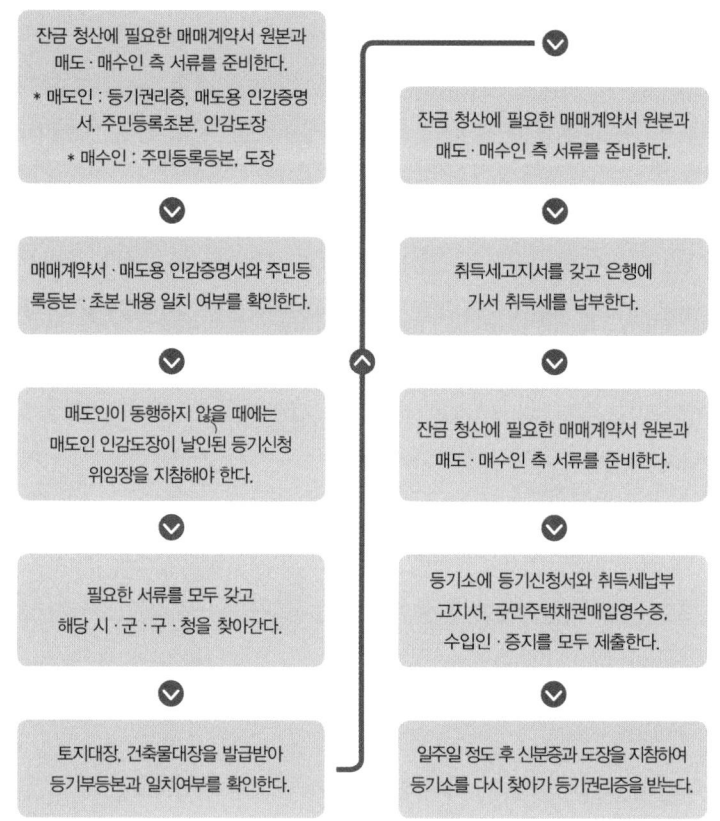

출처 : 부동산114

다소간의 발품으로 등기 비용 아낄 수 있어 젊은 층에 인기

소유권 이전등기를 하기 위해서는 일단 계약이 완료돼야 합니다. 계약 완료 시점은 잔금 지급시점으로, 즉 잔금 지급이 완료된 후부터 소유권 이전등기 절차에 들어가게 되는 거죠. 사실 엄격히 따지자면 잔금 지급과 동시에 소유권 이전등기가 돼야 하지만 행정절차가 필요해 시차가 발생합니다. 이 시간차를 이용해 매도인이 다른 사람에게 또 매매를 하거나, 해당 부동산을 담보로 대출을 받는 경우도 종종 발생해요. 이런 피해를 방지하기 위해서는 가능한 한 빨리 등기를 마쳐야 합니다.

셀프등기를 하기 위해서는 법무사가 알아서 준비해주던 서류를 모두 직접 챙겨야 합니다. 우선 매도인에게 받아야 할 서류는 총 4가지로 등기권리증과 매도인의 인감도장이 찍힌 위임장, 부동산 매도용 인감증명서, 주민등록초본이 필요합니다. 매수인은 매매계약서 원본과 사본, 주민등록등본, 도장만 챙기면 됩니다. 공인중개사로부터는 부동산거래신고필증을 받아야 합니다. 토지대장과 건축물대장도 준비해야 하는데, 이 서류는 정부민원포털사이트(minwon.go.kr)에서 미리 발급받을 수 있고 구청 종합민원실에서도 발급받을 수 있습니다.

이렇게 서류가 다 준비되면 먼저 구청으로 가서 취득세를 납부해야 합니다. 취득세를 신고·납부하기 위해서는 취득세 신고서와 매매계약서 사본, 부동산거래신고필증이 필요합니다. 취득세 고지서를 받으면 바로 근처에 있는 은행 창구로 가서 취득세를 납부하고 국민주택채권 매입, 수입인지를 구입합니다.

국민주택채권은 정부가 주택도시기금 재원을 확보하기 위해 발행하는 채권입니다. 주택을 매수하는 경우 제1종 국민주택채권을 의무적으로 매입해야 하는데요. 연 1%대 금리로 이자가 거의 없는 만기 5년인 채권입니다. 이자가 거의 없기 때문에 대다수 매수인들은 채권을 매입한 후 은행 창구에서 즉시 매도합니다. 등기 전 국민주택채권 매입과 매도가 동시에 일어나게 되는 거죠. 매도할 때는 2~3%의 할인율이 적용됩니다. 1,000만 원 채권을 즉시 매도하는 경우 할인율이 3%라면 970만 원만 받게 되는 거죠. 즉, 30만 원을 국민주택채권 비용으로 납부하게 되는 겁니다. 물론 수수료와 세금이 있기 때문에 실제 부담은 30만 원보다 조금 더 많습니다. 국민주택채권에 대한 구체적인 정보는 주택도시기금 홈페이지(nhuf.molit.go.kr)에서 확인할 수 있습니다.

수입인지세는 등기부등본에 기재되는 금액에 따라 부과됩니다. 주택의 경우 1억 원 이하는 면제되며 1억 원 초과~10억 원 미만이면 15만 원이 나옵니다. 수입인지세 역시 은행 창구에 바로 납부하면 됩니다. 최근 주택가격을 봤을 때 대부분 15만 원 정도 나온다고 보면 됩니다.

구청과 은행 업무를 모두 마쳤다면 관할 등기소로 가야 합니다. 등기소에 도착하면 우선 등기수수료를 납부해야 해요. 등기소에 설치된 무인기계를 이용해 1만 5,000원을 납부하고 영수증을 챙기면 됩니다.

이제 등기소에 구비된 소유권 이전등기 신청서를 작성해야 합니다. 구비되어 있는 샘플을 보면서 작성하면 되는데요. 신청서 작성이 끝나면 빠진 서류가 없나 다시 확인해 보고 직원에게 제출하면 됩니다. 전체 서류를 다시 살펴보면 소유권 이전등기 신청서, 취득세(등록세) 납부고지서, 국민주택채권매입 영수증, 등기필증, 매매계약서, 부동산거래계약신고필증, 토지대장, 건축물대장, 수입인지, 등기수수료 영수증, 매도인 인감증명서, 매도인 주민등록초본, 매수인 주민등록등본 등입니다. 서류와 함께 신분증과 도장까지 제출하면 셀프등기 신청 절차는 모두 종료됩니다.

셀프등기 신청이 끝나면 직원이 접수증을 줍니다. 이 접수증 번호로 법원 인터넷등기소(iros.go.kr)에서 등기 진행 상황을 조회할 수 있습니다. 약 일주일 후 신분증과 도장을 갖고 등기소에 가서 등기권리증을 찾아오거나 서류 접수 때 우편발송을 신청해 편리하게 집에서 받아보는 것도 가능하죠. 등기권리증이 나오면 소유권 이전등기 절차는 대단원의 막을 내리게 됩니다.

한 가지 더, 셀프등기를 하지 않더라도 비용을 줄이는 방법이 나왔습니다. 국토교통부에 따르면 2016년 8월 30일부터 서울 전역에서 시행되고 있는 '부동산 전자계약 제도'로 전자등기가 가능해 등기수수료를 약 30% 절약할 수 있어요. 전자계약서는 각종 서류 발급도 필요 없고 비용도 저렴해 더 많은 국민이 전자계약서 이용에 동참할 것으로 보입니다.

아파트 대신
다세대 연립은 어떨까?

요즘 아파트 전세가격이 천정부지로 치솟자 연립주택과 다세대주택이 주거 대안으로 떠오르고 있습니다.

아파트와 연립주택, 다세대주택은 모두 '공동주택'입니다. 각 호실별로 등기가 가능하다는 점도 같아요. 즉 각 호실별로 주인이 다르다는 뜻이죠. 이런 점에서 아파트, 연립주택, 다세대주택은 건물 전체 주인이 한 사람인 '단독주택'과 구분됩니다.

보통 연립주택이나 다세대주택은 '빌라'라고 부릅니다. 아파트는 어떤 경우 1,000가구가 넘기도 하고 40~50층까지 올라가기도 하지만 빌라는 가구수가 얼마 되지 않고 최고 층수는 4층으로 제한됩니다. 아파트는 대체로 큰 도로와 접해 있지만 빌라는 골목골목 안에 자리잡고 있는 것도 큰 차이점입니다.

2016년 인구주택총조사 결과에 따르면 우리나라 전체 가구 중 48.1%는 아파트에 거주하고 있습니다. 35.3%는 단독주택에 살고 빌라로 불리는 다가구주택과 연립주택에는 11.2%가 거주합니다. 전체 국민 중 약 절반이 아파트에 거주할 정도로 아파트는 가장 인기 있고 보편적인 주거 형태라고 볼 수 있죠.

나름의 장점 있지만
매매가와 전세가에서 아파트와 큰 차이

하지만 126쪽 그래프에서 보듯이 아파트와 빌라는 매매가격은 물론 전세가격도 거의 2배 가까이 차이가 납니다. 한국감정원 통계를 보면 2016년 10월 말 기준으로 전국 아파트 평균 매매가격은 2억 8,237만 원이지만 빌라는 1억 3,972만 원이에요. 같은 시기 평균 전세금도 아파트는 2억 474만 원이지만 빌라는 9,117만 원입니다. 매매가 차이보다 전세금 차이가 더 크다는 걸 알 수 있습니다.

아파트 매매가와 전세금이 빌라보다 비싼 이유는 단지 규모, 입지, 접근성, 브랜드, 가격 상승 기대감 등 다양합니다. 이 모든 걸 종합하면 '주거 선호도'라고 말할 수 있는데요. 아파트에 대한 주거선호도가 빌라보다 훨씬 높기 때문에 이런 가격 차이가 발생한다는 뜻입니다.

　아파트 매매가는 계속 오르고 전세금도 덩달아 뛰면서 과거에는 쳐다보지도 않던 빌라로 눈을 돌리는 사람들이 늘어나고 있습니다. 같은 동네 같은 면적의 아파트 매매가가 5억 원이라면 빌라는 3억 원 안팎이기 때문이죠. 이 아파트 전세금은 4억 원이지만 빌라 전세금은 2억 5,000만 원으로 훨씬 저렴합니다. 자금이 부족한 신혼부부 등 젊은층이 빌라로 눈길을 돌리는 이유는 저렴한 가격 때문입니다.

　문제는 바로 이 대목에서 발생합니다. 빌라를 매수할 때 가격 메리트가 있다는 것은 바꿔 말하면 매도할 때 매매차익을 기대하기 어렵다는 뜻이죠. 즉 빌라는 웬만해서는 가격이 잘 오르지 않습니다. 다시 한국감정원 통계를 보면 2012년 12월과 2016년 10월 아파트와 빌라 매매가격을 비교해보면 아파트는 5,353만 원 올랐지만 빌라는 908만 원밖에 오르지 않았습니다. 아파트가 무려 6배 더 많이 올랐어요. 빌라 매매가는 그래프를 봐도 거의 제자리걸음입니다.

　따라서 아파트 가격이 너무 비싸서 빌라를 대안으로 고려한다면 매매차익 기대감은 갖지 않는 게 바람직합니다. 빌라는 시세차익 목적이 아니라 순수 실거주나 임대사업 목적으로 구매하는 게 현명한 길입니다.

　결국 빌라는 직접 매수해서 거주하기보다 전세나 월세로 거주하는 게 낫습니다. 가격이 하락하거나 오르지 않는 리스크를 회피하

♦ 아파트 VS 연립다세대 평균 매매가격 비교 (단위 : 천 원)

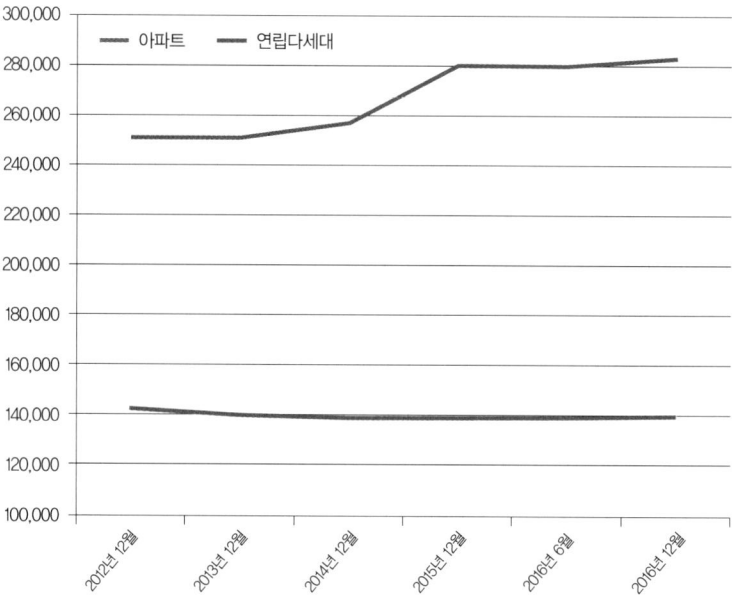

출처 : 한국감정원

기 위한 방법이죠. 전세나 월세로 거주하면 가격이 오르던 떨어지던 아무 관계가 없습니다. 이런 인식이 보편화되면서 빌라 매매거래는 더욱 지지부진하고 가격은 제자리걸음만 합니다.

그럼에도 불구하고 아파트 전세금보다 적은 돈으로 빌라 한 채를 살 수 있기 때문에 유혹을 뿌리치기 쉽지 않아요. 같은 돈으로 30년 된 아파트 전세에 살 것인가 새로 지은 빌라를 직접 매수해서 살 것인가 선택의 기로에 서면 누구나 고민하게 됩니다. 나중에 가격이 떨어지지만 않으면 된다는 심정으로 빌라를 매수하는 사람들

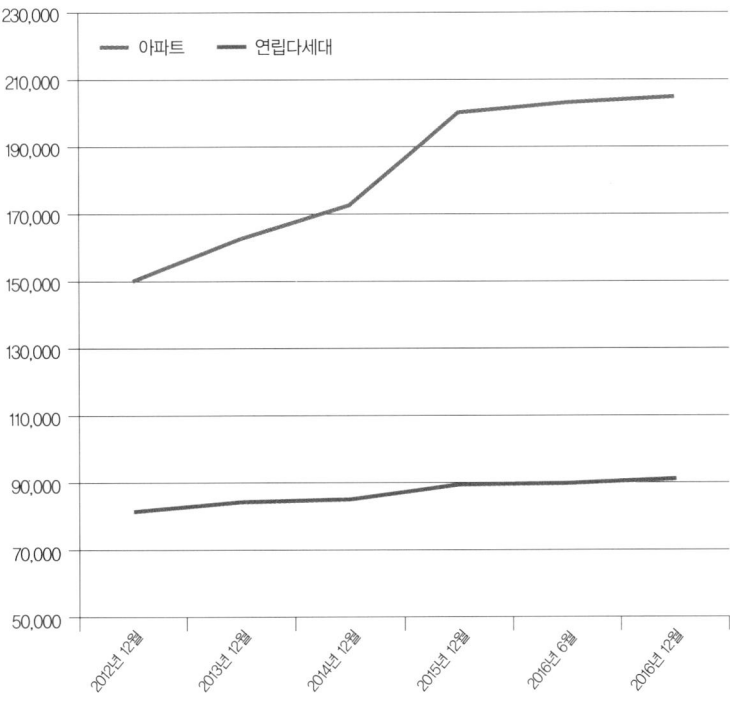

출처 : 한국감정원

도 막상 주변 아파트 가격 상승폭을 보면 후회하게 됩니다. 후회하지 않을 자신이 있다면 빌라 매수도 나쁘지 않은 선택이지만 후회하지 않는 사람이 드물다는 게 문제죠.

이런 저런 고민 끝에 매수를 결정했다면 적어도 가격이 떨어지지 않을 정도로 잘 지어진 빌라를 골라야 합니다. 대부분 빌라는 영세한 건설업체에서 짓기 때문에 부실공사 가능성이 아파트에 비해 훨씬 높습니다. 이 부분도 빌라 가격 상승을 억제하는 요인이죠.

따라서 빌라를 매수할 때는 하자가 없는지 꼼꼼하게 따져봐야 합니다. 특히 방수 공사를 제대로 안 하는 빌라가 많기 때문에 누수 여부를 집중적으로 잘 살펴볼 필요가 있어요. 가능하다면 누수 위험이 높은 꼭대기 층은 피하는 것도 좋은 방법입니다.

주차장도 빌라 가격을 좌우하는 중요한 요소입니다. 보통 빌라 사업자들은 1층 필로티 공간을 만들어 주차장을 만들지만 1가구당 1대씩 돌아가지 못하는 경우도 많습니다. 따라서 적어도 1가구당 1대 주차공간을 확보하고 있는 빌라가 좋은 빌라라고 볼 수 있습니다.

너무 골목골목 안쪽에 위치한 빌라는 피하는 게 좋습니다. 너무 골목 안에 위치하는 경우 가장 큰 문제가 안전입니다. 특히 빌라 밀집 지역은 슬럼화되기 쉬워 범죄 발생 확률이 높은데 지나치게 골목 안에 있으면 위험도는 배가 됩니다.

아무리 빌라가 시세차익을 기대하기 어렵다고 해도 한 가지 예외적인 경우는 있어요. 바로 학군입니다. 즉 좋은 학군으로 배정되는 곳에 위치한 빌라는 학군수요가 있기 때문에 매매가 비교적 활발한 편입니다. 매매가 잘되면 가격은 쉽게 떨어지지 않습니다. 빌라 구매 시에는 반드시 학군을 체크해야 합니다.

| 문기자의 부동산 팩트체크 |

다운계약과 업계약

아파트나 주택을 매매할 때 계약서를 작성합니다. 그리고 그 계약내용에 따른 실거래가를 구청 등에 신고합니다. 오피스텔, 토지 등도 마찬가지예요. 모든 부동산은 실제 거래된 금액을 신고해야 합니다.

하지만 현실의 관행은 사뭇 다르죠. 계약서를 제대로 작성하는 경우보다 금액을 다소 높이거나 낮춰서 신고하는 경우가 많습니다. 모두 불법이지만 관행이라는 이름으로 묵인되고 있습니다. 관행에서 벗어나고자 하는 매수인 혹은 매도인이 있다면 거래는 깨지기 쉬울 정도죠.

양도소득세를 줄이기 위한 다운계약서

가장 흔한 부동산거래신고법 위반행위는 다운계약입니다. 다운계약이란 실제 거래 금액보다 낮은 금액으로 계약서를 작성하고 그 계약서 금액을 실거래가라고 신고하는 행위와 관행을 말합니다. 고위공직자에 대한 인사청문회에서 다운계약서는 단골메뉴에 들어가 과거에는 낙마요인이 됐지만 요즘은 그냥 넘어가는 경우가 많습니다. 누구나 다 다운계약서를 쓰고 있기 때문이죠. 부동산 거래를 한 번이라도 해 본 사람이라면 다 아는 사실입니다.

다운계약서는 주로 매도인이 요구합니다. 예를 들어 5억 원에 샀던 아파트를 7억 원으로 팔았다고 신고하면 2억 원에 대한 양도소득세를 내야 하지만 다운계약서를 써서 5억 5,000만 원에 팔았다고 신고하면 양도소득세를 크게 줄일 수 있기 때문입니다.

따라서 다운계약서 작성은 필연적으로 주택가격 상승 국면에서 빈번하게 일어납니다. 집값이 매입 시점보다 떨어졌다면 굳이 다운계약서를 작성할 이유가 없겠죠. 집값이 많이 올랐다면 그만큼 세금을 더 내야 하는 게 맞지만 막상 그 돈이 아깝다는 생각 때문에 매도인들은 다운계약서 작성 유혹에 쉽게 흔들립니다.

다운계약서가 매도인에게만 일방적으로 유리하다면 매수인이 응하지 않을 겁니다. 하지만 다운계약서는 매수인에게도 유리해요. 취득세를 아낄 수 있기 때문입니다.

현재 실거래가 6억 원 이하이면서 전용면적 85㎡ 이하인 주택에 대해서는 취득세율이 1%에 불과합니다. 반면 같은 면적의 주택이 6억 원이 넘고 9억 원 이하인 경우 취득세율은 2%로 2배나 높아요. 이 대목에서 매수인도 다운계약서 작성 유혹에 빠지게 됩니다.

예를 들어 전용면적 59㎡인 A아파트 실거래가 7억 원이라고 하면, 매수인과 매도인이 합의해 다운계약서를 5억 원으로 작성합니다. 이 경우 매수인이 원래 내야 할 취득세(지방교육세 제외)는 7억 원의 2%인 1,400만 원이지만 다운계약서를 작성하면 5억 원의 1%인 500만 원만 내면 됩니다. 다운계약서 한 장으로 무려 900만 원의 취득세를 덜 내게 되는 거죠. 매수인이 다운계약서 작성 유혹에 쉽게 빠질 수밖에 없는 이유입니다.

다운계약서만 문제가 되는 게 아닙니다. 최근에는 가격을 고의로 높게 쓰는 업계약도 성행하고 있어요. 실제로 국토교통부에 따르면 지난 2014년 다운계약서 적발은 321건이었지만 업계약서 적발은 364건으로 업계약 적발이 더 많은 적도 있었습니다. 2016년 들어서는 9월까지 업계약 적발이 181건으로 다운계약(252건)보다는 적습니다.

◆ 다운계약·업계약 현황 (단위 : 건)

구분		'11	'12	'13	'14	'15	~'16.9
허위신고 계약		2,622	2,606	2,812	3,346	3,114	2,744
	다운계약	233	289	272	321	266	252
	업계약	148	268	173	364	181	174
	기타(미신고 등)*	2,241	2,049	2,367	2,661	2,667	2,318

* 지연신고, 미신고, 자료미제출, 허위자료 작성 등

미래 수익을 위한 업계약서

업계약이란 실거래가보다 더 비싸게 사고 팔았다고 신고하는 것입니다. 즉 5억 원에 거래된 아파트를 6억 원에 거래됐다고 신고하는 거죠. 다운계약은 매수인, 매도인 다 세금을 덜 내게 되니까 쉽게 이해가 가는데 업계약은 누가 왜 하는 걸까요?

업계약은 필연적으로 매수인에게 유리합니다. 매수인이 원해서 업계약서를 쓰는 경우가 많다는 뜻이죠. 예를 들어 5억 원에 거래된 아파트지만 앞으로 이 아파트가 더 많이 오를 것 같다면 매수인은 5억 5,000만 원에 거래된 것처럼 계약서를 쓰자고 요구합니다. 비록 현재 취득세를 더 내야 하지만 그보다 향후 가격 상승 때 양도세 부담을 크게 덜 수 있기 때문입니다.

예를 들어 봅시다. 어떤 사람이 전용면적 59㎡인 아파트를 2015년 1월 5억 원에 샀는데 2017년 5월에 7억 원에 팔려고 합니다. 마침 이 사람은 다른 데 아파트가 한 채 더 있어요. 공인중개사 수수료 등 필수경비는 제외하기 때문에 산식에 따라 계산하면 이 사람은 5,545만 원의 양도소득세를 납부해야 합니다.

하지만 이 사람이 2015년 1월 이 아파트를 매입할 때 5억 5,000만 원으로 업계약서를 썼다면 양도소득세는 3,479만 원으로 크게 줄어듭니다. 업계약서 한 장으로 취득세는 500만 원을 더 냈지만 양도세 2,000만 원을 절약할 수 있어 실제로 이 사람이 얻은 이익은 약 1,500만 원에 이릅니다. 업계약서를 6억 원으로 썼다면 양도소득세는 1,517만 원으로 업계약 전보다 4,000만 원가량 양도세 절감 효과가 발생합니다.

다운계약서와 업계약서는 매도인과 매수인이 세금을 덜 내기 위해 선택하는 불법행위입니다. 합법적으로 세금을 덜 내는 것을 세테크라고 한다면 다운계약과 업계약은 탈세에 불과합니다. 이에 따라 적발되는 경우 엄격한 처벌이 뒤따르게 됩니다.

◆ 다운계약 등에 대한 처벌

불법행위	처분 내용	근거 법령
부동산거래 허위신고	(허위신고자) 취득세 3배 이하(부동산 매매) 또는 취득가액 5% 이하(분양권 매매) 과태료	부동산거래신고법
허위계약서 작성	(공인중개사) 자격정지, 등록취소, 업무정지	공인중개사법
양도세, 취득세 과소신고	(납세의무자) 양도소득세·취득세 가산세 부과	국세기본법, 지방세기본법

국토교통부에서는 2017년 1월 20일부터 다운계약 등 실거래가를 허위로 신고한 당사자가 자진해서 위반사실을 신고하는 경우 과태료를 전부 또는 일부 감면해주는 리니언시(Leniency) 제로를 시행합니다. 조사에 들어가기 전에 자진신고하면 100% 과태료를 면제해 주고, 조사가 들어갔을 때 자진해서 협조하면 50% 과태료 감면 혜택을 받을 수 있어요. 다만 과태료 감면을 받지만 양도소득세나 취득세에 대한 가산세는 내야 합니다.

| 문기자의 부동산 팩트체크 |

역세권의 진실

집을 고를 때 가장 중요한 요소는 입지인데요. 입지는 다시 교통입지와 학군입지, 편의시설 입지 등으로 구분됩니다. 물론 사람에 따라서는 풍수지리 입지를 중요하게 생각할 수도 있습니다. 교통과 학군, 편의시설이 모두 잘 갖춰진 입지에는 누구나 살고 싶어 합니다. 하지만 3가지 요소 중 한두 가지를 포기해야 한다면 어떻게 해야 할까요? 사람마다 처한 상황과 가치관, 선호 등이 워낙 달라 고속도로 분기점처럼 갈라지게 될 겁니다.

아파트 분양광고를 보면 가장 많이 등장하는 용어가 '역세권'입니다. 역세권, 더블역세권, 트리플역세권, 초역세권 등 사실 역세권 아닌 단지가 없을 정도죠. 하지만 역세권도 다 같은 역세권이 아니기 때문에 계약 전에 현장 답사는 필수입니다.

역세권이란 주택이 지하철역이나 기차역과 가까운 입지에 있다는 뜻입니다. 기차역보다는 주로 지하철역과 가까워야 역세권이라고 할 수 있는데요. 물론 유럽과 일본에

◆ 역세권이란?

| 부동산 절대 지식

서는 지하철뿐만 도시와 도시를 연결하는 기차 노선도 촘촘하게 짜여있어 기차역도 중요한 역세권 범주에 들어갑니다.

같은 역세권이라도 경우에 따라 큰 가격 차이

역세권은 역과 가까워야 합니다. 그런데 가깝다는 건 굉장히 주관적입니다. 객관적인 기준이 없어요. 이 때문에 새로 분양하는 단지 중 역세권 아닌 곳이 없을 정도죠. 역에서 걸어서 5분 거리도 역세권이고 10분, 20분 거리도 역세권이라고 표현하기 때문입니다.

하지만 엄밀하게 말해서 걸어서 10분이 넘지 않아야 역세권 단지라고 할 수 있습니다. 걸어서 10분이 넘는 거리는 마을버스나 다른 교통수단을 한 번 더 이용해야 합니다. 이 경우 역세권이라고 표현하기 어렵겠죠.

10분을 다시 쪼개 걸어서 5분 내의 거리에 지하철역이 있다면 초역세권이라는 표현을 사용합니다. 지하철역과 거의 맞닿아 있는 아파트 단지들은 초역세권 단지라고 할 수 있겠죠. 주로 오피스텔에 해당하지만 지하철역과 바로 연결되는 곳도 있습니다. 이런 오피스텔이나 아파트는 초역세권 입지라고 말할 수 있습니다.

소비자들이 가장 헷갈리는 대목이 더블역세권, 트리플역세권입니다. 더블역세권은 단지가 2개의 지하철역과 가깝다는 뜻이고 트리플역세권은 3개의 역을 걸어서 이용할 수 있다는 말이죠. 서울 지하철 2호선과 3호선을 동시에 이용할 수 있거나 2호선, 3호선, 5호선을 동시에 이용할 수 있다면 이보다 좋은 입지는 없을 겁니다. 그것도 걸어서 말이죠.

하지만 많은 경우 더블역세권과 트리플역세권은 바꿔 말해서 2~3개의 지하철역 중 어느 한 곳과도 가깝지 않다는 뜻이기도 합니다. 즉, 2호선과 3호선 모두 걸어서 10분 거리에 있지만 건설사들은 더블역세권이라고 대대적으로 홍보한다는 거죠. 이 경우 지하철역이 없는 것보다는 낫지만 하나의 지하철역이라도 아주 가까운 초역세권단지보다 가치가 떨어집니다.

물론 더블역세권, 트리플역세권 중에서도 주목할 만한 입지가 있습니다. 바로 환승역입니다. 2개 이상 지하철 노선이 한 곳에서 만나는 환승역이 걸어서 10분 안에 위치한다면 이보다 좋은 교통 입지는 없겠죠. 최근 서울에서 공덕역 역세권 단지 몸값이 뛰는 것도 공덕역이 5호선, 6호선, 경의중앙선, 공항철도 등 무려 4개의 철도 노선이 겹치는 환승역이기 때문입니다.

집을 고를 때 이미 지하철이 개통된 곳을 고르는 것도 중요하지만 앞으로 지하철역이 들어설 곳이 어딘지 알아보는 것도 중요합니다. 특히 실거주보다 투자 목적이라면 향후 개통되는 지하철역이 어딘지 미리 살펴보는 일은 빼놓을 수 없습니다.

지하철 개통으로 역세권 효과를 제대로 누리고 있는 곳은 서울 지하철 9호선 역세권 단지들입니다. 특히 서울 강서 지역은 그동안 지하철이 들어오지 않아 집값이 상대적으로 저렴했는데 9호선 개통으로 서울 시내와 강남까지 접근성이 획기적으로 개선되면서 집값이 껑충 뛰었습니다.

최근에는 서울 지하철 2호선 삼성역과 3호선 수서역 역세권 단지들이 주목받고 있습니다. 삼성역의 경우 현재 2호선만 운행되고 있지만 향후 인근 영동대로 지하공간 통합개발이 완료되면 9호선 봉은사역과 지하로 연결되고, 위례~신사선, 수서~의정부 KTX, 수도권광역급행철도(GTX) 등 수많은 철도 노선이 이곳으로 집결됩니다. 명실상부한 서울 최고의 역세권 입지가 탄생하는 거죠.

수서역은 기존 3호선 외에 2016년 말 수서고속철도(SRT)가 개통되면서 주변 집값이 많이 올랐습니다. 지금까지 강남 거주자들은 부산(경부선), 목포(호남선)까지 고속철도를 이용하려면 서울역이나 용산역까지 가야 했습니다. 하지만 SRT 개통으로 수서역을 이용하면 굳이 서울역이나 용산역까지 가지 않아도 됩니다. 획기적인 변화라고 할 수 있죠. 게다가 수서역 인근 문정동 도시개발지구에는 법조타운 등이 들어설 예정입니다. 실거주나 투자 목적이라면 수서역 인근 부동산에 관심을 가져볼 만합니다.

◆ 2016년 개통한 철도 및 2017년 개통하는 철도

연도	철도명	노선	비고
2016	수서고속철도(SRT)	수서~동탄~지제	지제~부산(경부), 목포(호남)은 기존 KTX 노선과 동일
	신분당선 남부연장	정자~동천~수지구청~성복~상현~광교중앙~광교	강남~정자 구간은 2011년 개통
	수인선	송도~인하대~숭의~신포~인천	오이도~송도 구간은 2012년 개통
2017	신분당선 남부연장	정자~미금	정자~동천 구간 가운데 미금역 개통
	우이신설 경전철	우이동~정릉~성신여대~보문~신설동	정차역 최종 확정 전

역세권 단지라고 다 좋은 것은 아닙니다. 특히 인적이 드물거나 도시 외곽 역세권은 오히려 슬럼화되는 경우가 많아 부동산 투자 때 주의를 요하는 경우가 많아요. 또 조용한 거주지를 선호한다면 역세권 단지는 맞지 않습니다. 역세권은 필연적으로 많은 사람이 오고 가기 때문이죠. 초역세권의 경우 소음과 미세한 진동도 느낄 수 있어 주의해야 합니다.

PART 4

청약통장의
마법 :
아파트
분양의
모든 것

REAL ESTATE INVESTMENT

내 집 마련 1단계
청약통장 가입하기

언젠가 내 집 마련을 꿈꾸고 있다면 지금 당장 해야 할 일이 있습니다. 은행으로 달려가 청약통장에 가입하는 겁니다. 지금 시중은행에서 팔고 있는 청약통장 상품은 주택청약종합저축 한 종류뿐이니 은행원에게 "청약통장 가입하러 왔어요"라고 하면 "청약종합저축에 가입하면 됩니다"라고 말하고 가입절차를 진행할 겁니다. 청약통장 가입은 내 집 마련을 위한 가장 기본적이고 기초적인 수단입니다.

청약통장의 공식 명칭은 '입주자저축'입니다. 지금은 '입주자저축=주택청약종합저축'이지만 2015년 7월 이전까지만 해도 청약저축, 청약예금, 청약부금도 가입할 수 있었죠. 정부에서 청약통장 일

원화를 추진하면서 2015년 9월부터 청약저축, 청약예금, 청약부금 신규 가입은 중단됐습니다. 이미 가입한 사람들에게는 원래 목적대로 통장을 사용할 수 있도록 하지만 은행에서 판매는 이때부터 중단되었죠.

국민 두세 명 중 한 명은 갖고 있는 청약통장

통장별로 가입자는 얼마나 될까요? 2016년 8월 말 기준으로 주택청약종합저축 가입자는 1,874만여 명이나 됩니다. 청약저축 가입자는 67만여 명이고 청약예금과 청약부금 가입자도 아직 122만여 명, 27만여 명 남아있습니다. 전체 청약통장 가입자는 거의 2,100명에 이르러요. 우리나라 인구가 약 5,000만 명이니까 국민 2~3명 중 1명은 청약통장을 갖고 있다고 봐야죠.

현재 유일하게 판매되고 있는 청약종합저축부터 살펴보겠습니다. 이 통장은 대한민국 국민이면 누구나 가입할 수 있습니다. 미성년자도 가입할 수 있고 국내 거주하는 재외동포와 외국인 거주자도 가입할 수 있어요. 과거 청약저축 가입 자격이 '무주택·세대주'에 국한되던 것과 결정적으로 차이가 나는 대목입니다.

그러나 현행법상 미성년자는 청약통장 가입은 가능하지만 아파

◆ 청약통장별 가입현황

구분	지역	1순위	2순위	계
주택청약종합저축	서울	2,816,933	2,072,352	4,889,285
	인천·경기	3,088,402	2,534,469	5,622,871
	5대 광역시	1,944,226	1,887,698	3,831,924
	기타지역	2,317,027	2,086,882	4,403,909
	계	10,166,588	8,581,401	18,747,989

출처 : 아파트투유 (단위 : 좌, 기준일 : 2016년 8월 말)

트 청약자격은 없어요. 성년(만19세)이 되기 전에 납입한 금액과 기간은 국민주택 등(주택도시기금 지원을 받아 건설되거나 개량되는 주택으로 전용면적 85m^2 이하인 주택) 청약 시에는 24회만 인정되고, 민영주택 청약 시에는 입금금액 전액을 인정하지만 청약가점제 적용 시 통장가입 기간은 2년만 인정됩니다. 가점제 아래에서는 청약통장 가입기간이 길어야 높은 점수를 받아 당첨 확률이 높아요.

청약종합저축은 전 금융기관을 통해 '1인 1계좌' 가입만 가능합니다. 우리은행에 가입한 후 KB국민은행에 다시 가입할 수 없다는 뜻이죠. 또한 기존에 청약저축이나 청약예금, 청약부금에 가입해 있어도 청약종합저축 가입이 불가능합니다. 청약종합저축에 가입하고 싶다면 기존에 가입하고 있는 청약저축이나 청약부금, 청약예금을 해지해야 합니다. 청약저축이나 청약부금은 청약예금으로 변경할 수 있지만 청약저축 청약부금, 청약예금은 청약종합저축으로 변경하는 게 불가능하기 때문입니다.

◆ 청약통장별 특징

구분	청약종합저축	청약저축	청약부금	청약예금
대상지역	전국	전국	시·군지역	시·군지역
가입대상	연령, 자격제한 없음	무주택 세대주	성년자 (유주택자도 가능)	성년자 (유주택자도 가능)
저축방식	매월 일정액 적립식 및 예치식 병행	매월 일정액 불입	매월 일정액 불입	일시불 예시
저축금액	월 2~50만 원 (1,500만 원↓ 일시납)	월 2~10만 원	월 5~50만 원	200~500만 원 (규모·지역별 차등)
대상주택	모든 주택	85㎡ 이하 공공기관건설 주택등	85㎡ 이하 민영주택	모든 민영주택 (85㎡ 초과 공공주택도 가능)
		민간건설 중형국민주택(60~85㎡)		
1순위 (수도권)	- 가입 1년 이상 (12회 이상 납입) - 민영주택 청약 시 지역별 예치금 예치	가입 1년 이상 12회 이상 납입	가입 1년 이상 (청약예금 상당액 불입)	가입 1년 이상 (지역별 예치금 예치)
1순위 (수도권 외)	- 가입 6개월 이상 (6회 이상 납입) - 민영주택 청약시 지역별 예치금 예치	가입 6년 이상 6회 이상 납입	가입 6년 이상 (청약예금 상당액 불입)	좌동

* 공공기관건설주택등 : 85㎡ 이하 공공기관 건설주택, 85㎡ 이하 공공택지내 민간건설 임대주택, 국민주택기금 지원 받은 민간건설 60㎡ 이하 주택
* 청약저축, 예금, 부금은 2015년 9월 1일부터 판매, 신규가입 중단
출처 : 주택업무편람(국토교통부, 2015년)

　청약종합저축 가입자는 매달 2만 원부터 50만 원까지 5,000원 단위로 납입할 수 있습니다. 특히 월납입금 총액이 1,500만 원에 이를 때까지는 50만 원을 초과해서 납입하는 것도 가능해요. 따라서 가입 후 한 번에 1,500만 원까지 넣는 것도 가능합니다.

청약종합저축에 가입한 후 민영주택에 청약하려면 두 가지 조건을 충족해야 합니다. 청약 1순위 조건에 대해서는 다음 장에서 더 구체적으로 알아 볼테니 여기에서는 민영주택 1순위 조건만 살펴보겠습니다.

청약종합저축 가입 후 민영주택 1순위 자격을 얻기 위해서는 우선 수도권은 가입 후 1년이 지나야 합니다. 수도권 외 지역은 시·도지사가 6~12개월 안에서 1순위 조건을 정할 수 있어요. 그리고 지역별·면적별 예치금액 조건을 충족해야 합니다. 예를 들어 서울에서 전용면적 85m^2 민간아파트에 청약하려면 예치금액이 300만 원 이상 돼야 해요. 가입기간은 12개월을 다 채웠지만 300만 원이 안되면 이 아파트에 청약할 수 없다는 뜻이죠. 반대로 가입기간 12개월을 넘겼고 예치금액도 1,500만 원이 넘는다면 지방은 물론 서울이나 부산에서도 모든 면적대의 아파트에 청약할 수 있습니다.

청약통장 가입 후 민간아파트에 청약하려면 지역별 예치금액 조건을 충족해야 하기 때문에 청약통장 가입 후 이사를 가게 되면 최초 입주자모집공고 당일까지 주민등록을 이전해야 합니다. 예를 들어 대구에 살다가 서울로 이사를 간 사람이 전용면적 59m^2 아파트에 청약하려면 1년 이상 청약종합저축에 가입하고 입금액도 300만 원이 넘어야 해요. 따라서 대구 1순위 조건인 250만 원까지만 납입한 상태라면 지역을 서울로 바꾸면서 50만 원을 더 납부해야 1순위 자격을 얻게 됩니다.

청약통장은 아파트 청약자격을 얻기 위한 수단인 동시에 서민들에게는 목돈 마련을 위한 저축 수단이 되기도 합니다. 과거에는 은행에서 자체적으로 판매하는 적금이나 예금 상품보다 금리가 높아서 굳이 아파트 청약을 하지 않더라도 유용했어요.

하지만 최근에는 청약종합저축 금리도 많이 낮아져 금리 메리트는 크게 떨어진 상태입니다. 기본적으로 청약종합저축은 변동금리 상품인데 2016년 10월 현재 2년 이상 가입한 경우 연 1.80% 금리를 적용받습니다. 1994년부터 2002년까지 당시 청약저축 금리는 연 10%였으니 그야말로 격세지감입니다.

청약종합저축은 나이요건(2015년 만 61세, 2016년 만 62세, 2017년 만 63세, 2018년 만 64세, 2019년 만 65세 이상)을 충족하면 이자소득에 따로 세금을 내지 않아도 됩니다. 1인당 비과세 상품 가입한도는 전 금융기관에서 5,000만 원까지예요. 즉 원금 5,000만 원까지만

◆ 지역별 민영주택 청약 예치금액

민영주택 청약 예치기준금액(제9조 제3항 관련)

(단위 : 만 원)

공급받을 수 있는 주택의 전용면적	지역 특별시 및 부산광역시	그 밖의 광역시	특별시 및 광역시를 제외한 지역
85㎡ 이하	300	250	200
102㎡ 이하	600	400	300
135㎡ 이하	1,000	700	400
모든 면적	1,500	1,000	500

발생한 이자에 대해 비과세 혜택이 부여된다는 뜻입니다. 비과세로 가입할지 여부는 은행 직원에게 "비과세 한도 남아있으면 비과세로 가입해 주세요"라고 말하면 은행원이 알아서 처리해 주니 걱정할 필요는 없습니다.

집안의 보물 1순위 청약통장

2015~2016년 아파트 청약 광풍이 불면서 각종 불법 행위도 기승을 부렸습니다. 불법행위를 해도 적발만 되지 않으면 적게는 수천만 원에서 많게는 억대의 이익을 챙길 수 있었기 때문이죠. 달콤한 유혹에 이끌려 범죄자가 되는 건 한 순간입니다.

인기 지역 아파트 청약에 당첨되기 위해서는 1순위 청약통장이 있어야 합니다. 단순히 분양권을 팔아 전매차익을 거두기 위한 목적도 있지만 내 집 마련을 위해서도 1순위 청약통장은 반드시 필요해요. 물론 2순위 통장으로 당첨될 수 있지만 인기 단지는 1순위에 모두 마감되죠. 2순위 청약통장 가입자까지 기회가 돌아오지 않는다는 뜻입니다. 그래서 1순위 청약통장은 집안의 보물같은 존재로

여겨집니다.

청약통장 가입 후 1순위 자격을 얻으려면 수도권의 경우 기본적으로 가입기간이 1년 이상 돼야 합니다. 반면 지방은 6~12개월로 수도권보다 짧습니다. 여기서 가입기간 산정기준은 최초 입주자모집공고일입니다.

◆ 주택청약종합저축 1순위 발생요건

주택 종류	수도권	수도권 외
국민주택 등	가입 후 1년 경과	가입 후 6개월* 경과
	매월 약정납입일에 월 납입금을 연체없이 12회 이상 납입	매월 약정납입일에 월 납입금을 연체없이 6회* 이상 납입
민영주택 및 민간건설 중형국민주택	가입 후 1년 경과	가입 후 6개월* 경과
	납입급액이 지역별 예치금액 이상	납입급액이 지역별 예치금액 이상

* 청약과열이 우려되는 경우 가입기간 및 납입횟수를 12개월(회)까지 연장 가능

가입기간만 1년 또는 6개월이 넘는다고 1순위 자격이 발생하는 건 아닙니다. 주택도시기금 지원을 받아 건설되는 국민주택, 국가나 지방자치단체, 한국토지주택공사(LH), 지방공사가 건설하는 전용면적 85m^2 이하의 주택, 뉴스테이 등 '국민주택'은 청약하려면 수도권의 경우 1년 동안 정해진 날짜에 꼬박꼬박 정해진 금액을 납부해야 합니다.

예를 들어 2016년 1월 15일에 200만 원을 납부한 후 한 번도 납부하지 않은 A 씨가 2017년 2월 15일 LH가 공급하는 아파트에 청약하려면 1순위 자격을 인정받을 수 있을까요? 안타깝지만 A 씨는

10만 원만 1회 납부한 것으로 인정받아 1순위 자격이 없습니다. 통장 가입기간은 1년이 넘었지만 2순위밖에 안되는 경우죠.

가입한 후 딱 1년이 지났다고 해서 1순위 자격이 주어지는 것도 아닙니다. 국민주택 등에 청약하는 경우 주택청약종합저축 가입자가 매달 정해진 날에 월납입금을 납부하지 않고 며칠씩 연체한 경우 연체한 날은 일정한 공식(회차별 납입인정일=약정납입일+(연체일수-선납일수)/납입횟수)에 따라 계산해서 나온 날만큼 더 지나야 1순위 자격이 발생합니다.

예를 들어 볼게요. 매달 10일이 납부하는 날인데 1년이 지난 시점에서 봤더니 총 연체일수가 20일이고 선납일수가 3일이라면 10+(20-3)/12=11.4가 됩니다. 소수점 아래는 버리기 때문에 11일이 되는데요. 즉 매달 11일 납부한 것으로 본다는 뜻이죠. 따라서 최고 가입시점이 2016년 1월 10일이라면 이 가입자는 2017년 1월 11일이 아니라 2017년 1월 12일에 1순위 자격을 얻게 됩니다.

민간의 건설사가 분양하는 아파트는 국민주택 등의 경우보다 1순위 조건이 덜 빡빡합니다. 정해진 날짜에 납부하지 않아도 가입기간만 1년이 넘으면 1순위 자격이 발생해요. 다만 민간분양 아파트에 청약하려면 지역별로 정해진 예치금액 조건을 충족해야 합니다.

다음 사례를 볼게요 서울에 청약하려는 B 씨는 최초 가입 후 매달 10만 원씩 12개월동안 120만 원을 정상적으로 납부했습니다.

일단 B 씨는 청약하려는 아파트가 국민주택 등에 해당한다면 1순위 자격을 충족합니다. 하지만 민간분양 아파트라면 2순위밖에 안 되죠. 왜냐하면 300만 원이라는 예치금 조건을 충족하지 못하기 때문이죠. 서울과 부산에서 전용면적 $85m^2$ 이하 민간분양 아파트 청약에서 1순위 조건을 갖추려면 청약통장 예치금이 300만 원 이상 돼야 합니다. 전용면적 $102m^2$ 이하 1순위가 되려면 600만 원 이상 예치해야 하고 $135m^2$ 이하 1순위가 되려면 1,000만 원 이상 납부해야 합니다. 예치금이 1,500만 원 이상 되면 이 가입자는 통장 가입 후 1년이 경과하는 순간 서울과 부산에서 분양하는 모든 민간아파트에 청약할 수 있습니다.

앞에서 B 씨는 180만 원이 모자라 1순위 자격을 못 얻었습니다. 하지만 만약 B 씨가 최초 아파트 입주자모집공고일까지 1,800만 원을 일시에 혹은 쪼개서 납부한다면 B 씨는 1순위 자격을 갖추게 됩니다.

또 다른 예를 들어 볼까요? C 씨는 최초 주택청약종합저축 가입 때 500만 원을 일시에 납부한 후 1년이 지났습니다. 서울에 분양하는 민간아파트에 청약하려고 보니 C 씨는 비록 통장 가입기간이 1년은 지났지만 딱 한 번만 납부했기 때문에 1순위 조건이 될까 안될까 궁금해서 아파트투유에 들어가 순위를 확인해 봤습니다. 어떤 결과가 나왔을까요? 앞서 설명했듯이 민간아파트에 청약하는 경우 납입횟수는 중요하지 않습니다. 따라서 C 씨는 전용면적 $85m^2$ 이하 민간분양 아파트에 1순위로 청약할 수 있습니다. 만약 C 씨가 입주자 모집공고일까지 100만 원을 더 납부한다면 전용면적 $102m^2$ 이하까지 청약하는 것도 가능합니다.

더욱 엄격해진 청약통장 불법거래 처벌

1순위 청약통장을 갖게 되면 무주택자들은 마음이 든든해집니다. 언제든 원하는 아파트가 나오면 청약할 수 있기 때문이죠. 특히 큰 분양권 전매차익이 기대되거나 높은 가치 상승이 예상되는 경우 1순위 청약통장은 큰 빛을 발휘합니다. 그러다 보니 청약통장을 불법으로 사고 파는 경우가 종종 발각됩니다. 엄연한 불법행위죠. 청약통장은 한 사람이 한 개만 보유할 수 있기 때문입니다. 한 사람이 여러 개 청약통장을 보유할 수 있다면 이런 불법행위는 발생하지 않을 겁니다.

청약통장 불법거래는 청약시장의 건전한 질서를 파괴하는 행위로 여겨집니다. 때문에 처벌도 아주 엄격해요. 만약 청약통장을 불법으로 팔았다면 3년 이하의 징역형이나 3,000만 원 이하의 벌금형을 받을 수 있습니다. 당연히 당첨된 경우 당첨은 취소됩니다. 공인중개사가 청약통장 불법매매를 알선 또는 중개했다면 3년 이하의 징역형이나 2,000만 원 이하의 벌금형에 처해지고 중개사무소는 등록이 취소되거나 업무정지 처분을 받게 됩니다.

◆ 청약통장 불법거래 처벌

처벌	처벌	근거
통장매도 또는 통장매수 후 청약 등	(거래당사자) 3년 이하 징역 3천만 원 이하 벌금, 주택 공급계약 취소	주택법
	(공인중개사) 3년 이하 징역 또는 2천만 원 이하 벌금, 중개사무소 등록 취소 또는 업무정지	공인중개사법

3 아파트투유와 친해지기

새 아파트를 분양받고 싶다면 반드시 알아야 하는 인터넷 사이트가 있습니다. 가끔 네이버 실시간 검색어에 오르기도 하는 이 사이트는 바로 '아파트투유'(apt2you.com)입니다. 아파트 분양, 청약 제도를 잘 모르는 초보자들이라면 아파트투유 홈페이지에 있는 정보만 잘 살펴봐도 큰 도움이 됩니다. 아파트투유에는 청약과 관련한 가장 최신의 정보가 업데이트된다고 봐도 무방하니까요.

◆ 아파트투유 메인화면

다양하고 실질적인
정보가 가득

―

　아파트투유는 기본적으로 청약을 받은 당일 경쟁률을 발표하고 며칠 후 당첨자를 발표하는 창구 역할을 합니다. 과거에는 주택은행 창구 직원이 하던 역할을 아파트투유가 더 빠르고 정확하게 대행하고 있는 것이죠.

　1~2순위 청약통장 보유자들은 아파트투유를 통해서 청약할 수 있습니다. 청약통장 가입은행이 국민은행이고 인터넷뱅킹에 가입돼 있다면 국민은행 홈페이지(kbstar.com)에서도 청약을 할 수 있지만 대부분 아파트투유를 사용합니다. 국민은행 외에 다른 은행

에 청약통장이 있다면 무조건 아파트투유를 사용할 수밖에 없어요. 다만 신혼부부, 다자녀가구 등은 견본주택을 직접 방문해서 특별공급 신청서를 제출해야 합니다. 특별공급은 아파트투유를 통해 신청할 수 없습니다.

아파트투유는 단순히 청약접수만 받는 사이트가 아닙니다. 앞서 설명한 것처럼 가장 최신의 분양정보와 청약제도를 얻을 수 있습니다. 우선 첫 화면에서 APT 탭을 누르면 인터넷청약, 청약통장 가입내역조회, 당첨사실조회, 분양정보 및 청약경쟁률, 주택규모 선택/변경, 청약통장 순위확인서 등 항목이 뜹니다. 이 중에서 분양정보 및 청약경쟁률을 클릭해 볼까요? 그럼 바로 조회하는 달에 분양중인 주택 목록이 전부 화면에 뜹니다. 분양중인 주택은 지역과 주택유형별로 구분해서 볼 수도 있죠.

예를 들어 2016년 10월 5일 1순위 청약접수를 받은 마포한강 아이파크를 클릭하면 이 아파트의 구체적인 청약접수일과 고급주택 유형, 분양가, 시행사, 시공사 등 입주자모집공고에 깨알같은 글씨로 써 있는 청약정보가 보기 좋게 정리된 상태로 팝업창에 뜹니다. 다만 아파트투유에 뜨는 분양가는 주택유형별 대표금액으로 동, 층, 향에 따라 달라지기 때문에 가능하다면 내가 청약하려는 주택유형의 구체적인 분양가는 입주자모집공고에서 확인하는 게 좋습니다. 분양가를 잘못 알고 청약했다가는 계약도 못하고 청약통장만 날릴 수 있기 때문입니다.

분양정보 화면에서 좌측을 보면 청약접수 경쟁률 항목이 있는데요. 경쟁률 항목을 클릭해 볼까요? 경쟁률을 조회하는 달 분양한 단지 리스트가 전부 뜹니다. 이 중에 한 단지를 골라서 클릭하면 일반분양 청약경쟁률이 표시됩니다. 참고로 아파트투유 사이트를 운영하는 금융결제원은 보통 오후 7~8시에 청약경쟁률을 집계해서 업데이트합니다.

여기서 잠깐 아파트투유 이용시간을 알아볼게요. 이용시간을 제대로 몰라 청약신청을 못하는 안타까운 경우는 없어야 합니다. 우선 청약신청은 오전 8시부터 오후 5시 30분까지 가능해요. 따라서 5시 30분이 지나면 청약신청이 불가능합니다. 인터넷 청약 마감시간 정보는 가장 중요하니까 꼭 염두에 둬야 합니다.

청약신청을 하긴 했는데 청약통장만 날릴 것 같은 생각이 들어 청약신청을 취소하는 경우도 많은데요. 청약 취소도 오전 8시부터 오후 5시 30분까지 가능합니다. 오후 5시 30분이 지나면 청약신청

◆ 아파트투유 서비스 이용시간

서비스구분	이용시간	이용일
청약신청	08:00~17:30	해당(순위) 청약신청일
청약신청 내역조회	08:00~21:30	영업일, 계약종료일까지
청약신청 취소	08:00~17:30	청약신청 당일
청약통장 가입내역조회	08:00~17:30	영업일
순위확인서 발급	08:00~17:30	영업일
주택규모 선택/변경	08:00~17:30	영업일

은 돌이킬 수 없습니다. 만약 본의 아니게 당첨된다고 해도 청약통장은 더 이상 재사용이 불가능합니다. 다시 가입해야 해요.

아파트투유 상단 메뉴에는 뉴스테이도 있습니다. 앞서 말했듯 뉴스테이는 의무임대기간이 8년 이상인 기업형임대주택으로, 서민이 아닌 중산층을 위해 일반 분양아파트 수준으로 공급하는 임대주택입니다.

처음 뉴스테이가 도입될 때만 해도 아파트투유에서 청약이 불가능했죠. 당연히 청약 정보 역시 제공되지 않았습니다. 뉴스테이 입주를 희망하는 사람들은 뉴스테이를 공급하는 건설사 홈페이지를 통해 청약신청을 하고 당첨자 발표까지 지켜봐야 하는 불편함을 겪었습니다. 하지만 이제 뉴스테이도 아파트투유에서 청약하고 당일 경쟁률 확인 및 당첨자 발표까지 조회할 수 있습니다.

아파트투유 상단 메뉴를 보면 '청약제도'라는 항목이 있습니다. 이 항목을 클릭하면 현재 시행되고 있는 주택법, 주택법 시행령, 주택공급에 관한 규칙 등에 따른 청약제도가 이해하기 쉽게 설명돼 있습니다. 청약주택의 종류, 청약통장의 종류, 청약자격 발생, 청약통장 변경, 청약신청, 당첨자 선정 등 해당 항목을 선택하면 자세한 설명을 볼 수 있어요.

2016년 11월 13일까지는 청약 단지의 당첨자 명단을 아파트투유에서 전부 볼 수 있었습니다. 이름과 주민등록번호 일부만 공개됐기 때문에 실제로 본인 이외의 사람이 당첨 여부를 알기는 쉽지 않았죠. 그럼에도 불구하고 이 같은 제한적 명단 공개도 개인정보 침해 우려가 제기돼 아파트투유를 운영하는 금융결제원은 2016년 11월 14일부터 전체 명단을 공개하지 않고 본인 당첨 여부만 공인인증서나 생년월일로 조회할 수 있도록 시스템을 개편했습니다.

입주자모집공고 대해부

4

혹시 아파트 분양절차를 아시나요? 사업자 입장에서는 어렵고 힘든 과정이지만 소비자 입장에서 보면 비교적 심플합니다. 사업자가 책정한 분양가격이 구청의 분양가 심사를 통과하고 주택도시보증공사(HUG) 분양보증까지 받으면 분양 준비는 모두 끝납니다. 이렇게 분양준비가 완료되면 사업자는 보통 일간신문에 입주자모집공고(분양공고)를 내면서 본격적인 아파트 분양 절차에 들어갑니다. 소비자들은 인터넷 등을 통해 아파트 정보는 입수할 수 있지만 최종적인 분양가는 입주자모집공고를 통해서 알 수 있죠.

사실 다른 어떤 정보보다 분양가 정보가 가장 중요합니다. 특히 사업자 입장에서 분양가는 분양시장이 좋을 때보다 나쁠 때 성패를 좌우하는 열쇠가 되기도 하죠. 동시에 소비자 입장에서는 이익을 얻거나 손해를 볼 수 있는 기준이 되기도 합니다.

입주자모집공고에는 분양가만 나오는 게 아닙니다. 아파트 분양과 관련한 모든 정보가 한 장의 종이에 담기죠. 내용은 방대합니다. 제한된 공간에 많은 내용을 담다보니 글씨는 깨알같이 작아요. 소비자들은 외면합니다. 그렇다고 소비자들 보기 편하게 글자를 키우면 입주자모집공고만 몇 페이지가 될지 몰라요. 양이 늘어나면 소비자들은 또 외면하겠죠.

처음엔 어렵더라도
입주자모집공고는 반드시 이해해야

아파트를 분양할 때 사업자나 소비자 입장에서 가장 중요한 게 입주자모집공고라고 했는데 이렇게 홀대를 받아서 될까요? 입주자모집공고를 잘 보고 청약전략을 짠다면 당첨확률을 높일 수 있는데 외면해서 될까요? 이제부터는 2016년 10월 분양한 '신촌숲아이파크' 입주자모집공고를 통해 어떤 정보가 담겨 있는지, 어떤 의미를 가지는지 살펴보겠습니다. 참고로 거의 모든 아파트 입주자모집공고는 비슷한 틀로 짜여 있습니다.

우선 신촌숲아이파크 입주자모집공고 왼쪽 상단 박스를 볼까

- 2016.08.12. 개정된 「주택공급에 관한 규칙」이 적용됩니다.
- 본 아파트의 최초 입주자모집공고일은 2016.10.13.입니다.(청약자격 조건의 기간, 나이, 지역우선 등의 청약자격조건 판단 기준일임)
- 본 아파트는 건전한 인터넷 문화 정착을 위한 방침에 따라 청약은 인터넷 청약을 원칙으로 하고 있으므로 청약이전에 청약통장 가입은행 및 취급은행 (2순위)를 방문하여 인터넷 뱅킹 가입 및 전자공인인증서를 발급받으시기 바랍니다.
- 「주택공급에 관한 규칙」 제4조, 제25조에 의거 주택건설지역인 서울특별시는 물론 인천광역시 및 경기도 거주자까지 확대하여 공급합니다. 단, 동일 신청자격에서 경쟁이 있을 경우, 서울특별시 주택건설지역 거주신청자가 인천광역시 및 경기도 거주자보다 우선하며, 인천광역시 및 경기도 거주신청자로 신청하신 분은 입주자 선정 대상에서 제외될 수 있습니다.
  - 단, 「주택공급에 관한 규칙」 제4조에 의거 10년 이상 장기복무 중인 무주택 군인으로서 입주저축에 2년 이상 가입한 경우에는 해당 주택건설지역에 거주하지 아니하여도 주택건설지역에 거주하는 것으로 봄.
- **본 아파트는 분양가상한제 미적용 민영주택이며, "무주택기간, 부양가족수, 입주저축 가입기간, 본인 및 세대원 주택소유"를 점수로 계산하여 당첨자를 선정하는 "청약가점제"가 적용됩니다. (단, 주택형 85㎡초과는 「주택공급에 관한 규칙」 제28조 제4항에 따라 "청약가점제도"를 적용하지 않으며, 주택형 85㎡ 이하 주택은 40만 가점제가 적용됨)**
- 본 아파트는 개편된 주택청약제도 및 주택공급에 관한 규칙이 적용되므로 아래사항을 참고하셔서 청약에 착오 없으시기 바랍니다.
  - 청약 자격조건 완화 및 순위제계 간소화 : 수도권 1순위 발생 요건이 기존 주택청약종합저축에 가입하여 '2년 이상, 24회 납입' → '1년 이상'으로 완화됨, 청약통장별 해당 가입은행의 납입인정 예치금액이 지역별 청약가능한 예치금액 이상이어야 함, 기존 '1,2,3순위' 방식을 '1,2순위'방식으로 간소화
  - 민영주택 특별공급 신청시 무주택세대주 요건 완화 : 기존 '무주택세대주'만 신청 가능 → '무주택세대구성원'의 경우에도 신청 가능 (1세대에서 1명만 청약신청 가능), 노부모 부양 특별공급의 경우 기존과 같이 무주택세대주 요건이 계속 적용됨
  - 민영주택 청약 가점제 유주택자 감점제도 폐지 : 청약가점 수에 따른 감점 폐지
  - 입주저축 예치금액 변경기간 등 제한 완화 : 예치금액 이하에 해당하는 모든 규모에 청약 가능 / 주택규모변경 기간(2년) 및 주택규모 상향시 청약한 기간(3개월) 폐지
  - 소형 저가주택 기준 완화 : 기존 '60㎡ 이하 공시가격 7천만원 이하'에서 → '60㎡ 이하 공시가격 수도권 1억 3천만원 이하, 비수도권 8천만원 이하'로 변경
  ※ 상기 내용 외 자세한 사항은 2016.08.12.이후 개정된 「주택공급에 관한 규칙」을 참조하시기 바랍니다.
- 「주택공급에 관한 규칙」 제50조에 의거 주택공급 선정 및 동·호수 배정은 전산관리지정기관(금융결제원)에서 실시합니다.(단, 특별공급 입주자 선정업무는 사업주체가 담당하며, 동·호수 배정은 전산관리지정기관에서 실시함)
- 전매금지 및 재당첨 제한기간
  - 본 아파트는 주택법 제64조 및 주택법시행령 제73조의 규정에 의거하여 최초로 주택공급계약이 체결가능한날 (2016.11.01)부터 6개월동안 전매가 금지됩니다.
  - 본 아파트는 비투기과열지구에서 공급하는 민영주택으로 「주택공급에 관한 규칙」 제54조에 따라 기존주택 당첨여부와 관계없이 본 아파트 청약이 가능합니다. (본 제도는 당첨된 청약통장의 재사용을 허용하는 제도가 아니며, 당첨 통장은 계약여부와 상관없이 재사용이 불가함)
- 2009.4.1. 「주택공급에 관한 규칙」 일부 개정으로 인해 주택형 표기방식이 기존(전용면적+주거공용면적)에서 주거전용면적만 표기하도록 변경 되었으니 이점 유념하시어 청약신청 바랍니다.
- 고령자, 장애인, 다자녀가구 최하층 우선배정
  - 본 아파트는 「주택공급에 관한 규칙」 제25조에 따라 입주자모집공고일 현재 65세 이상인 자 및 장애인등록증을 발급받은 자 또는 그 세대에 속한 자 및 미성년자인 세 명 이상의 자녀를 둔 자 중 최하층 우선배정을 신청한 당첨자에 대하여 해당 층을 우선 배정함
- 투기 적발자 처벌(「주택법」 제101조)
  - 분양과 관련하여 주택 청약통장 및 주택 분양권을 불법 거래하다가 적발된 자는 「주택법」에 따라 주택공급계약이 취소될 수 있으며, 형사 고발되어 3년 이하의 징역이나 3천만원 이하의 벌금이 부과될 수 있습니다.
  - 불법거래를 알선 또는 중개한 부동산 업자에 대해서도 「공인중개사의 업무 및 부동산 거래신고에 관한 법률」에 따라 자격정지, 등록취소 등의 처벌을 받게 됩니다.
- 청약, 전매 및 재당첨 등에 관한 사항은 향후 주택법 및 관계법령 개정내용에 따라 조정될 수 있습니다.

'신촌숲아이파크' 입주자모집공고 일부

요? 입주자모집공고에서 분양가 정보를 빼고 가장 중요한 정보가 이 박스 안에 다 들어있습니다. 사실 이 박스만 제대로 보고 분양가 정보만 봐도 청약하는 데 큰 무리는 없습니다. 바꿔 말하면 이 박스 안에 들어 있는 정보가 그만큼 중요하다는 뜻이기도 하죠.

박스 다섯 번째 단락을 보면 '본 아파트는 분양가상한제 미적용 민영주택'이라는 문구가 나옵니다. 공공택지를 제외하면 분양가상한제가 모두 폐지됐기 때문에 이런 문구가 들어가 있는 거죠. 분양가상한제 적용을 받지 않는다고 해서 무작정 분양가를 올릴 수는 없어요. 시장에서 소화할 수 없는 분양가를 책정하면 소비자들이 외면하면서 사업은 망하는 길을 피할 수 없기 때문이죠.

사실 소비자 입장에서 더 중요한 부분은 '청약가점제가 적용됩니다'라고 쓰여 있는 대목입니다. 가점제와 추첨제에 대해서는 뒤에서 더 자세히 살펴볼테니 여기서는 엑기스만 볼게요. 현재 규정상 민영주택은 전용면적 85m^2 이하인 경우에만 가점제가 적용됩니다. 가점제로 당첨자를 뽑는 비율은 40% 이하예요. 반면 추첨으로는 60% 이상을 뽑습니다. 전용면적 85m^2가 넘는 민영주택은 100% 추첨으로 당첨자를 뽑고 있죠. 무주택기간이 길고 부양가족이 많고 청약종합저축 가입기간이 길다면 가점제로 당첨을 노려볼 수 있어요. 반면 가점이 부족하다면 추첨에 운을 맡길 수밖에 없습니다. 이 아파트의 경우 전용면적 59m^2A타입에서 가점제 당첨자의 평균 가점은 72.2점으로 만점인 84점에 근접할 정도로 높았습니다. 가점이 높은 소비자들이 대거 청약통장을 꺼내 들었다는 것은 그만큼 이 아파트 인기가 높다는 뜻으로 볼 수도 있습니다.

앞에서 여덟 번째 항목은 '전매금지 및 재당첨 제한기간'입니다. 소비자들을 보호하기 위한 항목이죠. 분양권 전매제한 기간 안에 모르고 분양권을 팔았다고 해서 불법행위가 정당화되지 않습니다. 재당첨 제한기간은 신중하게 청약하지 않으면 청약통장을 날리는 것은 물론 더 좋은 단지의 청약기회를 잃을 수도 있기 때문에 꼭 알아둬야 합니다.

이 아파트의 경우 수도권에 분양하는 민영주택이기 때문에 분양권 전매제한 기간이 6개월입니다. 전매제한에 대해서도 뒤에서 더 자세하게 살펴볼텐데요. 전매제한 기간 안에 분양권을 다른 사람에게 팔면 불법이란 뜻입니다.

박스 밑으로는 공급위치와 공급규모, 공급대상, 공급금액 등 구체적인 아파트 분양 정보가 나옵니다. 특히 공급금액 정보를 보면 동, 층별 분양가가 나와 있습니다. 그리고 계약금, 중도금, 잔금 납부일정도 나옵니다. 보통은 계약금 20%, 중도금 60%, 잔금 20%로 짜여집니다.

그런데 중도금 대출과 관련한 정보는 입주자모집공고에 정확하게 나오지 않습니다. 과거에는 특별한 사정이 없는 한 거의 모든 당첨자들에게 중도금 집단대출 은행을 시공사가 소개해 주고 은행은 특별한 심사 없이 대출을 해줬습니다. 하지만 2016년 가계부채가 폭발적으로 증가하고 청약 과열 현상이 빚어지자 정부는 중도금대출 규제 카드를 꺼내들었습니다. 이에 따라 2016년 7월부터 분양가가 9억 원이 넘는 주택(주거용 오피스텔 포함)에 대한 은행의 중도금 대출은 중단됐죠. 2016년 10월부터는 1인당 중도금대출 보증 건수도 주택도시보증공사와 주택금융공사를 합쳐 4건에서 2건으로 축소시켰습니다.

특별공급 물량, 신청자격, 공급일정도 상세하게 나옵니다. 특별공급은 말 그대로 특별한 사람들에게 일반분양에 앞서 제한적으로 공급하는 물량이죠. 그만큼 조건이 까다롭고 대상자도 제한적입니다. 반대로 얘기하면 조건을 잘 살펴 본인이 이 조건을 충족한다면 수백~ 수천대 1의 경쟁을 하지 않아도 인기 아파트를 분양받을 수 있다는 뜻이 됩니다. 특별공급의 특별한 세계에 대해서도 뒤에서 자세히 살펴보겠습니다.

입주자모집공고에는 그 밖에도 청약신청 방법, 구비서류, 발코니 확장비용, 옵션항목과 비용 등 아파트 분양과 관련한 모든 정보가 담겨 있습니다. 그리고 가장 기본적인 정보라고 할 수 있는 시공사가 누구인지, 시행사는 또 누구인지도 분명히 표시돼 있습니다. 신촌숲아이파크의 경우 재건축 단지이기 때문에 사업주체(시행사)는 조합이 되고 시공은 현대산업개발이 맡았습니다. 입주자모집공고 끝에는 견본주택 위치와 안내전화 번호 정보도 담겨 있습니다.

청약경쟁률에 숨겨진 비밀

아파트에 청약을 하면 저녁 7~9시쯤 청약경쟁률이 '아파트투유'에 공개됩니다. 두근두근 가슴 떨리는 순간이죠. 희비가 엇갈리는 순간이기도 합니다. 경쟁자가 적으면 높아진 당첨확률에 들뜨지만 수백~수천대 1의 경쟁률이 뜨면 거의 포기하게 되죠. 이런 아파트에 당첨되는 일은 살면서 한 번 경험할까 말까 합니다. 그만큼 어려운 일이란 겁니다.

그런데 언론에 보도되는 청약경쟁률과 실제 아파트투유에서 확인되는 청약경쟁률에는 차이가 있습니다. 결론부터 말하자면 아파트투유 경쟁률이 뉴스에 나오는 경쟁률보다 정확합니다. 왜 그럴까요? 이제부터 청약경쟁률의 비밀을 파헤쳐 보겠습니다.

왜 아파트투유의 청약경쟁률과
실제 청약경쟁률에 차이가 생기는 것일까

—

지난 2016년 8월 부산에서 분양한 '대연자이' 1순위 청약에는 무려 14만 1,953명이 몰려들었습니다. 일반분양 모집가구는 430가구였죠. 언론에서는 청약자수를 모집가구로 단순히 나눠 평균경쟁률이 '330대 1'이라고 보도했습니다.

하지만 이 평균경쟁률은 100% 틀렸다고 볼 수도, 100% 맞다고도 볼 수 없습니다. 왜냐하면 오른쪽 표에서 보듯이 대연자이는 1순위 당해지역에서 청약이 마감됐기 때문이죠. 이 아파트는 당해지역에 해당하는 부산에 거주하는 1순위 청약자들에게 우선 배정되는데 모든 주택형에서 당해지역 청약자가 모집자수를 훌쩍 넘겼습니다. 이 경우 이 아파트에 청약이 가능한 울산, 경남 등 인근지역(기타지역) 청약자들은 청약은 했으나 당첨은 사실상 불가능합니다. 당해지역 1순위 청약자들은 기타지역 청약자들과 경쟁할 일이 없기 때문에 경쟁률 계산에서 빼는 게 합리적입니다.

따라서 이 아파트의 평균경쟁률은 당해지역 청약자인 12만 8,247명을 430가구로 나눈 298대 1로 표시하는 게 맞습니다. 기타지역 청약자들이 빠지기 때문에 평균 경쟁률이 다소 내려가는 걸 확인할 수 있죠.

◆ 대연자이 청약경쟁률

주택형 (주거전용면적 +주거공용면적)	공급 세대 수	순위	순위	접수건수	순위내 경쟁률 (미달세대수)	청약결과	당첨가점			
							지역	최저	최고	평균
039.9195A (057.1085)	15	1순위	당해	1,928	128.53	1순위 당해 마감 (청약 접수 종료)	당해	65	71	67.83
			기타지역	121	–		기타지역	0	0	0
		2순위	당해	0						
			기타지역	0						
050.9958A (073.1999)	13	1순위	당해	1,833	141.00	1순위 당해 마감 (청약 접수 종료)	당해	64	66	64.83
			기타지역	88	–		기타지역	0	0	0
		2순위	당해	0						
			기타지역	0						
050.9684B (073.1254)	62	1순위	당해	5,456	88.00	1순위 당해 마감 (청약 접수 종료)	당해	64	67	65.28
			기타지역	176	–		기타지역	0	0	0
		2순위	당해	0						
			기타지역	0						
059.8922A (084.6903)	241	1순위	당해	78,008	323.68	1순위 당해 마감 (청약 접수 종료)	당해	66	75	68.6
			기타지역	2,730	–		기타지역	0	0	0
		2순위	당해	0						
			기타지역	0						

주택형 (주거전용면적 +주거공용면적)	공급 세대 수	순위		접수건수	순위내 경쟁률 (미달세대수)	청약결과	당첨가점			
							지역	최저	최고	평균
059.9815B (085.1786)	53	1순위	당해	8,637	162.96	1순위 당해 마감 (청약 접수 종료)	당해	65	70	67.05
			기타지역	364	–		기타지역	0	0	0
		2순위	당해	0						
			기타지역	0						
072.9645 (095.3965)	7	1순위	당해	3,677	525.29	1순위 당해 마감 (청약 접수 종료)	당해	–	–	70.33
			기타지역	166	–		기타지역	–	–	0
		2순위	당해	0						
			기타지역	0						
084.9817A (110.6134)	15	1순위	당해	16,661	1110.73	1순위 당해 마감 (청약 접수 종료)	당해	69	76	71.33
			기타지역	741	–		기타지역	0	0	0
		2순위	당해	0						
			기타지역	0						
084.9768B (112.0521)	24	1순위	당해	20,684	861.83	1순위 당해 마감 (청약 접수 종료)	당해	70	72	70.7
			기타지역	683	–		기타지역	0	0	0
		2순위	당해	0						
			기타지역	0						

물론 이런 해석도 가능합니다. 예를 들어 대연자이 전용면적 39A타입의 경우 당해지역 1순위에서 128대 1의 경쟁률을 기록하며 청약이 마감됐지만 여기서 당첨된 사람들과 떨어진 사람들이 모두 계약을 포기하는 경우가 발생할 수 있습니다. 확률적으로는 아주 낮겠죠. 이런 경우 당첨 기회는 기타지역에서 청약한 121명에게 돌아갑니다. 극단적인 가정이지만 일어나지 말라는 법도 없기 때문에 기타지역 청약자들도 평균경쟁률 계산에 포함시켜야 한다고 주장하는 사람들도 있습니다. 다만 설득력은 좀 떨어집니다.

뒤에서 더 자세히 살펴보겠지만 대연자이 표에서도 '당첨가점'을 확인할 수 있습니다. 대연자이 입주자모집공고를 보면 가점제 비율은 전용면적 $85m^2$ 이하인 경우 일반공급 물량의 40%로 규정하고 있어요.

예를 들어 볼까요? 전용면적 59A타입의 경우 241가구 모집에 당해지역 1순위 청약자만 7만 8,008명으로 경쟁률은 323대 1로 나옵니다. 그리고 당첨자 평균가점은 68.6점입니다. 평균 가점이 68.6점을 넘지 못하는 청약자들은 무작위 추첨으로 뽑히게 됩니다. 따라서 가점 경쟁률과 추첨 경쟁률을 구분하는 게 맞습니다. 그러나 아파트투유에서는 가점 경쟁률과 추첨 경쟁률까지는 나오지 않죠. 직접 계산해 볼 수밖에 없습니다.

59A를 다시 볼까요? 241가구 중 40%인 96가구가 가점제 대상입니다. 일단 모든 청약자들은 1점이라도 가점이 있기 때문에 가점

제로 한 번 경쟁을 하게 됩니다. 따라서 가점제 경쟁률은 7만 8,008명을 96가구로 나눈 812대 1이 되겠죠.

241가구 중 96가구를 제외한 나머지 145가구는 추첨으로 당첨자를 뽑습니다. 이 때 가점제에서 탈락한 7만 7,912명이 추첨 경쟁을 벌이게 됩니다. 경쟁률은 무려 537대 1로 치솟는 걸 확인할 수 있습니다. 따라서 59A타입에서 평균 가점이 68.6점에 못 미치는 7만 7,912명의 청약자들이 체감하는 경쟁률은 323대 1이 아니라 537대 1이라고 보는 게 맞습니다. 하지만 어떤 언론에서도 이런 분석은 나오지 않아요. 기자들이 게을러서 또는 몰라서 그런 경우가 많습니다. 카페나 블로그를 보면 간혹 정확하게 계산하는 네티즌들이 있습니다.

청약 경쟁률을 올리려고 사업자들은 다양한 방법을 동원합니다. 특히 가구수가 많은 대단지의 경우 경쟁률이 낮게 나오고 미분양이 많이 발생할까봐 '쪼개기' 분양도 등장합니다. 쪼개기 분양이란 같은 아파트지만 블록별로 나눠 청약날짜를 달리 하거나 당첨자 발표날짜를 다르게 하는 분양기법이에요. 불법은 아니지만 경쟁률을 높이려는 일종의 꼼수라고 보는 시각이 많죠. 같은 단지지만 청약일인 당첨일을 달리 하면 중복청약이 가능해 경쟁률이 올라가는 효과가 있습니다. 이런 단지들의 경우 실제 청약경쟁률은 표면적인 경쟁률보다 낮다고 봐야 합니다.

청약경쟁률도 중요하지만 더 중요한 것은 계약률입니다. 경쟁률이 100대 1이라도 원하는 동·호수 배정에 실패한 당첨자들은 계약을 포기하는 경우가 있습니다. 막상 당첨은 됐지만 아파트값이 떨어질까봐 계약을 포기하는 당첨자들도 있죠. 따라서 경쟁률이 100대 1이라면 당연히 100% 계약이 돼야 하지만 실제 초기 계약률은 대부분 100%가 되지 않습니다. 보통 인기 있는 단지를 기준으로 초기 계약률은 70~80% 정도 되는 것으로 알려져 있죠. 나머지 20~30%는 보통 3~6개월 시간을 두고 계약자를 찾습니다. 6개월 정도 지나도 계약자가 나타나지 않으면 사업자도 부담이 크기 때문에 할인분양도 하죠. 할인분양을 할 경우 기존 계약자들이 집값 하락을 우려해 반대하면서 건설사와 마찰을 빚는 경우도 있습니다.

전용면적 59㎡ 전성시대

국민주택규모라는 말이 있습니다. 전용면적 $85m^2$ 이하를 말하는 것인데 평수로 환산하면 25.7평입니다. 1인당 필요한 주거면적을 5평으로 잡고 5인 가족이 거주하기에 적합한 주택규모를 계산하면 이 면적이 나오죠. 1970년대에 정해진 기준입니다. 가장 최근에 나온 통계를 보면 우리나라 가구당 평균가구원수는 2.53명입니다. 2.53명에게 5평씩 할당한다면 국민주택규모는 12.65평으로 나오죠. 전용면적 $42m^2$와 같은 크기입니다.

우리나라 거의 모든 부동산정책은 국민주택규모를 기준으로 만들어져 있습니다. 국민주택규모를 넘는 주택은 어차피 부자들만 대상으로 하니까 특별히 정책적으로 신경을 쓰지 않으려고 합니다.

◆ 아파트 규모별 분류현황

구분	소형	중소형	중형	중대형	대형
국토부 (감정원)	60㎡ 이하	60㎡ 초과 ~ 85㎡ 이하	85㎡ 초과 ~ 102㎡ 이하	102㎡ 초과 ~ 135㎡ 이하	135㎡ 초과
KB국민은행	40㎡ 미만	40㎡ 이상 ~ 62.8㎡ 미만	62.8㎡ 이상 ~ 95.9㎡ 미만	95.9㎡ 이상 ~ 135㎡ 미만	135㎡ 이상

$85㎡$ 이하 주택만 부동산 정책을 펼 때 고려대상으로 삼는 거죠.

예를 들어 가점제와 추첨제를 볼까요? 가점제는 태생적으로 무주택 서민에게 유리합니다. 반면 추첨제는 무주택·유주택, 서민·부자를 가리지 않습니다. 무작위로 당첨자를 선정하는 거죠. 따라서 정부에서는 무주택 서민을 보호하기 위해서 전용면적 $85㎡$ 이하 주택은 분양할 때 가점제 비율을 최대 40%까지 정하도록 합니다. 보통 건설사들은 당첨자 중 40%를 가점제로 뽑습니다. 하지만 $85㎡$가 넘는 아파트는 100% 추첨으로 뽑도록 합니다.

오피스텔의 경우도 전용면적 $85㎡$를 기준으로 바닥난방 여부가 갈립니다. 즉 $85㎡$가 안되는 오피스텔은 바닥난방이 가능하지만 $85㎡$가 넘는 오피스텔은 바닥난방이 불가능하죠. $85㎡$가 안되는 오피스텔은 아파트에 살기 어려운 1~2인 가구가 거주하는데 정책적으로 배려해 주는 게 맞지만 그 범위를 고가의 중대형 오피스텔까지 확대하는 건 바람직하지 않다고 보는 겁니다. 물론 정부의 이 같은 시각에 대해서는 찬반 여론이 팽팽합니다.

국민주택규모 축소론에 담긴 경제학

그런데 케케묵은 국민주택규모를 이제는 줄여야 한다는 목소리가 높아요. 1~2인 가구 비중이 전체 가구의 50%에 육박하는데 5인 가족을 기준으로 설정한 국민주택규모가 너무 시대에 뒤떨어진다는 지적이죠. 실제로 서울시는 2012년 국민주택규모를 85m^2에서 60m^2로 줄이자고 국토교통부에 제안하기도 했습니다. 국민주택규모를 줄인다는 것은 적어도 주택정책에서 배려 또는 수혜 대상자를 정말 집 없고 소득이 낮은 서민들로 국한한다는 의미를 담고 있죠.

실제로 최근 서울 강남지역뿐만 아니라 마포 등 강북지역에서 전용면적 59m^2의 새 아파트 가격이 10억 원에 근접하고 있습니다. 25평이 10억 원이라는 얘기니까 평당 4,000만 원을 넘나든다는 뜻이죠. 강남이야 그렇다 쳐도 강북까지 10억 원을 돌파하다니 서민들은 한숨만 나올 뿐입니다.

전용면적 59m^2 값이 천정부지로 치솟는 이유는 가구원수 감소와 주택 다운사이징 때문입니다. 앞서 살펴본 것처럼 우리나라 현재 가구원수는 3명이 안 됩니다. 방이 3개 이상 필요 없다는 뜻이죠. 2000년대 이전만 해도 59m^2 아파트는 '방 2개+화장실 1개'로 나왔습니다. 그때는 발코니 확장도 많이 안 했죠. 3~4인 가구가 살기에는 좁게 느껴졌습니다.

하지만 2000년대 이후 상황은 바뀌었습니다. 59m^2도 '방 3개+화장실 2개' 구조로 나오기 시작했고 특히 발코니 확장까지 보편화됐죠. 59m^2가 과거 70m^2에 맞먹게 느껴지게 됐습니다. 화장실이 2개가 된 것도 획기적인 변화입니다. 가족수가 3명 이상 될 경우 화장실은 1개로 부족하다고 느껴지기 때문이죠.

상황이 이렇다 보니 59m^2 인기는 거침이 없습니다. 건설사들도 59m^2 아파트 공급을 늘리고 있죠. 59m^2 단일면적으로 된 아파트도 등장하고 있습니다. 85m^2 시대에서 59m^2 시대로 바뀌었다고 해도 과언이 아닙니다.

세상이 바뀌고 있지만 정부는 국민주택규모를 여전히 85m^2로 고집하고 있습니다. 왜 그럴까요? 우선 국민주택규모를 줄이는 작업은 주택정책의 대전환을 의미하기 때문에 신중한 것으로 보입니다. 모든 주택정책이 국민주택규모인 85m^2를 기준으로 마련돼 있는데 이 체계가 뿌리부터 흔들리기 때문이죠.

정부가 나서서 저출산을 조성한다는 비판을 받을까 우려하는 모습도 엿보입니다. 즉 국민주택규모 축소는 정부가 1~2인 가구 중심으로 주택정책을 펴겠다는 뜻으로 비칠 수 있고 이 경우 3인 이상 가구는 소외될 수 있다는 거죠.

국민주택규모를 둘러싼 논란은 시간이 지날수록 확산될 것으로 보입니다. 갈수록 1~2인 가구가 증가하고 은퇴 세대는 늘어나기 때문이죠. 가구원수가 적고 은퇴한 부부만 사는 가구는 큰 주택을

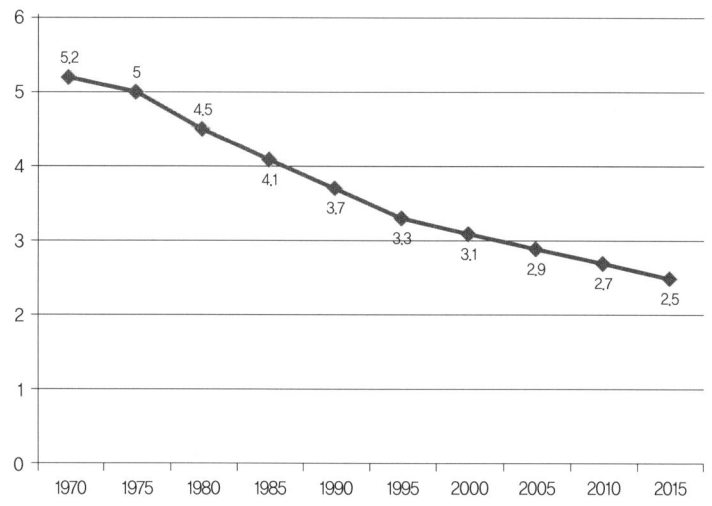

◆ 연도별 평균 가구원수 변화 (단위 : 명)

출처 : 통계청 e나라지표

필요로 하지 않습니다. 큰 집은 관리비와 재산세만 많이 나오기 때문에 이들은 소형주택을 찾아갈 것으로 보입니다. 따라서 지금 아파트를 분양받거나 앞으로 아파트를 분양받고자 한다면 소형평형 위주로 청약전략을 짜야 합니다. $85m^2$도 크다고 느끼는 세상인데 그 이상 면적에 청약을 할 경우 분양권 전매차익이나 매매차익은 거의 기대하기 어렵습니다. 실수요자라고 해도 마찬가지예요. 언젠가 한 번 이사를 갈 수밖에 없는 상황이 올 텐데 $85m^2$가 넘는 중대형 평형은 매매도 생각만큼 잘 안되기 때문이죠.

주택규모에 대한 인식 변화도 필요한 때입니다. 지금 한국감정원은 $59m^2$를 소형으로 분류하지만 KB국민은행은 중소형으로 봅니다. 소형과 중소형은 단어만 조금 다를 뿐이지만 정책이나 법령에서는 전혀 다르게 취급받습니다. 지금은 정부 정책이나 법령에서 소형주택이라고 하면 한국감정원 기준에 따라 전용면적 $60m^2$ 이하를 말합니다. 적게는 1명, 많게는 3~4명의 가족이 살고 있는 $59m^2$ 아파트를 이제는 소형주택이 아니라 중소형주택으로 볼 때가 아닌지 진지한 검토가 필요해 보입니다.

지역조합 아파트 주의보

 지난 2016년 10월 충북 청주시는 이례적으로 기자회견을 열고 지역주택조합 투자 주의보를 내렸습니다. 앞서 2015년 부산 해운대구는 국토교통부에 지역주택조합 제도 자체를 폐지해 달라고 건의했습니다. 지역주택조합이 뭐길래, 얼마나 많은 문제가 있기에 제도 자체를 없애 달라고 했을까요?

 지난 1977년에 도입된 지역주택조합은 동일 광역생활권에 6개월 이상 거주하는 무주택자 또는 전용면적 $85m^2$ 이하 주택 1채 소유자들을 조합원으로 모집해 청약통장 가입여부와 상관없이 주택을 공급하는 제도입니다.

 이 같은 지역주택조합은 조합과 조합원이 사업주체가 되어 아파트를 짓기 때문에 사업시행 이윤을 절감할 수 있어 일반 분양 아파트에 비해 저렴한 비용으로 주택 마련이 가능합니다. 또 청약통장도 필요 없고, 조합원으로 참여하면 일반분양 아파트보다 좋은 동·호수를 배정받을 수 있죠.

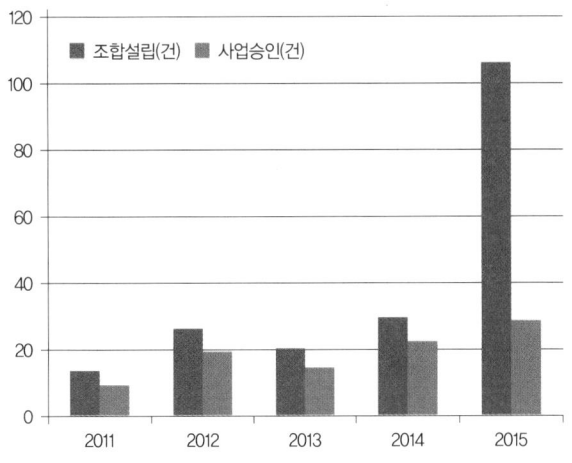

◆ 지역주택조합 현황 (단위 : 건)

하지만 토지확보, 사업계획 확정 등이 되지 않은 상태에서 조합원을 모집하기 때문에 추진 과정에서 토지확보에 실패하거나, 사업계획 변경 등의 요인으로 추가 부담금 발생 혹은 사업 자체가 좌초되는 경우도 허다합니다.

속출하는 피해자,
지역주택조합 사업의 그림자

　바로 이 대목에 주목해야 합니다. 무주택 서민에게 시세보다 10~20% 저렴하게 내 집 마련 기회를 준다는 본래 취지가 무색할 정도로 지역주택조합 사업은 전국 방방곡곡에서 피해자들을 양산하고 있습니다. 실제로 청주시는 한 지역주택조합이 아파트를 지을 수 없는 도시계획시설에 1,100여 가구를 공급하겠다며 조합원을 모집하자 기자회견을 열고 "해당 지역은 아파트를 지을 수 있도록 용도를 변경할 계획이 없다"며 주의를 당부했습니다.

　광주광역시에서는 더 황당한 문제도 발생했습니다. 두 개의 서로 다른 지역주택조합이 하나의 땅을 두고 각각 조합원을 모집한 웃지 못할 사건이 일어난 거죠. 결국 두 개 주택조합 모두 사라지면서 일부 조합원은 1,000만 원 이상 위약금을 내며 조합을 탈퇴해야 했습니다. 이처럼 지역주택조합은 조합원 모집 과정이 법에 정해진 대로 합법적으로 진행되는 경우도 있지만 전혀 근거 없이 법에 정한 절차를 무시하고 조합원을 모집하는 경우도 많습니다.

　문제는 이렇게 허술한 조합원 모집 과정에서 많은 피해자가 발생하고 있다는 점입니다. 앞서 광주시 사례에서도 보듯이 조합원은 자기 자신의 책임이 전혀 없지만 1,000만 원 이상의 돈을 공중에 날렸습니다. 사업불발 또는 좌초로 혹은 마음이 바뀌어서 조합에서 탈퇴하는 경우 조합원은 계약금을 전혀 돌려받지 못하고 있지요. 지역주택조합 사업자들은 사업이 취소되는 경우 계약금을 100% 돌려준다고 약속하기도 하지만 실제로 계약자들 중 환불을 제대로 받는 경우는 드문 것으로 알려져 있습니다.

사업기간이 늘어지면서 조합원으로 참여했다가 추가 부담금이 눈덩이처럼 불어나 일반분양을 받는 것보다 더 많은 돈을 내야 하는 경우도 많습니다. 싸고 좋은 집을 갖기 위해 지역주택조합에 투자했다가 피해를 보는 대표적인 유형입니다.

지역주택조합 사업기간이 길어지는 이유는 토지소유권을 95% 이상 확보해야 하기 때문입니다. 일단 80% 이상 토지소유권만 확보하면 되는 일반 분양아파트보다 기준이 너무 엄격하다 보니 사업이 지연되고 이 과정에서 비용이 불어나 조합원, 투자자 부담이 늘어나게 되는 거죠.

그러나 조합원 모집을 공개적으로 투명하게 하고 조합 탈퇴 시

◆ 지역조합 아파트와 일반분양 아파트 비교

	지역조합 아파트	일반분양 아파트
사업주체	조합원	건설사 또는 부동산개발업자
조합원(입주자) 모집시기	조합 설립인가 전	사업계획승인 이후
준공(입주) 시기	불확실 *통상조합원모집부터 4년 소요	입주자모집 때 확정 *통상 3년 소요
조합원(입주자) 자격	무주택자 또는 전용면적 85㎡ 이하 주택 1채 보유한 세대주	주택보유여부 상관없음 *청약통장가입에 따라 우선순위

환불 금액과 시기를 분명히 한다거나, 사업계획승인 신청 요건을 95% 이하로 낮추는 등 제도를 개선한다고 해서 지역주택조합 피해를 막을 수 있을까요?

2016년 11월 국회는 지역주택조합 탈퇴 시 조합비 환불 근거를 담은 주택법 개정안을 통과시켰습니다. 지역주택조합 피해자를 막기 위해 진일보한 입법이라는 점에서 큰 의미가 있어요. 하지만 제도가 바뀐다고 해도 허위 과장 불법 광고는 계속될 겁니다. 행정력이 미치지 못하는 경우가 많기 때문에 소비자들이 알아서 조심할 수밖에 없는데 지역주택조합 사업자들의 달콤한 유혹에 노년층이나 주부들은 쉽게 빠져들지도 모릅니다.

이에 따라 장점에 비해 단점과 부작용이 너무 심한 지역주택조합 아파트는 일단 관심을 가지지 않는 게 상책입니다. 관심을 가지는 순간, 조합원으로 참여하는 순간 피해를 입을 확률은 급증합니다.

지역주택조합 아파트를 그래도 꼭 사야겠다고 한다면 우선 세대수가 많지 않아 토지 확보에 어려움이 없는 곳을 선택하는 게 좋습니다. 지역주택조합 사업 실패의 대부분은 토지확보 실패에서 비롯하기 때문이죠.

또 시공사도 신뢰할 수 있는 곳인지 잘 봐야 합니다. 보통 지역주택조합 사업을 보면 중하위 건설사를 '시공예정자'로 참여시켜 분위기를 띄웁니다. 시공예정자란 시공사(자)와 전혀 다른 개념입니다. 즉 시공예정자는 언제든지 바뀔 수 있고 조합원을 많이 모집하기 위해 던지는 일종의 미끼에 해당합니다. 반면 시공사는 한 번 정해지면 좀처럼 바뀌지 않습니다.

토지사용승낙서나 매입서류도 조합원으로 참여하기 전에 반드시 살펴봐야 합니다. 앞서 설명했듯이 지역주택조합 아파트를 올리기 위해서는 주택건설 예정지역의 95% 이상에 대한 소유권을 확보해야 하기 때문이죠. 이미 95% 이상 땅이 확보됐다면 이 사업은 좌초될 가능성이 거의 없습니다.

| 문기자의 부동산 팩트체크 |

특별공급의
세계

사람들은 가끔 제도를 정확히 몰라 손해를 보거나 스스로 기회를 잃는 경우가 있습니다. '행정관청에서 어련히 알아서 체크해 주겠지'하고 방심하다가 뒤늦게 후회하는 경우가 종종 있습니다. 손해를 보거나 기회를 잃지 않으려면 스스로 잘 알아보는 방법밖에 없습니다.

새 아파트 청약도 비슷합니다. 보통 평범한 사람들은 아파트 분양 때 나오는 '일반공급' 물량을 두고 다른 청약자들과 경쟁합니다. 일반공급 물량에 대한 청약에는 특별히 제한이 없어요. 1~2순위 청약통장만 갖고 있으면 됩니다. 물론 당첨은 별개 문제죠.

그런데 일반공급 전에 특별한 사람들을 대상으로 공급하는 '특별공급' 물량이 있습니다. 특별공급은 정책적 배려가 필요한 계층 중 무주택자들만 분양받을 수 있는 제도입니다. 특별한 배려 차원이다 보니 평생에 딱 한 번만 혜택을 받을 수 있습니다.

예를 들어 볼게요. 2016년 10월 서울 강동구 고덕동에 분양한 '고덕그라시움'은 조합원 물량을 제외한 전체 공급물량이 2,010가구였습니다. 하지만 일반공급 물량은 1,376가구밖에 되지 않았죠. 나머지 634가구는 특별공급 물량이었습니다.

이 아파트 일반공급 물량 평균경쟁률은 22대 1로 꽤 높았어요. 전용면적 84㎡ D타입은 31대 1로 평균경쟁률을 뛰어넘었습니다. 이 정도 경쟁률이면 당첨 시 가문의 영광이라고들 합니다. 그만큼 일반분양 경쟁에서 당첨되기는 쉽지 않습니다.

하지만 634가구에 이르는 특별공급은 사정이 다릅니다. 특별공급의 경우 외부에 경쟁률 등이 전혀 공개되지 않지만 보통 2대 10이나 3대 1 정도 되는 것으로 알려져 있죠. 일반분양 경쟁률과는 정말 비교도 되지 않습니다. 바꿔 말하면 특별공급 제도를 잘 활용하면 의외로 쉽게 내 집을 마련할 수 있다는 뜻이기도 합니다.

특별공급을 받을 수 있는 사람들

그렇다면 특별공급을 받을 수 있는 특별한 사람들은 누구일까요? 국가나 공기업에서 짓는 아파트와 민간건설사가 짓는 아파트가 조금 다르긴 하지만 국가유공자, 보훈

대상자, 참전유공자, 3자녀 이상 세대, 신혼부부, 노부모부양가구, 북한이탈주민, 철거주택 소유자 및 세입자, 행정중심복합도시(세종시)·도청이전신도시·혁신도시 등 비수도권으로 이전하는 공공기관· 종사자 등이 법에 따라 특별공급 혜택을 받을 수 있습니다. 특히 국가유공자나 장애인, 이전기관 종사자 등은 청약통장도 필요 없어요. 일반공급에 비하면 엄청난 혜택이죠.

따라서 경쟁률이 높은 단지에 청약하는 무주택자들은 자신이 특별공급 신청 대상이 되는지 먼저 꼼꼼하게 따져 볼 필요가 있어요. 제도를 몰랐다면 수백 명을 제쳐야 하지만 제도를 잘 활용하면 신청과 동시에 당첨될 수도 있습니다.

특별공급으로 일부 세종시 공무원들 대박 터져

특별공급 제도를 가장 잘 활용한 사람들은 누구일까요? 바로 세종시 공무원들입니다. 초기에 세종시 이주를 촉진하기 위해 정부에서는 전체 분양물량 중 70%를 세종시 이전 공무원 특별공급 물량으로 배정했어요. 또 분양권 전매제한도 1년밖에 하지 않았죠.

하지만 세종시 공무원에 대한 특별공급은 지나친 특혜라는 지적이 많았어요. 특히 분양권 전매제한 기간이 1년밖에 안되다 보니 이주와 정착보다 투기 목적으로 세종시 아파트를 분양받는 공무원들이 많았습니다. 행정중심복합도시건설청에 따르면 2013년 말까지 특별공급 받은 공무원 9,900명 중 3,000여 명이 입주 전에 분양계약을 취소하거나 분양권을 전매했습니다. 손해를 보고 판 공무원들도 있겠지만 상당수 공무원들이 분양권을 팔아 수천만 원~억대의 프리미엄을 챙긴 것으로 알려져 공분을 사기도 했죠. 여론이 악화되자 정부는 세종시 공무원 특별공급 비율을 50%로 낮추고 전매제한 기간도 지금은 3년으로 늘렸습니다.

앞서 특별공급은 경쟁률이 공개되지 않는다고 했습니다. 경쟁률뿐만 아니에요. 특별공급 중 기관추천 물량도 상당한데 해당 기관에서 어떤 절차를 거쳐서 추천 대상을 선정하는지 전혀 공개되지 않습니다. 특별공급제도는 투명성이 현저히 떨어진다는 뜻이죠. 아직 특별공급제도 투명성 문제가 공식적으로 제기된 적은 없지만 얼마나 투명하고 공정하게 특별공급이 이뤄지고 있는지 의문 투성이에요.

특별공급 신청은 아파트투유를 통해서 할 수 없고 반드시 견본주택(모델하우스)에 가서 필요서류를 접수해야 신청됩니다. 이렇게 직접 방문을 원칙으로 하는 이유는 담당자가 서류를 직접 확인해야 하기 때문이라고 해요. 하지만 특별공급 신청에 필요한

◆ 특별공급 자격 및 당첨자 선정방법

구분	비율		신청대상	청약자격
	국민주택 등	민영주택		
기관 추천	전체주택 건설물량의 10% 이내	전용면적 85㎡ 이하 주택건설물량의 10% 이내	국가유공자, 장애인, 공공사업 등 철거주택 소유자	청약통장 불필요
			보훈대상자, 5·18유공자, 특수임무유공자, 참전유공자, 장기복무 (제대)군인, 북한이탈주민, 납북피해자, 일본군위안부, 영구귀국과학자, 올림픽 등 입상자, 중소기업근무자, 의사상자	청약통장 가입 후 6개월 경과
다자녀	전체주택 건설물량의 10% 이내 (출산률 등 고려해 지역별로 15%까지 가능)		입주자모집공고일 현재 민법상 미성년자인 자녀 3명 이상을 둔 자	청약통장 가입 후 6개월 경과 해당세대의 월평균 소득이 전년도 도시근로자 가구당 평균소득의 120% 이하(민영주택은 제외)
노부모 부양	전체물량의 5% 이내	전체물량의 3% 이내	65세 이상 직계존속을 3년 이상 계속 부양한자	지역별로 청약통장 1순위 요건 충족 해당세대의 월평균 소득이 전년도 도시근로자 가구당 평균소득의 120% 이하(민영주택은 제외)
신혼 부부	전체물량의 15% 이내	전용면적 85㎡ 이하 주택건설물량의 10% 이내	입주자모집공고일 현재 결혼 5년 이내인 자녀가 있는 신혼부부	청약통장 가입 후 6개월 경과 해당세대의 월평균소득이 전년도 도시근로자 가구당 평균소득의 120% 이하(민영주택은 제외)
생애 최초	전체물량의 20% 이내	해당없음	입주자모집공고일 현재 세대원 전원 무주택이고 주택을 소유한 적 없는 자	청약종합저축(또는 청약저축) 가입 후 매달 약정일에 6회 (수도권은 12회) 이상 납부 혼인중이거나 자녀 1명 이상 해당세대의 월평균소득이 전년도 도시근로자 가구당 평균소득의 100% 이하

* 전체 공통 자격요건 : 무주택 세대 및 무주택 세대 구성원, 과거 특별공급 당첨된 적 없는 자

대부분의 서류는 모두 인터넷으로 발급받을 수 있습니다. 인터넷으로 신청받은 뒤 부적격 신청자를 자동으로 걸러내고 경쟁률을 투명하게 공개할 수 있다는 뜻입니다. 굳이 현장 접수를 고집하는 이유 또한 불분명합니다.

| 문기자의 부동산 팩트체크 |

주택청약종합저축
소득공제

　주택청약종합저축은 아파트에 청약하기 위한 수단이지만 동시에 월급쟁이들에겐 중요한 세테크 금융상품이기도 합니다. 연말정산 때 청약종합저축만 잘 활용해도 많은 세금을 아낄 수 있어요. 사실 저금리 시대에는 투자보다 세테크, 절세가 더 중요하다고 들 말하죠.
　청약종합저축에 가입한 월급쟁이들은 연말정산 때 소득공제 혜택을 받을 수 있습니다. 소득공제를 받을 수 있는 금융상품이 많이 사라졌지만 청약종합저축 소득공제는 남아있어요.
　소득공제를 받기 위해서는 우선 연봉이 7,000만 원을 넘으면 안 됩니다. 이 때 연봉에는 비과세소득이 빠져요. 비과세소득은 급여명세서에서 확인할 수 있습니다. 휴일근무수당, 식대, 학자금 등은 비과세소득입니다. 총급여가 7,000만 원이 넘는데 모른 채 하고 소득공제를 받았다가 적발되면 세금을 추징당하니 조심해야 합니다.

직장인에게는 으뜸 세테크 상품 중 하나

　소득공제를 받기 위해서는 '과세연도 중 주택을 소유하지 않은 세대의 세대주'여야 합니다. 근로자 본인은 무주택이라도 같이 살고 있는 배우자가 집이 있다면 소득공제 받을 수 없어요. 예를 들어 근로자 본인은 무주택자지만 2016년 5월 배우자가 아파트를 한 채 샀다면 무주택 세대였던 1~4월 청약종합저축 납부금도 소득공제를 받을 수 없습니다.
　그런데 유주택자로 소득공제를 받는 경우도 있습니다. 2009년 12월 31일 이전에 청약저축이나 청약종합저축에 가입한 이후 취득 당시 기준시가가 3억 원 이하인 주택을 샀다면 비록 현재 유주택자라고 해도 소득공제를 받을 수 있어요. 또 2009년 12월 31일 이전 청약저축이나 청약종합저축에 가입할 당시 기준시가 3억 원 이하 주택을 한 채만 소유한 세대의 세대주였다면 역시 소득공제를 받을 수 있습니다.
　소득공제 기본 조건을 갖췄다면 연말정산 전에 통장 가입은행에서 무주택확인서를 반드시 발급받아야 해요. 예를 들어 2016년 납부액에 대해서 소득공제를 받기 위해서는 2016년 12월 31일까지 무주택확인서를 받아야 합니다.

청약종합저축에는 매달 2만 원부터 50만 원까지 납부할 수 있어요. 단, 예치금이 1,500만 원이 되기 전까지는 그 이상 입금하는 것도 가능합니다. 하지만 입금한다고 전부 소득공제를 받을 수 있는 건 아니에요. 한도가 있습니다.

현재 규정상 소득공제 한도는 연간 최대 납부액의 40%로 96만 원까지 가능합니다. 따라서 연 240만 원, 월 20만 원 넘게 납부할 경우 초과금액에 대해서는 소득공제를 받을 수 없습니다. 예를 들어 매달 30만 원씩 청약종합저축에 납부했다면 연간 납부액은 360만 원입니다. 40%를 적용해 144만 원 소득공제 되는 것이 아니에요. 한도가 96만 원이기 때문에 96만 원까지만 소득공제 되는 겁니다.

소득공제는 연말정산 시 과세표준을 산출할 때 과세표준에서 빼주는 작업입니다. 예를 들어 위 사례의 근로자 과세표준이 5,000만 원이라고 한다면 5,000만 원에서 96만 원을 빼주는 겁니다. 과세표준이 4,600만 원 초과~8,800만 원 이하인 경우 세율은 24%입니다. 따라서 이 경우 '96만 원×24%=23만 원'의 세금 감면 효과가 발생합니다.

◆ 주택청약종합저축 소득공제 개요

구분	내용
대상자	총급여액 7,000만 원 이하 근로자인 무주택 세대주
	2014년 12월 31일까지 청약종합저축에 가입한 자는 총급여가 7,000만 원을 초과해도 2017년 12월 31일까지 납부한 금액에 대해서는 기존한도(최대 120만 원의 40%)로 소득공제
공제한도	연간 납부액(최대 240만 원 한도)의 40%로 최대 96만 원
필요서류	주민등록등본, 무주택확인서
추징대상	가입 후 5년 내 해지하는 경우
	전용면적 85㎡ 초과주택에 당첨된 경우
추징금액	납입금액(한도 240만 원)의 6%

세법이 중간에 바뀌는 바람에 지금은 연봉 7,000만 원 이하인 무주택 세대주만 96만 원까지 소득공제 받을 수 있지만 2015년 1월 1일 이전에 청약저축이나 주택청약종합저축에 가입한 연봉 7,000만 원 초과 근로자도 2017년 납부액까지는 연간 납부액

120만 원의 40%인 48만 원까지 소득공제를 받을 수 있어요.

소득공제까지 받았다고 덜컥 청약통장을 해지해서는 안됩니다. 자칫 소득공제 받아 덜 냈던 세금을 추징당할 수 있기 때문이죠. 현행 세법상 추징사유는 가입 후 5년 이내 해지하는 경우, 전용면적 85㎡인 국민주택규모 초과 주택에 당첨되는 경우 두 가지입니다.

추징세액은 연간 납부액(최대 240만 원)의 6%예요. 즉 매달 20만 원씩 납부해서 소득공제를 받았던 무주택자가 주택청약종합저축 가입 후 5년이 지난 시점에 덜컥 전용면적 113㎡ 아파트에 당첨됐다면 5년간 납부한 금액 중 6%를 추징당하게 됩니다. 이 경우 240만 원×5년×6%를 적용해 추징세액은 72만 원입니다. 연간 300만 원씩 납부했어도 추징세액 산출을 위한 연간 납부액 한도는 240만 원이기 때문에 240만 원에 대해서만 세금을 추징합니다.

다만 추징사유가 발생해도 저축자가 사망하거나 해외이주를 해서 어쩔 수 없는 상황이라면 세무당국은 따로 추징하지 않아요. 또 전용면적 85㎡ 이하 주택에 청약해 당첨된 경우에도 추징하지 않습니다. 해지 전 6개월 안에 천재지변이 발생했거나 저축자가 퇴직한 경우도 추징 예외 사유에 해당합니다.

청약종합저축 소득공제는 근로자 본인 명의로 가입해야 받을 수 있어요. 배우자가 가입한 경우에는 비록 저축 재원이 근로자 본인이라고 해도 받을 수 없습니다. 또 1월에 가입해 잘 납부하다가 5월에 해지했다면 5개월분에 대해서 소득공제를 받을 수 없어요. 다만 주택당첨이나 만기 등의 사유로 해지했다면 5개월분에 대해서도 소득공제를 받을 수 있습니다.

| 문기자의 부동산 팩트체크 |

청약가점제와 추첨제

아파트투유를 통해 민간건설사들이 분양하는 전용면적 85㎡ 이하 아파트에 청약하는 경우 주택소유여부와 무주택기간, 부양가족수를 입력해야 합니다. 그리고 당첨자 발표를 발표할 때 금융결제원은 주택유형별로 최저, 최고, 평균 청약가점을 공개합니다.

예를 들어 2016년 10월 12일 당첨자를 발표한 '마포한강 아이파크'를 볼까요? 이 아파트 전용면적 59㎡A형 당첨자의 최저 가점은 61점이고 최고 가점은 69점입니다. 평균가점은 64.17점으로 집계됐어요. 전용면적 84㎡A형의 경우 당첨자 가점은 최저 64점, 최고 76점 평균 67.07점이었죠.

여기서 말하는 가점이란 민간분양 아파트 청약 때 1순위 안에서 경쟁이 있을 경우 당첨자를 가릴 때 사용되는 점수예요. 2007년 도입된 제도로 무주택기간, 부양가족수, 청약통장 가입기간 등을 점수화해서 다득점자에게 당첨 기회가 돌아가는 구조입니다.

가점의 만점은 84점으로 무주택기간 최고 32점, 부양가족수 최고 35점, 청약통장 가입기간 최고 17점 등입니다. 한 청약자가 무주택기간이 15년이고 부양가족이 6명, 청약통장에 가입한 기간이 15년이라면 84점 만점을 받게 됩니다.

가점제가 모든 아파트에 다 적용되는 건 아닙니다. 가점제가 적용되는 아파트는 민간건설사가 공급하는 전용면적 85㎡ 이하의 아파트예요. 그것도 100% 모두 가점제가 적용되는 게 아니라 최대 40%만 가점제로 당첨자를 뽑고 나머지 60%는 추첨으로 당

◆ 가점항목

	인정범위	만점
무주택기간	1년 미만~15년 이상	32점
부양가족수	0~6명	35점
청약통장 가입기간	6개월 미만~15년 이상	17점

출처 : 주택공급에 관한 규칙

첨자를 뽑습니다. 시도지사는 가점제로 당첨자를 뽑는 비율을 40% 이하로 가져갈 수 있어요.

◆ 아파트 당첨자 선정과 가점제 추첨제

청약 순위	주택종류	선정방법	
1순위	국민주택 등	순차별 공급	
		순차기준은 무주택기간, 납입횟수, 납입총액 등임	
	민영주택 및 민간건설중형국민주택	85㎡ 이하	가점 40% 이하 + 추첨 60% 이상
			수도권에 지정된 공공주택지구 중 그린벨트 해제면적이 50% 이상인 경우 100% 가점
		85㎡ 초과	100% 추첨
			수도권에 지정된 공공주택지구 중 그린벨트 해제면적이 50% 이상인 경우 50% 가점, 50% 추첨
2순위	모든 주택유형 추첨		

출처 : 주택공급에 관한 규칙

높은 가점을 위한 무주택기간과 청약통장 가입기간은 기나긴 기다림의 산물

마포한강 아이파크 사례를 다시 살펴볼게요. 이 아파트 모집공고를 보면 전용면적 85㎡ 이하의 가점제 비율은 40%입니다. 전용면적 59㎡A의 경우 30가구 모집에 1순위 당해지역 청약에만 3,678명이 몰렸죠. 따라서 30가구의 40%인 12가구는 청약가점 점수가 높은 청약자가 당첨자로 결정됩니다. 이 12명의 가점을 살펴봤더니 최저 61점~최고 69점이고 평균 64.17점으로 나왔다는 뜻이죠.

그렇다면 30가구의 60%인 18가구는 어떻게 당첨자를 뽑을까요? 간단합니다. 컴퓨터를 이용해 추첨으로 뽑아요. 가점이 인내와 노력의 산물이라면 추첨은 운입니다. 이때 추첨경쟁률은 얼마나 되는 걸까요? 30가구 모집에 3,678명이 몰렸으니 경쟁률은 122.6대 1인데 실제로 이 경쟁률은 모든 청약자들이 단 1점이라도 가점을 보유하고 있기 때문에 가점제 경쟁률이라고 봐야 합니다. 따라서 추첨경쟁률은 3,687명에서 가점제 당첨자 12명을 뺀 3,666명 중 18가구를 뽑는 것으로 계산해야 해요. 이렇게 계산하면 추첨경쟁률은 203.6대 1로 치솟습니다. 아무리 노력을 해도 높은 가점을 얻기 힘들고, 가점이 모자란다고 해도 추첨경쟁률은 가점 경쟁률보다 높아서 인기지역 아파트 당첨은 결코 쉬운 일이 아닙니다.

높은 가점을 받기 위해서는 무주택기간이 길어야 하고 부양가족수는 많아야 하며 청약통장 가입기간도 길어야 합니다. 무주택기간과 청약통장 가입기간은 기다림의 산물이죠.

항목별로 조금 더 자세히 살펴볼까요? 우선 무주택기간에서 점수를 받기 위해서는 세대원 전원이 무주택자여야 합니다. 입주자모집공고일 현재 세대별 주민등록등본 상에 등재된 청약자를 포함한 세대원(배우자, 직계존비속) 전원이 무주택이어야 해요. 배우자분리세대(배우자와 청약자가 주민등록이 나눠져 있는 경우)라면 배우자나 그 배우자와 동일한 세대를 이루는 세대원도 집이 없어야 합니다. 만약 청약자 본인이나 세대원이 유주택자라면 과거에는 5~10점 감점됐지만 2015년 2월 27일부터 감점은 폐지됐어요. 그냥 0점 처리됩니다. 만 30세 미만인 미혼의 무주택자도 무주택기간 가점은 단 1점도 받지 못해요. 이 말은 무주택기간 산정 기준 나이가 만 30세라는 뜻입니다. 현재 나이가 만 45세인 무주택자의 무주택기간은 45년이 아니라 15년이 되는 겁니다.

집을 갖고 있어도 무주택자로 취급하는 경우도 있습니다. 입주자모집공고일 현재 전용면적 60㎡ 이하의 주택으로서 수도권은 주택가격이 1억 3,000만 원 이하인 주택, 수도권 외 지역은 주택가격이 8,000만 원 이하인 주택(이하 '소형·저가 주택') 1채를 청약자나 배우자가 보유하고 있다면 적어도 무주택기간에 따른 가점 계산에서는 무주택자로 취급합니다.

부양가족수는 입주자모집공고일 현재 청약자 본인을 제외한 세대원수를 말합니다. 배우자는 기본적으로 포함되고 세대주인 청약자와 3년 이상 동일 주민등록에 등재된 직계존속도 세대원수에 포함됩니다. 동일주민등록등본에 등재된 만 30세 미만의 미혼자녀나 1년 이상 동일 주민등록등본에 등재된 만 30세 이상 미혼자녀도 세대원에 들어가죠. 직계비속 중 손자나 손녀는 부모가 모두 사망했고 미혼이라면 세대원에 포함됩니다.

청약통장 가입기간 점수는 아파트투유에서 입주자모집공고일을 기준으로 자동 계산됩니다. 청약통장의 종류, 지역이전, 금액, 가입자 명의변경 등의 경우도 최초 가입을 기준으로 가입기간을 산정하고 있습니다.

그렇다면 전용면적 85㎡가 넘는 중대형 아파트는 당첨자를 어떻게 뽑을까요? 중대형 아파트 당첨자는 100% 추첨으로 합니다. 중대형 아파트는 가점제를 적용하지 않아요. 다만 그린벨트 해제면적이 50%가 넘는 수도권 공공택지지구 민간분양 아파트라면 전용면적 85㎡가 넘어도 50%는 가점제로 당첨자를 뽑고 있어요.

당초 정부는 2017년부터 가점제 비율을 지방자치단체 자율에 맡기기로 했습니다. 지금은 전용면적 85㎡ 이하 아파트라면 적어도 40%는 가점제로 당첨자를 뽑아야 하지만 지방자치단체장이 이 비율을 80%까지 올릴 수도 있고 반면 10%로 낮출 수도 있다는 뜻입니다. 당첨자 중 가점제 비중을 높게 가져가게 되면 투기를 막는 데 효과는 있겠지만 분양시장이 식으면서 주택 시장 전체에 찬바람을 일으킬 수 있습니다. 반대로 가점제 비율을 최소화할 경우 무주택자들에게 불리합니다. 이에 따라 정부는 2016년 11월 3일 부동산대책을 발표하면서 지자체 자율에 맡기기로 했던 방안을 철회했습니다.

| 문기자의 부동산 팩트체크 |

예비당첨, 선착순 그리고 재당첨제한

아파트에 청약하면 며칠 후 당첨자를 발표합니다. 경쟁이 치열한 단지인데 당첨되면 날아갈 듯 기쁘지만 반대의 경우 기분이 아주 우울해지죠. 그런데 당첨자 명단에는 없는데 예비당첨자 명단에서 이름을 발견하는 경우가 종종 있습니다. 예비당첨자라고 하니 대학입시 때 예비합격자가 떠오릅니다. 개념적으로 아주 비슷해요.

아주 인기 있는 단지가 아니라면 1, 2순위와 예비당첨자까지 계약을 받아도 100% 계약이 완료되는 경우는 흔치 않습니다. 일주일 만에 다 팔리는 단지도 있지만 보통 완판까지는 3~6개월 정도 걸리죠. 이렇게 미분양, 미계약분이 발생하면 시행사, 시공사는 회사보유분 또는 잔여세대라는 표현을 사용하며 마케팅 활동을 합니다. 선착순 동·호수 계약이라는 문구도 등장합니다. 과거 청약통장이 3순위까지 있을 때 이렇게 계약하는 경우 4순위라는 표현도 사용했죠.

예비당첨자와 선착순 계약자는 얼핏 비슷해 보이지만 전혀 다른 대우를 받습니다. 우선 예비당첨자는 당첨자 발표와 동시에 발표됩니다. 보통 당첨자수의 20%를 예비당첨자로 선정해 발표하죠. 예비당첨자 선정은 랜덤이에요. 추첨으로 뽑는다는 뜻입니다.

반면 선착순계약은 예비당첨자까지 다 계약했지만 남는 물량이 발생할 경우 차례가 돌아옵니다. 선착순계약 명단에 이름을 올리기 위해서는 견본주택에 방문해 신청서 양식에 맞춰 미리 제출해야 해요. 사업자는 예비당첨자까지 계약했지만 완판되지 않은 경우 선착순계약 신청자들에게 순서대로 전화를 걸죠.

미계약분이 발생하거나 부적격 당첨자가 발생해 잔여 물량이 발생하면 우선 예비당첨자에게 기회가 돌아갑니다. 이 때 예비당첨자가 동·호수 추첨에 참여하게 되면 이 순간 당첨자와 같은 지위로 바뀝니다. 당첨자 지위가 되면 청약통장 재사용이 불가능해져요. 재당첨 제한은 뒤에서 다시 살펴보겠지만 재당첨 제한이 없다고 해도 청약통장 재사용이 불가능하기 때문에 주택청약종합저축에 다시 가입한 후 수도권은 1년, 지방은 6개월을 납부해야 1순위 자격을 다시 얻게 됩니다. 다만 일반 당첨자와 달리 예비당첨자는 동·호수 추첨에 참여하지 않으면 청약통장을 다시 사용할 수 있습니다. 1순위 자격을 잃지 않는 겁니다.

　반면 선착순계약자는 청약통장 사용 제한을 받지 않아요. 당첨자나 예비당첨자들과 달리 남아있는 동·호수를 지정해서 계약할 수 있는 유리한 권리를 갖지만 선착순계약자는 청약통장을 사용한 것으로 치지 않습니다. 따라서 1순위 청약통장은 계속 유효하죠.

　일단 아파트에 당첨되거나 예비당첨자로 선정돼 동·호수 추첨에 참여했다면 재당첨제한 규제를 받습니다. 우선 가장 일반적인 경우부터 볼까요? A라는 사람이 현대건설에서 분양하는 민간아파트에 청약해 당첨됐다면 A는 재당첨제한을 받지 않아요. 즉 곧바로 다른 민간분양 아파트에 청약해서 또 당첨될 수 있다는 뜻입니다. 규정상 민영주택은 투기과열지구에 공급하는 아파트에 당첨되는 경우에만 재당첨제한 규제가 적용되는데 현재 투기과열지구로 지정된 곳이 없기 때문이죠. 다만 2016년 11월 3일 정부가 서울 전 지역과 경기도 과천, 성남, 하남 등 일부지역, 부산 해운대구 등 5개구, 세종시 등을 '조정대상지역'으로 지정해 이 지역에서 민간아파트에 당첨됐다고 해도 재당첨 제한을 받게 됩니다.

◆ 국민주택 등 당첨자의 재당첨제한 기간

주택규모	수도권 내 과밀억제권역	그 외의 지역
전용면적 85㎡ 이하	당첨일로부터 5년간	당첨일로부터 3년간
전용면적 85㎡ 초과	당첨일로부터 3년간	당첨일로부터 1년간

◆ 재당첨제한의 예시

국민주택에 당첨된 후 재당첨 기간 내에 국민주택에 다시 당첨되는 경우: 재당첨 제한 받음
민영주택에 당첨된 후 재당첨 기간 내에 국민주택에 다시 당첨되는 경우: 재당첨 제한 받음
국민주택에 당첨된 후 재당첨 기간 내에 민영주택에 다시 당첨되는 경우: 재당첨 제한 없음 1)
민영주택에 당첨된 후 재당첨 기간 내에 민영주택에 다시 당첨되는 경우: 재당첨 제한 없음 2)

1), 2)의 경우에도 서울 전 지역과 과천, 성남, 하남, 고양, 동탄2신도시, 남양주, 부산 해운대구, 연제구, 동래구, 남구, 수영구 및 세종시 등 2016년 11월 3일 정부가 발표한 조정대상지역에서 당첨된 경우 재당첨 제한 받음

출처 : 금융결제원 홈페이지, 국토교통부 11·3부동산 대책 발표자료

민영주택 당첨 후 민영주택 청약은 제한이 없지만 국가나 지방자치단체가 공급하는 국민주택이나 분양가상한제 적용주택, 분양전환 임대주택 등에 당첨된 경우에는 다음 청약 당첨에 많은 제한을 받습니다.

예를 들어 볼까요? B 씨는 2016년 6월 호반건설이 경기도 하남시 하남미사지구 C2 블록에 공급한 미사강변 호반써밋플레이스 전용면적 99㎡(85㎡ 초과)에 당첨됐습니다. 이 아파트는 수도권과밀억제권에서 공급되고 분양가상한제를 적용받았습니다. 따라서 규정상 B 씨는 3년간 다른 분양전환임대주택이나 국민주택, 투기과열지구나 조정대상지역에 공급되는 민간분양주택 등의 당첨자로 선정될 수 없어요.

또 2016년 11월 3일 도입된 조정대상지역 제도에 따라 본인이나 세대원 중 한 명이라도 서울의 민간아파트에 당첨된 적이 있다면 조정대상지역 민간아파트는 물론 국민주택 등에 청약할 수 있는 기회에 제한을 받게 됩니다. 청약경쟁 과열을 막고 무주택자에게 보다 많은 청약 당첨 기회를 부여하기 위한 조치라고 하지만 분양시장 열기가 꺾이지 않을까 우려하는 목소리도 들립니다.

물론 재당첨제한을 전혀 받지 않는 주택도 있습니다. 도시형생활주택이나 지역조합주택이 대표적이죠. 도시형생활주택이나 지역조합주택을 최초로 공급받더라도 재당첨제한은 전혀 받지 않아요. 따라서 도시형생활주택을 분양받은 후 곧바로 다른 아파트에 청약해 당첨자로 선정될 수 있습니다.

그런데 여기서 한 가지 주의할 점이 있습니다. 재당첨 제한을 받지 않는 것과 청약통장 재사용을 헷갈리면 안됩니다. 일단 청약통장을 사용하는 어떤 주택이든 일단 당첨되면 청약통장 효력은 상실됩니다. 청약통장을 사용하지 않는 지역주택조합이나 도시형생활주택은 물론 여기서도 예외죠. 따라서 B 씨는 곧바로 서울에 분양하는 단지에 청약할 수는 있지만 과거에 사용하던 청약통장은 사용할 수 없기 때문에 새로 가입해야 해서 2순위 자격밖에 안됩니다. 1순위 자격을 갖추기 위해서는 다시 1년간 열심히 월납입금을 통장에 넣어야 해요. 따라서 다른 아파트 청약을 노린다면 B 씨는 기존 청약통장을 해지하고 새로 가입해야 합니다.

PART 5

꼬마빌딩 한 채 갖기 : 수익형 부동산 투자법

REAL·ESTATE·INVESTMENT

오피스텔 투자, 아직 늦지 않았다

저금리 상황이 생각보다 오래 지속되고 있습니다. 한국은행 기준금리는 여전히 1%대에 머물러 있고 은행에 1년 동안 1억을 맡겨봐야 세금을 떼고 나면 이자는 100만 원 남짓에 불과해요. 마땅한 벌이가 없는 은퇴세대들은 더 이상 은행에 돈을 넣어두고 이자만으로 생활한다는 것이 사실상 불가능한 일입니다. 금리가 5%만 돼도 괜찮을 텐데 말이죠. 최근 국내외 경기와 경제여건을 보면 고금리 시대는 당분간 오지 않을 것 같습니다.

이자만 받아서는 답이 안 나오다 보니 특히 은퇴세대들이 가장 많이 관심을 가지는 투자 상품이 오피스텔입니다. 오피스텔은 누가 뭐라 해도 현재 대한민국에서 가장 인기 있는 수익형 부동산 상품이라고 말할 수 있습니다.

오피스텔은 엄밀히 말해서 주거용 부동산이 아닙니다. 하지만 현실에서는 일부 사무실로 사용되는 오피스텔을 제외하면 대부분 주거용으로 사용되고 있죠. 정부에서도 법과 현실의 괴리를 인정하고 오피스텔을 '준주거 시설'로 분류하고 있습니다.

그렇다고 아파트처럼 완전 주거시설은 아니기 때문에 오피스텔은 발코니가 없고 바닥난방도 제한적으로 허용됩니다. 중개수수료도 아파트보다 비쌉니다. 하지만 분양받기 위해 청약통장이 필요 없고 분양권 전매제한도 따로 없다는 점은 아파트보다 유리합니다. 물론 아무리 좋아도 오피스텔은 아파트처럼 많은 프리미엄을 기대하기는 어렵습니다.

오피스텔은 대부분 지하철역이나 중심업무지구와 가까워요. 대부분 1~2명이 거주하기에 적당한 1~2룸 형태로 공급되죠. 이 때문에 혼자 또는 둘이 사는 학생과 직장인들이 오피스텔 거주를 선호합니다. 앞서 살펴본 것처럼 만혼, 비혼 풍조가 나날이 심화돼 1인 가구가 계속 늘어날 것으로 보여 오피스텔 수요는 당분간 계속 늘어날 뿐 줄지는 않을 것으로 보입니다.

입지와 비용, 추후 공급량 등
세심하게 따져야

—

오피스텔을 분양받거나 매입해 월세를 잘 받으려면 무엇보다 입지가 중요합니다. 오피스텔 거주자들은 대부분 젊은 20~30대 싱글족이 많기 때문에 지하철이 가깝거나 버스 노선이 많은 곳이 절대적으로 유리합니다.

교통망이 좋다고 해도 주차장이 부족하면 공실 리스크가 올라갑니다. 20~30대도 자가용 차량을 보유한 경우가 많기 때문이죠. 따라서 월세가 잘 나오는 오피스텔을 고르기 위해서는 가구당 1대의 주차공간이 확보되는지 살펴봐야 합니다. 지방자치단체마다 차이는 있지만 일반적으로 전용면적 $30m^2$ 이하는 가구당 0.5대, $60m^2$ 이하는 0.8대의 주차장을 확보하면 됩니다. 규정이 '가구당 1대'가 안되다 보니 충분한 주차 공간을 갖춘 오피스텔은 분양가가 상대적으로 높지만 임차인 유치가 한결 수월해 투자자들에게 인기가 있습니다.

교통이 좋고 주차장이 잘 갖춰졌다고 해서 수익률이 올라가는 건 아닙니다. 무엇보다 배후수요가 풍부해야 합니다. 즉 인근에 학교나 직장이 있어야 오피스텔 임차인을 구하기 쉽고 공실 발생 가능성이 낮아 더 많은 월세를 받을 수 있다는 뜻이죠. 남학생보다 여학생들이(혹은 여학생의 부모님들이) 비교적 안전한 오피스텔을 선호한다는 점도 오피스텔을 고를 때 참고사항입니다.

아무리 배후수요가 풍족해도 공급물량이 많으면 월세는 떨어지고 높은 임대수익률을 기대하기 어렵습니다. 대표적인 곳이 서울 마곡지구죠. 기업들이 들어오기도 전에 수많은 오피스텔이 공급돼 이곳 오피스텔에는 빈 방이 많아요. 그나마 채워진 곳도 임대료가 다른 지역보다 저렴해 임대수익률은 연 3% 안팎인 것으로 알려져 있습니다. 연 3% 수익도 은행 이자보다는 많지만 오피스텔 월세를 받아 생활하려는 은퇴세대로서는 실망스러운 수익률입니다. 법조타운이 들어서는 서울 문정동 도시개발지구 역시 오피스텔 공급

◆ 오피스텔 임대수익률 추이

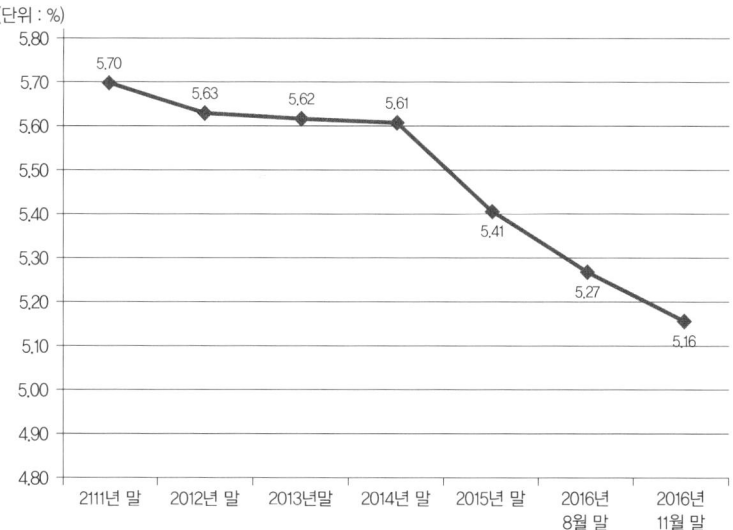

출처 : KB국민은행

과잉으로 임대료가 낮아 임차인은 유리하지만 임대인은 깊은 한숨만 내쉬는 상황이죠.

일각에서는 전국적으로 오피스텔이 과잉 공급돼 더 이상 매력적인 투자 상품이 아니라는 주장도 제기되고 있습니다. 실제로 2015년 이전에는 한 해 평균 3~4만 실이었던 오피스텔 분양물량은 2015년에 이어 2016년에도 6만 실을 넘었어요. 공급과잉 얘기가 나올 법도 한 상황이죠.

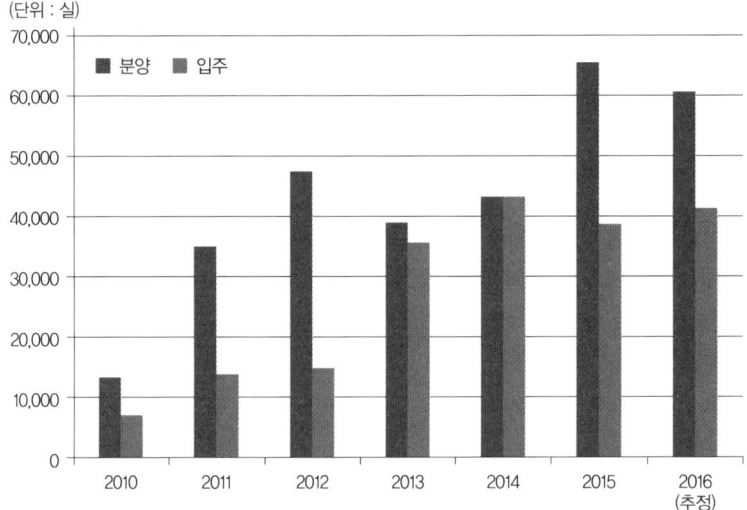

◆ 오피스텔 입주 분양물량 추이

출처 : 부동산114

하지만 오피스텔은 아파트처럼 긴 통근이나 통학거리를 허용하는 부동산이 아니라는 점에 주목해야 합니다. 전체적인 통계보다 지역별로 세분화된 자료를 살펴봐야 한다는 뜻이죠. 마곡 오피스텔 투자를 검토하면서 대체관계가 거의 없는 강남 오피스텔 공급량이나 수익률을 따져보는 건 큰 의미가 없습니다.

전체적인 임대수익률도 아직 나쁘다고 보기 어려워요. KB국민은행이 오피스텔 수익률을 매달 발표하는데, 이 자료를 보면 2016년 11월 말 현재 연 5.16%로 1%대인 은행 1년 정기예금금리보다 3배 이상 높습니다. 과거와 같이 7~8% 수익을 안겨주지는 않지만 그래도 꽤 괜찮은 투자상품이라고 볼 수 있습니다.

걷기 좋은 상권 상가에 투자하면
시세차익은 덤

상가는 오피스텔과 함께 대표적인 수익형 부동산 투자 상품으로 꼽힙니다. 게다가 시세 변동이 거의 없는 오피스텔과 달리 상가는 상권의 흥망성쇠에 따라 시세 등락도 큰 편에 속합니다. 즉 상가 투자는 임대수익 외에 자본수익까지 기대할 수 있다는 뜻이죠. 그래서 보통 상가 투자수익률은 임대수익률과 자본수익률을 더해서 구합니다. 시세변동이 거의 없어 자본수익률은 따지지 않는 오피스텔과 큰 차이점입니다.

같은 수익형 부동산이지만 오피스텔과 상가는 투자금의 규모에도 차이가 커요. 보통 원룸 형태의 오피스텔은 아무리 비싸도 3억 원을 넘지 않습니다. 1~2억 원대 오피스텔이 대부분이죠. 반면 상가 투자금 규모는 보통 2~3억 원이 넘습니다. 신도시에 대규모로 조성되는 1층 스트리트 상가나 테라스를 갖춘 상가는 투자금 규모가 10억 원 안팎에 형성되는 경우가 많죠. 물론 은행 대출을 받기 때문에 실제 투자금 규모는 이보다 적을 수 있습니다.

구조나 형태에 따라 다양한 종류

상가도 종류가 아주 다양합니다. 우선 규모에 따라 4~5층짜리 건물을 통째로 상가로 활용하는 중대형 상가가 있고 2층 이하의 소규모 상가, 그리고 집합상가가 있습니다. 중대형 상가나 소규모 상가는 건물주 한 명이 다양한 업종의 상가 임차인을 유치해 임대료를 받는 구조이지만 집합상가는 하나의 사업자가 각 상가를 쪼개 분양하면 각각의 상가마다 임대인이 따로 있고 이 임대인들이 자기 책임 아래 임차인을 구하게 됩니다. 집합상가가 일반적으로 투자 대상이 되는 상가에 속한다고 볼 수 있겠죠. 물론 자금 여유가 있다면 중대형 상가나 소규모 상가 건물을 통째로 사는 것도 가능합니다.

상가의 구조나 형태에 따른 분류도 알아둘 필요가 있어요. 가장 고전적인 것은 '박스형 상가'입니다. 지나가다 길에 보이는 대부분의 상가는 직사각형이나 정사각형 형태의 박스 구조예요. 이런 박스형 상가를 위로 계속 쌓아올리면 흔히 보이는 상가건물, 상가빌딩이 됩니다.

하지만 최근 트렌드는, 특히 신도시를 중심으로 형성되는 상가는 박스형 상가를 높게 쌓아올리는 게 아니라 옆으로 길게 늘어뜨리는 '스트리트형 상가'로 조성되고 있습니다. 대표적인 것이 판교에 있는 '아브뉴프랑'이죠. 코엑스는 이 같은 스트리트형 상가를 실외가 아니라 실내로 들여온 것이 특징입니다. 최근 서울 곳곳에서 골목길 상권이 뜨는 이유도 다양한 상가가 길을 따라 양옆으로 들어서 볼거리와 재미를 선사하기 때문입니다.

요즘 생겨나고 있는 스트리트형 상가는 유럽에서 흔히 볼 수 있는 '테라스형 상가'로 진화하고 있습니다. 테라스를 갖춘 상가는 가게 앞에 테이블을 놓고 고객을 받을 수 있는데 실내보다 테라스를 선호하는 고객들에게 인기 만점이죠. 날씨 좋은 날 테라스에서 커피 한 잔 하면서 여유로운 시간을 보내는 젊은층이 늘어나고 있습니다.

최근 상가 투자 흐름은 크게 두 가지로 나뉩니다. 우선 투자자들에게 가장 인기 있는 상가는 위례신도시, 동탄2신도시, 세종시 등 신도시에 들어서고 있는 분양형 상가예요. 투자금액은 보통 5~10억 원 수준입니다. 임대수익률은 천차만별이지만 새로 조성되는 상권·상가이다 보니 아직 수익률은 높지 않아요. 특히 세종시의 경우 한꺼번에 상가가 우후죽순으로 들어서다 보니 빈 상가가 많습니다. 신도시 상가 투자는 초기에 공실 리스크가 크다는 점을 반드시 유의해야 합니다.

건설사나 부동산 디벨로퍼들이 공급하는 신도시 상가는 다시 세 가지 유형으로 구분됩니다. 100% 일반인들에게 분양하는 경우가 가장 일반적입니다. 절반 가량은 분양하고 나머지 절반은 건설사나 디벨로퍼가 직접 보유하면서 임차인을 유치하는 경우도 종종 있죠. 최근에는 건설사나 디벨로퍼가 상가 전체를 보유하고 직접 임대인 입장에서 상가를 관리하고 임차인을 구하는 경우도 하나 둘 생겨나고 있습니다. 뭐가 좋다 나쁘다 단정 짓기는 어렵지만 투자자 입장에서는 100% 분양되는 상가보다 절반 정도만 분양되는 상가가 유리할 수 있어요. 100% 분양되면 업종이 겹치고 관리도 잘 안돼 상가가 금세 슬럼화되는 경우가 많기 때문입니다.

반면 건설사나 디벨로퍼가 절반 정도 직접 임대하면 업종 등 상가 관리가 비교적 잘 됩니다. 대중에게 인기 있는 브랜드나 상품, 이벤트 유치에도 이런 상가가 더 유리합니다. 최근 젊은 디벨로퍼들 중에는 톡톡튀고 개성 있는 F&B(식음료) 브랜드를 직접 개발하거나 발굴해 자신들이 보유한 상가에 들여놓는 경우도 있습니다.

떠오르는 상가들

신도시 분양형 상가는 아직 검증되지 않은 상권이라는 점에서 리스크가 있지만 최근 가장 확실하게 검증된 상권도 있습니다. 바로 서울 곳곳에 형성되고 있는 골목길 상권이죠. 신사동 가로수길과 세로수길은 이런 골목길 상권의 조상격입니다. 홍대역 인근 연남동숲길(연트럴파크), 상수동 카페거리, 성수동 수제화거리, 이태원 경리단길, 한남동 독서당길 등은 요즘 20~30대 사이에서 가장 인기 있는 상권으로 꼽힙니다. 이런 골목길 상권에는 명동, 강남역, 신촌 등 기존에 형성된 거대 상권에서 찾아볼 수 없는 개성 만점의 상가가 길을 따라 골목골목 들어서 있습니다. 골목은 어린시절 옛 추억을 떠올리게 만들고 복합쇼핑몰, 초대형 상가 등에서 느낄 수 없는 감성을 자극합니다.

◆ 최근 가장 핫한 골목길 상권

상권	골목길
홍대, 합정	연남동 숲길, 당인리발전소길, 상수동 카페거리, 서교동 카페거리
이태원	경리단길, 꼼데가르송길, 장진우골목
한남동	독서당길
성수동	아틀리에길, 수제화거리
신사동	가로수길, 세로수길
종로	서촌마을

하루종일 사람들 발길이 끊이지 않는 상권에 투자하려면 신도시 상가보다 규모가 작아도 더 많은 투자금이 필요합니다. 따라서 임차인으로부터 더 많은 임대료를 받아야 수익을 낼 수 있겠죠. 임대인들은 더 많은 수익을 얻기 위해서 임대료를 올리고 임차인들은 가격에 충분히 반영하지 못하다 보니 매출은 많지만 이익을 내지 못해 결국 자신들이 일군 상권에서 이탈하는 경우가 발생합니다.

이런 현상을 젠트리피케이션(gentrification)이라고 하죠. 젠트리피케이션으로 기존 상인들이 쫓겨난 상권에는 대형 프랜차이즈가 들어섭니다. 전문가들은 대형 프랜차이즈가 들어서는 것을 상권 붕괴, 상권 파괴의 신호탄으로 해석합니다. 즉 대형 프랜차이즈가 하나 둘 점령하기 시작한 골목길 상권에 뒤늦게 뛰어들 경우 원하는 만큼 수익을 거두기 어려울 수 있다는 뜻입니다.

3. 샐러리맨들의 꿈, 꼬마빌딩 한 채 갖기

요즘 샐러리맨이나 월급쟁이들에게 꿈이 뭐냐고 물어보면 '건물주'라는 답이 자주 돌아옵니다. 빌딩 하나 사서 임대료 받으며 사는 게 꿈이라고 답하는 평범한 사람들이 많다는 뜻이죠. 지금 대한민국은 임대사업자가 꿈인 나라라고 해도 무방할 정도입니다.

사실 얼마 전까지만 해도 사람들은 건물주라면 수십~수백억 원대의 자산가들만 될 수 있다고 믿었습니다. 상가건물, 빌딩 거래를 해 본 사람도 별로 없고 정보도 부족했기 때문이죠. 쉽게 말해서 아는 사람들끼리만 정보를 공유하고 돈을 버는 시장이었다는 얘기에요. 하지만 1%대 저금리 상황이 지속되고 정보는 갈수록 개방되고 공유되고 있습니다. 가깝게 지내는 친구나 직장 동료 중에서도 건물주가 나오는 시대가 됐어요. 부자가 아니라 평범한 사람들이 건물주가 되어 임대소득을 얻고 시세차익까지 거두는 사례가 자주 목격됩니다.

해마다 증가하는 꼬마빌딩 거래

평범한 사람들이 건물주가 되기 시작하면서 '꼬마빌딩'이 각광받기 시작했습니다. 정확한 정의가 있는 건 아니지만 보통 5층 이하, 50억 원 안팎의 상가건물을 최근 부동산 시장에서는 꼬마빌딩이라고 불러요. 수백억 원 하는 고층의 빌딩과 구분하기 위해 '꼬마'라는 귀여운 수식어가 붙은 것 같습니다.

꼬마빌딩 거래는 해마다 크게 증가하고 있습니다. 빌딩 거래를 중개하는 리얼티코리아에 따르면 서울시내 500억 원 미만 중소형 빌딩 거래는 2013년 522건·2조 7,100억 원에서 2015년 1,036건·5조 5,300억 원으로 불과 2년 만에 두 배나 급증했어요. 특히 2015년의 경우 50억 원 미만의 꼬마빌딩 거래는 1,036건 중 717건으로 70%나 됩니다. 중소형 빌딩 거래 10건 중 7건이 꼬마빌딩이었던 셈이죠.

◆ 중소형빌딩 거래량 추이(500억 원 미만)

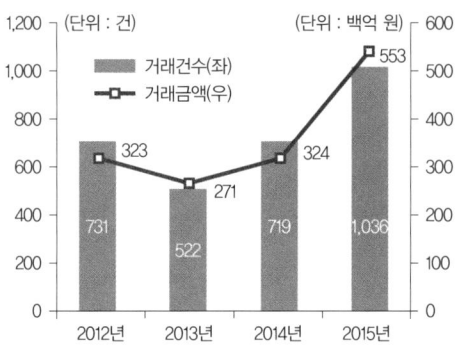

출처 : 리얼티코리아

　꼬마빌딩에 투자하는 이유는 크게 두 가지입니다. 우선 임대소득을 얻기 위한 목적인데요. 보통 꼬마빌딩 임대수익률은 연 5% 정도 되는 것으로 알려져 있습니다. 은행 1년 정기예금 금리가 연 1% 중반인 점을 감안하면 3배가 넘습니다. 물론 공실에 따른 수익률 하락 요인도 있지만 1층 임차인만 잘 유치하면 은행 금리보다 높은 수익을 거둘 수 있습니다. 꼬마빌딩 수익률은 1층 상가 임차인에 달려 있다고 해도 지나치지 않아요.

　사실 꼬마빌딩에 투자하는 더 큰 목적은 시세차익을 얻기 위해서죠. 자본수익이라고 하는데, 최근 꼬마빌딩에 투자 수요가 몰리면서 거래도 늘고 가격도 가파르게 오르고 있습니다. 임대수익은 사이드메뉴, 시세차익은 메인디쉬라고 하면 쉽게 와 닿을 것 같습니다.

　시세차익을 극대화하는 방법은 이론적으로 간단합니다. 시세보다 저렴하게 사서 시세보다 비싸게 파는 거죠. 이론은 간단하지만 이것보다 실천하기 어려운 이론도 없어요. 특히 급매를 잡아서 시세보다 싸게 사는 건 그래도 노려볼 수 있지만 남들보다 비싸게 파는 건 정말 어렵죠.

꼬마빌딩에 투자한 후 시세보다 비싸게 팔기 위해서는 건물 가치를 높이는 작업이 필요합니다. 가장 쉬운 방법은 리모델링이죠. 보통 건물가격의 10% 선에서 리모델링비를 투자하면 리모델링비의 2배 이상 건물가치 상승을 기대할 수 있는 것으로 알려져 있습니다. 예를 들어 50억 원 하는 꼬마빌딩을 매입한 후 5억 원을 들여 리모델링하는 경우 건물 가치는 순식간에 60억 원 이상으로 올라간다는 거죠. 다만 리모델링비를 더 많이 투입한다고 건물 가치가

◆ **꼬마빌딩 투자 7대 체크포인트**

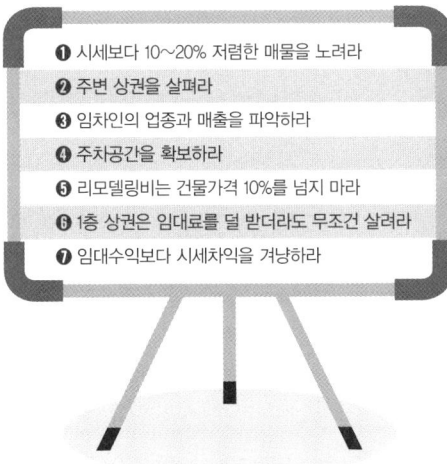

❶ 시세보다 10~20% 저렴한 매물을 노려라
❷ 주변 상권을 살펴라
❸ 임차인의 업종과 매출을 파악하라
❹ 주차공간을 확보하라
❺ 리모델링비는 건물가격 10%를 넘지 마라
❻ 1층 상권은 임대료를 덜 받더라도 무조건 살려라
❼ 임대수익보다 시세차익을 겨냥하라

훨씬 더 올라가는 건 아니기 때문에 건물가격의 10% 정도가 적당합니다.

리모델링을 깔끔하게 하면 우량 임차인 유치도 한결 쉽습니다. 우량 임차인이 세 들어 있는 꼬마빌딩은 그렇지 않은 경우보다 비싸게 팔 수 있죠. 1층에 스타벅스와 같은 커피전문점이나 24시간 불이 꺼지지 않는 편의점, 대형 프랜차이즈 음식점 등이 세 들어 있다면 그렇지 않은 꼬마빌딩보다 비싼 값에 팔 수 있어요. 2층 이상에는 병·의원이 들어오면 꼬마빌딩 몸값이 올라갑니다.

꼬마빌딩도 입지가 중요합니다. 지하철과 버스 등 대중교통을 편리하게 이용할 수 있는 곳, 유동인구가 많은 곳에 위치해야 임대료도 더 받을 수 있고 경기가 나빠져도 건물 가치가 급격히 떨어지지 않아요. 인적이 드문 이면도로에 위치한 꼬마빌딩은 투자대상으로는 적절하지 않습니다.

1층이나 지하에 넉넉한 주차공간을 확보한 꼬마빌딩은 특히 투자가치가 높아요. 많은 꼬마빌딩이 주차난에 허덕이고 있기 때문이죠. 꼬마빌딩은 보통 상가건물이기 때문에 주차장이 넉넉하면 그만큼 집객효과가 커 매출에 큰 도움이 됩니다. 이 경우 좋은 임차인을 유치할 수 있으니 결국 건물 가치가 높아져 주변 다른 건물보다 비싸게 팔 수 있습니다.

| 문기자의 부동산 팩트체크 |

임대사업과 세금

수익형 부동산에 투자할 때 가장 신경 쓰이는 부분은 두말할 것도 없이 세금입니다. 임대사업자 등록을 내면 될 텐데 무슨 고민이냐고 말할 수도 있지만 현실은 그리 간단치 않아요. 특히 임대사업에 따른 소득 신고로 건강보험료 폭탄이 떨어질 것을 우려하는 사람들이 많습니다. 소득세보다 건보료가 진짜 문제라는 지적이죠. 건보료가 무서워 정식으로 임대사업등록을 하지 않고 아파트나 오피스텔, 상가를 임대해 임대료 수입을 얻다 보니 소득세까지 제대로 내지 않고 있는 상황입니다.

임대사업자는 건보료 폭탄 주의해야

주택(주거용 오피스텔 포함)이나 상가를 분양받거나 매입해 임대사업을 시작할 때 원칙적으로 사업자등록을 내야 합니다. 임대사업 대상이 주택인 경우 주택임대사업자, 상가나 업무용 오피스텔인 경우 일반임대사업자등록을 내야 해요. 사업자등록을 내면 정식으로 부동산 임대사업자가 되는 거죠. 반면 아직도 많은 임대사업자들은 국세청의 간섭, 건보료 폭탄 등이 두려워 사업자등록을 내지 않고 있습니다.

그런데 임대사업자로 등록하면 불이익만 있는 게 아니에요. 오히려 취득세, 재산세, 종합부동산세, 종합소득세, 양도소득세 등 거의 모든 부동산 관련 세금 감면 혜택을 받을 수 있습니다. 많은 경우 이런 세제혜택을 자세히 모르고 막연히 사업자등록을 내면 세금을 많이 내야 한다고만 알고 사업자등록을 회피하고 있는데요. 임대인이 임대사업 신고를 하지 않다 보니 임차인의 전입신고를 막고 월세 소득공제도 못 받도록 막는 경우가 많습니다. 임대인의 무지 또는 과욕이 임차인 피해로 이어지고 있는 셈이죠.

우선 최초 분양하거나 신축하는 아파트, 주거용 오피스텔을 매입해 주택임대사업자 등록을 내고 임대사업을 시작하는 경우 취득세 감면 혜택을 받을 수 있습니다. 현재 6억 원 이하, 전용면적 85㎡ 이하 주택의 취득세율은 지방세까지 합쳐서 1.1%입니다. 2억 원에 전용면적 40㎡ 오피스텔을 분양받아 월세를 주려고 한다면 원래 취득세는 220만 원이지만 규정에 따라 85%를 감면받습니다. 따라서 이 경우 취득세는 33만 원

◆ 임대사업자 세금 비교

구분	주택임대사업자	일반임대사업자
대상	아파트, 주택, 오피스텔(주거용)	오피스텔(업무용), 상가
등록시기	취득 후 60일 이내	계약 후 20일 이내
의무임대기간	4년	10년
취득세	전용 60㎡ 이하 : 면제(최초 분양주택 취득 시에만) (면제액 200만 원 초과 시 85%만 감면) 전용 60~85㎡ 이하 : 50% 감면 2018년 말 세제혜택종료	취득가액의 4.6%
부가세	납부	환급(연간 임대소득 4,800만 원 이하인 간이과세자는 납부)
재산세	전용 40㎡ 이하 : 면제 (면제액 50만 원 초과 시 85%만 감면) 전용 40~60㎡ 이하 : 50% 감면 전용 60~85㎡ 이하 : 25% 감면 2가구 이상 매입 시 적용, 2018년 말 세제혜택 종료	과세표준액 60%X0.25%
종부세	매입기준 시가 6억 원 이하 종부세 합산배제 (비수도권은 3억 원)	비과세
소득세	연임대소득 2,000만 원 이하 비과세 (2018년 말 세제혜택 종료)	기존소득 합산해 6~38% 과세
양도세	4년 의무임대기간 채울 경우 주택수 미포함 임대주택 외 본인거주 주택 1채 보유 시 1가구 1주택 비과세가능(2년 이상 거주 시)	주택수제외 양도차익에 따라 6~38% 세율적용

만 내면 됩니다.

   임대하는 주택이 2가구 이상인 경우에는 재산세 혜택도 받을 수 있어요. 임대주택이 전용면적 40㎡ 이하인 경우 일단 면제됩니다. 다만 면제액이 50만 원을 넘게 되면 100% 다 면제되는 것이 아니라 85%만 깎아주고 15%는 내도록 합니다. 임대주택 전용면적이 40~60㎡ 이하인 경우 재산세는 절반밖에 나오지 않아요.

   종합부동산세 혜택도 주어집니다. 수도권의 경우 임대를 주고 있는 주택 공시가격이 6억 원을 넘지 않으면 종합부동산세 합산 대상에서 제외해 주는데요. 그만큼 종합부동산세 부과 금액이 줄어든다는 뜻이죠.

다른 주택 1채를 보유하며 4년 이상 월세를 주고 있는 임대인이 2년 이상 거주한 자신의 주택을 매도할 때 양도차익 규모와 무관하게 양도소득세를 한푼도 내지 않습니다. 임대인이 2주택자이지만 주택임대사업자가 임대주택을 4년 이상 임대한 경우 주택수에서 빼주기 때문이에요. 즉 임대인은 양도소득세 계산 시 1주택자로 취급받아 2년 이상 직접 거주했기 때문에 비과세 혜택을 받게 되는 겁니다. 2주택자인 임대인이 임대주택 자체를 매각하는 경우에는 양도차익에 따라 6~38% 양도소득세를 납부해야 합니다.

주택임대사업자가 가장 신경 쓰는 부분은 소득세 항목입니다. 2주택 이상인 주택임대사업자가 임대주택에서 얻는 임대수익이 연간 2,000만 원 이하라면 임대소득세에 대한 소득세는 따로 부과되지 않아요. 당초 정부는 2017년 1월부터 임대소득이 2,000만 원 이하라도 소득세를 부과하려고 했지만 임대주택 공급의 급격한 위축을 가져와 전월세난을 오히려 더 악화시킬 수 있다는 우려가 제기되면서 과세 시점을 2019년 1월로 2년 연장했습니다. 연 임대소득이 2,000만 원을 초과하는 경우에는 소득세 과표구간에 따라 6~40%의 세금이 차등 부과됩니다. 이 경우 다른 근로소득이 있다면 근로소득과 합쳐서 계산하게 되죠.

상가나 업무용 오피스텔 임대사업을 하는 일반임대사업자가 되면 가장 큰 세제 혜택이 부가가치세입니다. 즉 일반임대사업자가 되면 비록 4.6%의 취득세를 내지만 건물가격의 10%(분양가의 7% 수준)에 이르는 부가가치세를 환급받을 수 있습니다. 2억 원 오피스텔을 예로 든다면 취득세는 92만 원이지만 환급받는 부가가치세는 140만 원이나 됩니다.

임대사업자들이 가장 우려하는 건보료 폭탄은 아직 제거되지 않았습니다. 한 조사 결과에 따르면 다른 소득이 없는 임대사업자의 연간 임대소득이 2,000만 원인 경우 소득세는 56만 원이지만 건보료는 무려 276만 원이나 부과 됩니다. 임대사업자등록을 하지 않으면 소득세는 물론 건보료까지 내지 않을 수 있기 때문에 많은 임대인들이 정식으로 임대사업자등록을 내지 않고 있죠. 건보료 폭탄이 제거되어야만 임대사업 등록이 획기적으로 늘어날텐데 제도개선 논의는 이제 막 시작했을 뿐입니다.

| 문기자의 부동산 팩트체크 |

분양형 호텔은 어떨까

2016년 12월 5일 공정거래위원회는 수익 보장 기간이 제한적이지만 장기간 수익을 보장하는 것처럼 광고하거나, 수익률을 실제보다 부풀리거나, 호텔 이용 수요 및 입지 요건, 등급 등을 사실과 다르게 광고한 13개 분양형 호텔 사업자에 대해 무더기 시정명령 조치를 내렸습니다. 공정위가 우후죽순으로 생겨나며 소비자들을 현혹하고 있는 분양형 호텔에 드디어 칼을 빼든 것이죠. 분양형 호텔은 중국 관광객(游客 : 유커)이 몰려들면서 대표적인 수익형 부동산 상품으로 떠올랐지만 거품이 잔뜩 끼었다는 지적이 그동안 꾸준히 있어왔습니다.

분양형 호텔은 일반 호텔과 달리 각 호실별로 주인이 따로 있습니다. 사업자는 각 호실별로 개인에게 분양하고 개인들은 호텔을 전문적으로 운영하는 운영사로부터 수익금을 매달 지급받는 구조예요.

◆ 분양형 호텔 사업구조

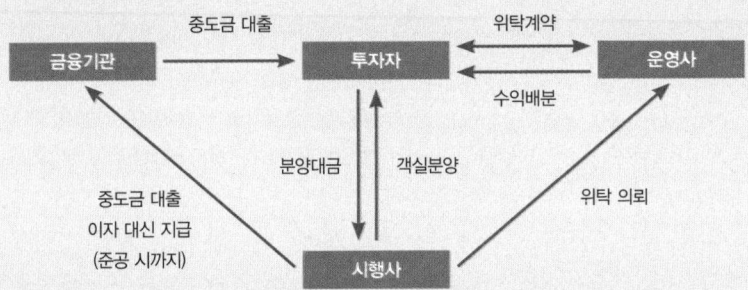

출처 : 한국은행 제주지역본부 보고서

나름의 장점 있지만 오피스텔에 비해 환금성 떨어져

이렇게 보면 분양형 호텔이 오피스텔과 같은 것처럼 보입니다. 하지만 분양형 호텔은 개인 투자자가 고객을 직접 끌어올 필요가 없습니다. 운영사가 호텔을 위탁받아 운영하기 때문이죠. 반면 오피스텔은 개인 투자자가 직접 임차인을 모집해야 합니다. 임차인이 바뀔 때마다 공인중개수수료도 지불해야 하기 때문에 투자자 입장에서는 분양형 호텔이 훨씬 편리한 게 사실입니다.

이런 불편함이 없는 대신 분양형 호텔 투자자는 수익금 중 일부를 운영사에게 지급해야 합니다. 또 오피스텔과 달리 분양형 호텔은 숙박시설이기 때문에 비록 개인적으로 매매할 수 있다고 해도 매매가 쉽게 이뤄지기 어렵습니다. 환금성이 그만큼 떨어진다는 얘기죠. 급하게 돈이 필요할 때 오피스텔은 바로 팔아서 현금을 확보할 수 있지만 분양형 호텔은 바로 바로 팔기 어렵다는 것이 단점으로 꼽힙니다.

게다가 분양형 호텔은 제주도 등 일부 지역에서 지나치게 많이 공급돼 제대로 수익을 거두기 힘들 수도 있습니다. 대부분 분양형 호텔 사업자들은 매달 연 10%씩 연금처럼 임대수익을 거둘 수 있다고 하지만 실제 수익률은 연 5% 수준인 것으로 알려지고 있습니다.

실제로 한국은행 제주본부에서 2015년 펴낸 보고서를 보면 ▲분양가 1억 6,000만 원 중 실투자액 8,000만 원 ▲대출금리 4% ▲호텔 객실료 8만 6,800원 ▲연간 총매출 65억~111억 원 ▲연간 총운영비 54억 8,000~65억 2,000만 원 등으로 가정하면 객실별 수익률은 연 −0.3~12.3%로 편차가 꽤 큽니다. 또 분양형 호텔들이 제시하는 10~12%의 수익률을 보장받기 위해서는 객실 가동률이 80%는 돼야 합니다. 하지만 제주도특별자치도관광진흥계획에 따르면 2016년 제주도 내 전체 호텔 객실 가동률은 70.6%지만 2018년에는 63.4%로 떨어질 수 있습니다. 객실수는 계속 증가하는 데 비해 관광객 증가는 여기에 미치지 못하기 때문이죠.

최근 고고도미사일방어체계(THAAD : 사드) 배치 문제로 중국 정부는 한국산 제품 수입에 무거운 관세를 부과하는가 하면 한국 아이돌 그룹의 공연을 제한하고 있습니

◆ 분양형 호텔과 일반 호텔 차이점

구분	일반 호텔	분양형 호텔
영업절차	관광호텔업 등록	일반 숙박업 신고
적용법규	관광진흥법	공중위생관리법
분양여부	불가	가능
구분등기	불가	가능
호텔등급	등급 있음(별5개~별1개)	등급 없음

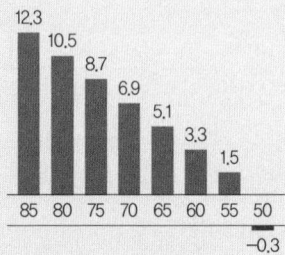

◆ 분양형 호텔 1객실 가동률별 수익률
(단위 : %, 350실 규모 기준 · 추정)

- 분양가 1억 6,000만 원
- 실투자액 8,000만 원
- 대출금리 연 4%
- 매출액 연간 65억~111억 원
- 운영비 연간 54억 8,000만~ 65억 2,000만 원

출처 : 한국은행 제주지역본부 보고서

다. 여기에 더해 중국민들을 대상으로 한국 관광도 제한하고 있죠. 중국 관광객들의 발길이 갑자기 끊어지게 되면 제주도는 물론이고 서울 등 전국 호텔 가동률은 곤두박질칠 것으로 보입니다.

이에 따라 분양형 호텔에 투자할 때는 우선 '연 10% 확정수익' '10년간 수익보장' 등 과장광고, 허위광고에 현혹되지 말아야 합니다. 앞서 살펴본 것처럼 분양형 호텔 투자 수익률은 보통 5% 정도 기대하면 적당합니다. 또 호텔 분양 사업자가 5년 또는 10년간 무조건 연 10% 임대수익을 보장해준다는 말도 믿을 수 없어요. 사업자가 부도가 나거나 약속을 지키지 않아도 이행을 강제하려면 결국 소송으로 가야 하는데 오히려 소송비용이 더 나올 수도 있기 때문이죠. 분양형 호텔 투자 전에 반드시 호텔 사업자(시행사)의 재무상태, 운영사의 능력 등을 꼼꼼하게 따져봐야 피해를 막을 수 있습니다.

투자 전에 구분등기가 되는지 아니면 지분등기에 불과한지도 잘 살펴봐야 합니다. 구분등기는 쉽게 말해서 아파트나 오피스텔 등기와 같은 개념입니다. 집집마다 주인이 다르듯이 호텔 방마다 주인이 다른 거죠. 따라서 개개인이 분양받은 호텔 방을 제3자에게 자유롭게 매매할 수 있습니다.

반면 지분등기는 전혀 다릅니다. 지분등기를 할 경우 전체 호텔 등기부등본을 떼보면 객실별로 등기가 따로 되는 게 아니라 전체 호텔 면적(지분)을 투자자들이 투자금액에 따라 나누어 갖고 있는 것으로 표시됩니다. 투자자가 200명이라면 '200분의 1'로 표기되는 거죠. 정확한 호실이 등기부에 기재되지 않습니다.

이 때문에 지분등기가 되면 객실 소유권을 인정받는 것도 애매하고 제3자와 매매하는 것도 사실상 불가능합니다. 소유권 자체가 애매하기 때문이고 구분등기 물건을 매매할 때는 공유지분 전체 소유자(전체 투자자)의 동의가 필요하기 때문이죠. 지분등기가 이렇게 나쁘다는 걸 알기 때문에 일부 분양형 호텔 사업자들은 지분등기를 구분등기와 유사한 용어인 '개별등기'라고 속여 판매하는 경우도 있어 주의가 필요합니다.

PART 6

성공하는 땅,
실패하는 땅 :
땅 투자
첫걸음

REAL ESTATE INVESTMENT

2016년을 뜨겁게 달군 점포겸용 단독주택용지

저금리 상황이 오래 지속되면서 시중에 넘치는 유동자금이 갈 곳을 못 찾고 방황하고 있습니다. 돈을 굴릴 곳이 마땅치 않다는 뜻이죠. 은행 예적금 금리가 연 4~5%만 돼도 고민을 조금 덜 수 있겠지만 현실은 연 2%에도 미치지 못합니다. 이 때문에 수시로 입출금이 가능하거나 만기가 짧은 예금, 채권, 펀드 등에 묶이는 '단기 부동자금'이 1,000조 원에 이를 정도로 넘쳐 납니다.

최근 단기부동자금이 유입되는 대표적인 곳이 바로 '점포겸용 단독주택용지'입니다. 다른 말로 '상가주택 용지'라고도 불리는 토지에 현금 뭉칫돈이 몰리고 있습니다. 점포겸용 단독주택용지는 주로 한국토지주택공사(LH)에서 시행하는 신도시나 공공택지지구

위에 조성됩니다. LH는 넓디넓은 땅을 개발할 때 아파트가 들어설 곳, 상가가 들어설 곳, 학교나 병원이 들어설 곳, 그리고 단독주택이나 점포겸용 단독주택이 들어설 곳을 정한 후 일반에 판매합니다. 이 중 단독주택용지나 점포겸용 단독주택용지는 사실 개인이 구매할 수 있는 유일한 땅이죠.

왜 점포겸용 단독주택용지에 돈이 몰리는가

점포겸용 단독주택용지에 개인들의 뭉칫돈이 몰리는 이유는 거주와 임대 두 마리 토끼를 동시에 잡을 수 있기 때문입니다. 임대를 주기 위해서 자신이 살던 집을 내줘야 하는 일반적인 경우와 달리 점포겸용 단독주택의 경우 집주인은 직접 거주하면서 다른 층은 세를 주고 임대료를 받을 수 있어요. 1층에는 상가를 들이고, 2~3층은 주거용으로 세를 주고, 4층에 집주인이 거주하는 형태가 일반적이죠.

구체적인 사례를 들어 보겠습니다. LH는 2016년 6월 양주신도시 옥정지구에 점포겸용 단독주택용지 27필지를 공급했습니다. 평균 경쟁률은 729대 1, 최고경쟁률은 4,289대 1을 기록했어요. 개인당 청약예약금(입찰보증금)이 1,000만 원인데 1만 9,691명이 몰려 하루 동안 들어온 돈만 1,969억 1,000만 원에 이릅니다.

　양주옥정 전포겸용 단독주택용지 분양공고를 보면 공급된 토지별 면적은 292~392m^2, 분양가는 4억 930만~5억 3,349만 원입니다. 건폐율은 최고 60%, 용적률은 최고 180%로 4층까지 건축이 가능합니다. 건폐율이 바닥면적을 의미하기 때문에 45%를 적용하면 딱 4층까지 올릴 수 있죠. 건폐율을 60%까지 채우면 용적률이 180%이기 때문에 3층까지만 올릴 수 있습니다.

　4층까지 올린다고 보면 1층에는 상가가 들어가고 2~3층은 임대주택으로 활용할 수 있습니다. 주인은 4층 한 층을 쓰게 되겠죠. 따라서 집주인은 1~3층 상가와 주택 임차인으로부터 월세를 받게 됩니다. 이 때 2~3층에는 모두 4가구를 들일 수 있습니다. LH는 양주옥정지구 점포겸용 단독주택 한 필지당 최대 5가구까지 만들 수 있다고 공고했기 때문입니다. 따라서 집주인은 2~3층을 각각 두 가구씩 쪼개 임대를 주는 방법도 생각할 수 있습니다.

　이렇게 거주도 하면서 임대수익도 거둘 수 있다는 장점이 부각되면서 점포겸용 단독주택용지는 나오기만 하면 투자자들이 구름떼처럼 몰리고 있어요. 실제로 LH가 2016년에 분양한 점포겸용 단독주택용지의 평균 경쟁률은 낮게는 106대 1(파주교하지구), 높게는 2,389대 1(고양삼송)을 기록할 정도였죠. 2016년 부동산 시장을 뜨겁게 달구 최고의 투자상품이라고 해도 손색이 없을 정도의 인기를 누렸습니다.

점포겸용 단독주택용지가 아무리 좋다고 해도 투자할 때는 토지이용 조건과 세금, 전매기준, 수익률 등을 꼼꼼히 따져봐야 손해를 막을 수 있습니다. 무턱대고 청약했다가 당첨된 후 뒤늦게 불리한 조건들이 눈에 들어와 계약을 포기하게 되면 청약예약금

◆ 점포겸용 단독주택용지 청약경쟁률

지구	평균	최고
부산명지	524대 1	6,234대 1
광주효천	1,304대 1	4,512대 1
고양삼송	2,389대 1	4,488대 1
영종하늘	363대 1	9,204대 1
양주옥정	729대 1	4,289대 1
파주운정	1,019대 1	1,259대 1
파주교하	106대 1	199대 1
안성아양	134대 1	839대 1

1,000만 원은 앉은 자리에서 그냥 날리게 됩니다.

우선 토지이용 조건부터 잘 봐야 합니다. 4층까지 지을 수 있는 곳도 있지만 어떤 곳은 3층까지밖에 짓지 못합니다. 2016년 6월 LH가 영종하늘도시에 분양한 점포겸용 단독주택용지는 최고 층수가 3층으로 제한됐죠. 층수가 높을수록 임대할 수 있는 가구가 늘어나기 때문에 3층으로 제한을 받는 경우 4층까지 허용되는 곳보다 가치가 떨어질 수밖에 없습니다.

가구수 제한도 잘 따져봐야 합니다. 보통 4~5가구를 허용하지만 3가구만 허용하는 경우도 있기 때문이죠. 앞서 살펴본 양주옥정지구의 경우 하나의 점포겸용 단독주택에 5가구까지 만들 수 있지만 영종하늘도시는 3가구까지만 허용됩니다. 가구수 역시 임대소득, 임대수익률과 직결되기 때문에 청약 전에 반드시 살펴봐야 해요.

전매제한 규정도 미리 알아둬야 합니다. LH가 공급하는 점포겸

용 단독주택용지에 청약해 당첨된 경우 규정에 따라 '분양가(공급가) 이하'로만 전매가 가능합니다. 시중에서는 알게 모르게 억대의 프리미엄을 주고받기도 하지만 모두 불법입니다. 억대 프리미엄이 오고가지만 다운계약서를 작성하기 때문에 법망을 피해가는 경우가 대부분입니다.

양도소득세도 중요 고려 대상

토지를 분양받은 후 실제로 점포겸용 단독주택을 지을 때는 향후 발생할 양도소득세를 고려해야 합니다. 즉 점포겸용 단독주택을 매각할 때 상가면적이 주택면적과 같거나 넓은 경우 주택부분은 비과세 요건(집주인이 1주택자로 2년 이상 보유한 후 9억 원 이하로 매각)을 충족해 양도소득세를 물지 않더라도 상가부분에 대해서는 양도세가 발생할 수 있습니다. 따라서 점포겸용 단독주택을 지을 때 상가면적보다 주택면적을 넓게 설계해 양도세 폭탄을 피하는 지혜를 발휘해야 합니다.

점포겸용 단독주택용지는 대부분 새로 조성되는 대규모 택지지구 안에 위치합니다. 따라서 도시 모양이 어느 정도 갖춰지기까지는 시간이 필요해요. 즉 토지를 분양받은 후 상가주택을 건축했다고 해도 전체적인 도시 조성이 더딜 경우 공실이 발생할 가능성이 높죠. 따라서 짧게는 3~4달, 길게는 1년 이상 공실 상태를 견뎌낼 수 있는지 미리 잘 따져봐야 합니다.

초기 발생하는 공실은 임대수익률과도 직결됩니다. 즉 준공 초기에는 공실이 많아 큰 임대수익을 기대할 수 없다는 뜻이죠. 이 때 임대인은 선택의 기로에 서게 됩니다. 임대료를 낮춰 임차인을 유치할 것인지, 아니면 높은 임대료를 받기 위해 당분간 공실 상태를 유지할 것인지 선택해야 합니다.

비사업용토지 절세 노하우

아파트나 주택은 매도가격이 매입가격보다 높은 경우 양도차익에 대해 양도소득세가 부과됩니다. 1가구 1주택자로 2년 이상 주택을 보유한 후 매각하는 것처럼 양도소득세 비과세 혜택을 받는 경우도 있지만, 반대로 아파트 분양권처럼 1년 안에 매각하면 양도소득세율이 50%로 중과세되는 경우도 있습니다.

토지도 마찬가지죠. 토지를 소유했다가 매입가격보다 비싼 값에 팔았다면 양도소득세를 납부해야 합니다. 일반적인 경우라면 양도차익에 따라 6~38%의 양도소득세가 부과됩니다. 그리고 보유기간에 따라 3년 이상 보유한 후 매각하면 세금을 일부 깎아주는 장기보유특별공제 혜택도 받을 수 있죠.

합법적으로
사업용토지 양도소득세 아끼는 법

　토지에 대한 양도소득세 부과·납부는 해당 토지가 사업용토지인지 아니면 비사업용토지인지에 따라 세율과 세금에 큰 차이가 발생합니다. 일반적으로 사업용토지 양도소득세가 비사업용토지보다 저렴하죠. 이 때문에 세금을 아끼기 위해서는 '비사업용토지의 사업용토지 전환'과 같은 합법적인 방법을 알아둘 필요가 있습니다. 탈세는 불법이지만 절세는 법이 허용하는 범위 안에서 법을 활용하는 합법적인 세테크이기 때문입니다.

　예를 들어 볼게요. 양도차익이 3억 원인 경우 비사업용토지를 10년 이상 보유한 후 매각할 때 양도소득세(지방세 포함)는 2015년 1억 301만 원이지만 2016년 1억 3,574만 원으로 3,000만 원 이상 뛰었습니다. 그런데 2017년에는 8,822만 원으로 뚝 떨어졌어요.

　이렇게 해마다 비사업용토지 양도소득세가 다른 이유는 세법이 해마다 바뀌고 있기 때문입니다. 2015년의 경우 비사업용토지 양도소득세 기본 세율은 6~38%로 일반적인 사업용토지 양도소득세율과 같았지만 장기보유특별공제는 없었습니다. 왜냐하면 양도소득세를 16~48%로 중과세해야 하지만 적용을 유예해줬기 때문이죠. 중과세를 유예해줬는데 장기보유특별공제까지 인정해 주는 것은 과도한 특혜라는 지적이 많아 장기보유특별공제는 빠졌습니다.

그런데 2016년 세법에서는 두 가지 큰 변화가 있었어요. 우선 비사업용토지 양도소득세 중과세 유예조치가 폐지됐습니다. 이에 따라 비사업용토지 양도소득세율은 16~48%로 기존보다 10%포인트 올라갔습니다. 대신 국회에서는 장기보유특별공제를 인정해주기로 했죠. 오래 보유한 경우에는 세금을 좀 더 깎아주겠다는 취지였어요.

하지만 국회를 통과해 최종 시행된 소득세법은 비사업용토지 장기보유특별공제 적용 기산일을 일괄적으로 2016년 1월 1일로 정했습니다. 그동안 10년을 보유했든지 20년을 보유했든지 묻지도 따지지도 않고 양도소득세 부과 시 장기보유특별공제를 적용할 때는 무조건 2016년 1월 1일부터 보유했다고 본다는 뜻이죠. 따라서 사례에서 보듯이 2016년에 비사업용토지를 매각해서 양도차익 3억 원이 발생한 경우 보유기간이 1년도 안되기 때문에 장기보유특별

◆ 비사업용토지 세율 비교

구분	비사업용토지				사업용토지
	2007년 1월 1일 ~ 2009년 3월 15일	2009년 3월 16일 ~ 2015년 12월 31일	2016년	2017년 이후	2012년 이후
세율	60%	6~38%	16~48%	16~48%	6~38%
장기보유 특별공제	없음	없음	▲기존보유기간 불인정 ▲2016. 1. 1부터 보유기간 기산	▲기존보유기간 인정 ▲3년 이상 보유 시 10~30% 장기보유 특별공제	

공제를 받을 수 없고 양도소득세율만 높아져 세금이 3,000만 원 이상 늘어났습니다.

　이 같은 세법 개정으로 2016년 한 해 동안 비사업용토지 거래는 뚝 끊겼습니다. 빈 땅으로 방치되는 비사업용토지는 생산적인 활동에 활용되는 게 전체적인 국가 경제 발전에 도움이 되지만 세금 폭탄이 떨어지면서 거래 절벽 상황에 직면한거죠.

　비사업용토지 거래 절벽 문제가 커지자 2016년 정부와 국회는 비사업용토지 양도소득세 중과세는 유지하면서도 장기보유특별공제를 사업용토지처럼 인정해 주기로 했어요. 즉 최초 토지를 보유한 날부터 계산해서 장기보유특별공제 혜택을 주기로 한 것입니다. 장기보유특별공제율은 3년 이상 보유한 경우 10%부터 출발해서 10년 이상 보유하면 30%나 됩니다. 이 때문에 2017년에 앞서 살펴본 비사업용토지와 동일한 조건의 토지를 매각할 경우 양도소득세는 8,822만 원으로 뚝 떨어지게 됐습니다.

　이렇게 2017년부터 비사업용토지 양도소득세가 내려가긴 했지만 사업용토지와 비교하면 여전히 많아요. 양도차익이 3억 원이고 10년 이상 보유한 사업용토지를 2017년에 매각할 때 양도소득세는 6,539만 원에 불과합니다. 같은 조건이 비사업용토지를 2017년에 매각할 때보다 2,300만 원 가까이 양도소득세가 덜 나오죠. 왜냐하면 사업용토지는 비사업용토지와 달리 양도소득세가 중과세 되지 않기 때문입니다. 이 말은 곧 비사업용토지라도 사업용토지로 바꾸면 양도소득세를 덜 낼 수 있다는 뜻과 같습니다.

비사업용토지는 소유자가 직접 거주하며 경작하지 않는 농지나 임야, 재산세 종합합산 과세 대상 토지로 건축물이 없는 나대지 등을 가리킵니다. 경기도 외곽 농촌지역에 빈 땅으로 방치된 곳이 있다면 대부분 비사업용토지로 볼 수 있죠. 자자손손 물려받은 땅이나 투기·투자 목적으로 매입한 땅일 확률이 높아요.

비사업용토지라도 양도일 직전 3년 중 2년 이상 직접 사업에 사용되거나, 양도일 직전 5년 중 3년 이상 직접 사용에 사용되는 경우, 또는 보유기간 중 60% 이상 직접 사업에 사용되면 사업용토지로 인정받을 수 있습니다. 따라서 향후 비사업용토지 매각을 생각하고 있다면 미리 내려가서 직접 농사를 짓는 노력을 기울여야 합니다. 2년 이상 직접 농사를 지으면 사업용으로 인정받아 양도소득세를 절약할 수 있어요.

주차장으로 활용해 절세하기도

비사업용토지를 주차장으로 활용하는 것도 절세 비법입니다. 나대지를 주차장으로 허가받은 후 2년간 운영했다가 팔면 사업용토지로 바뀌기 때문이죠. 이 경우 주차장을 해서 벌어들이는 소득이 해당 토지 공시지가의 3%를 넘어야 한다는 조건이 있기 때문에 주차 수요도 어느 정도 감안해야 합니다. 주차 수요가 전혀 없는 곳에 주차장만 만들어 둔다고 해서 사업용토지로 인정받지는 못한다는 뜻이죠. 물론 주차장 경영은 토지주가 직접 해야 합니다.

◆ 양도시점에 따른 비사업용·사업용 토지 양도소득세 시뮬레이션

구분	비사업용토지			사업용토지
	2015년	2016년	2017년 이후	2017년 이후
양도차익	3억 원	3억 원	3억 원	3억 원
기본공제(-)	250만 원	250만 원	250만 원	250만 원
장기보유 특별공제(-)	0원	0원	9,000만 원	9,000만 원
과세표준	2억 9,750만 원	2억 9,750만 원	2억 750만 원	2억 750만 원
세율	38%	48%	48%	38%
누진공제(-)	1,940만 원	1,940만 원	1,940만 원	1,940만 원
산출세액	9,365만 원	1억 2,340만 원	8,020만 원	5,945만 원
지방세(+)	936만 원	1,234만 원	802만 원	594만 원
총 납부세액	1억 301만 원	1억 3,574만 원	8,822만 원	6,539만 원

10년 이상 보유 가정

나대지 위에 건물을 신축해 사업용토지로 인정받아 양도소득세를 아낄 수도 있습니다. 이 때문에 서울 외곽에 차를 타고 가다 보면 컨테이너로 된 건물을 임대하거나 단층으로 된 건물들을 어렵지 않게 발견할 수 있죠. 모두 비사업용토지를 사업용으로 전환해 양도소득세를 덜 내기 위한 방법입니다.

토지 투자
기획부동산 주의보

　토지(땅)에 대한 투자나 매매는 아파트를 포함한 주택 매매와 차원이 다릅니다. 일반적으로 언제 어떻게 개발될지 모르는 땅의 미래가치를 투자하는 경우가 많죠. 개발만 되면 일확천금을 얻게 된다는 믿음 때문입니다. 근거가 있는 경우도 있지만 근거가 전혀 없거나 근거를 모르는 경우가 많다는 게 문제죠.

　기획부동산은 바로 이런 서민들의 꿈을 교묘하게 이용하는 사기집단입니다. 1960~1970년대부터 나타난 기획부동산은 점점 진화하면서 많은 피해자를 양산하고 있어요. 기획부동산에 속아 피눈물을 흘리는 서민들이 적지 않습니다. 이번 장에서는 기획부동산의 사기 수법을 살펴보고 피해를 당하지 않기 위해서는 어떤 준비가 필요한지 살펴보겠습니다.

우선 2016년 6월에 나온 기획부동산 사기 뉴스부터 보겠습니다. 당시 제주경찰청은 무려 100억 원 상당의 부당이득을 챙긴 기획부동산 일당을 적발해서 화제가 됐습니다. 이들은 헐값에 사들인 땅을 잘게잘게 쪼개 시세보다 훨씬 비싸게 팔아 102억 원의 시세차익을 거뒀습니다.

이 사건 피해자는 무려 173명에 이릅니다. 일당은 부산에 근거지를 두고 투자자를 모집했죠. 173명 중 무려 42명은 토지거래허가구역으로 묶인 땅을 매입해 등기 이전도 되지 않는 등 재산권 행사에 적지 않은 제약도 받았습니다. $3.3m^2$당 13만 4,700원에 산 땅을 173명에게 무려 62만 원에 팔 수 있었던 이유는 무엇일까요?

피해자들은 아마도 대부분 사기꾼들이 내뱉는 휘황찬란한 말만 믿고 투자했을 겁니다. 땅의 위치나 용도, 시세 등을 제대로 살펴보지도 않고 기획부동산 일당이 제시하는 서류만 보고 돈을 맡겼을 가능성이 높습니다.

달콤한 기획부동산의 유혹

그렇다면 기획부동산은 피해자들을 어떻게 모았을까요? 보통 기획부동산은 몇 명의 직원을 고용해 무작위로 전화를 돌려 좋은 땅이 나왔으니 투자해보라고 권유합니다. 이렇게 해서 설득당한 사람을 사무실로 오라고 해 터무니없는 개발 청사진 등을 제시하며 계약서 작성을 독촉하죠. 땅이 속한 지역의 행정관청이나 공인중개업소에 한 번만 물어보면 진위를 파악할 수 있지만 대부분 사기꾼들의 화려한 언변에 속아 넘어갑니다.

◆ 기획부동산 사기 수법

유형	내용
다단계 판매	직원을 고용해 토지 구입하게 한 뒤 지인 등 소개해주면 인센티브 지급
펀드식 투자자모집	높은 수익률 보장되는 부동산 개발 사업 내세워 투자금 유치 후 잠적
지분이전등기 방식	투자자들에게 사실상 소유권 행사가 불가능한 공유지분 토지를 판매
미등기전매나 무단처분	기획부동산이 매매계약만 체결한 토지를 전매하거나 잠깐 빌린 토지의 소유권을 판매
도시형 기획부동산	도시 인근 그린벨트 해제 등 정보를 빼내 전혀 관계 없는 토지를 고가에 판매

개발이 유력한 지역 인근에 위치하면서 개발구역에 포함되지 않는 땅을 비싸게 파는 건 가장 오래된 기획부동산 사기 수법입니다. 개발계획 자체가 아직 확정되지 않은 상태에서 기획부동산은 해당 토지가 개발구역에 포함될 것처럼 거짓으로 꾸며 부당이득을 챙기죠. 하지만 그렇게 개발이 확실한 땅이라면 기획부동산이 일반인에게 싸게 팔 이유가 없습니다. 한 번 더 생각해보면 금방 사기라는 걸 알 수 있지만 노인, 주부 등 피해자들은 기획부동산의 달콤한 말에 속아 넘어 갑니다.

공유지 매각도 기획부동산 사기 단골 메뉴에 들어갑니다. 공유지분으로 묶인 땅은 '관상용토지'라는 별칭이 붙어 있을 정도로 보기만 할 뿐 매매는 물론 시세차익을 기대할 수 없는 땅입니다. 공유지분으로 묶인 땅을 매각하려면 공유자 전원의 동의가 있어야 하는데 전국에 흩어져 있는 공유자 전원을 찾아내 동의를 받는다는 건 사실 불가능한 일이죠.

공유지분으로 묶인 땅인지 아닌지는 등기부등본만 떼보면 금방 알 수 있습니다. 그럼에도 불구하고 이런 땅을 기획부동산에 속아서, 그것도 주변 시세보다 비싸게 사 피해를 입는 사람들이 적지 않습니다.

기획부동산은 보통 ○○컨설팅, XX개발 등의 상호를 사용합니다. 영업을 하는 사람들은 대표, 상무, 실장 등의 직함을 갖고 고급 외제차를 몰고 다니는 경우가 많아요. 모두 현혹하기 위한 장치에 불과합니다. 젊은 사람들은 이런 수법에 잘 넘어가지 않지만 노인, 주부 등은 사기꾼들의 화려한 겉모습에 쉽게 빠져들어 거액을 날립니다.

등본이나 토지대장 등 서류를 다 확인했다고 해도 안전한 건 아닙니다. 무조건 토지 계약 전에는 현장에 가봐야 합니다. 스마트폰이나 내비게이션에 주소를 찍고 직접 현장에 가서 땅을 확인한 후에 계약서에 도장을 찍어야 합니다. 왜냐하면 기획부동산은 많은 경우 A라는 땅을 팔면서 B라는 땅을 보여주는 경우가 많기 때문이죠. 쉽게 말해서 엉뚱한 땅을 보여준다는 얘기예요.

온오프라인을 통해
서류부터 꼼꼼하게 따져야

앞서 살펴본 것처럼 기획부동산에 속지 않으려면 서류부터 꼼꼼하게 따져봐야 합니다. 부동산등기부등본은 대법원 인터넷등기소(iros.go.kr)를 통해 발급받을 수 있습니다. 표제부에 있는 토지의 위치와 갑구에 있는 소유권, 을구에 있는 각종 근저당권 설정 내용 등을 잘 살펴봐야 합니다. 권리관계가 복잡하거나 시세대비 근저당 금액이 많은 토지는 쳐다보지도 않는 게 사기를 당하지 않는 지름길입니다.

민원24(minwon.go.kr)에 들어가면 토지대장과 지적도를 볼 수 있습니다. 토지대장에는 그 토지의 면적이 얼마인지, 그 토지의 종류인 지목은 무엇인지, 소유자는 누구이고, 개별공시지가는 얼마인지 등의 정보가 상세하게 담겨 있습니다. 특히 토지대장의 지목과 면적 등이 등기부등본과 일치하는지 반드시 확인해야 해요. 토지대장과 등기부등본이 불일치한다면 일단 그런 토지 역시 관심을 두지 않는 게 이롭습니다.

좋은 땅을 고르고 사기를 당하지 않으려면 서류를 꼼꼼하게 살펴보고 발품을 팔아 지도나 지적도를 가지고 현장에 직접 가봐야 합니다. 또한 해당 토지 인근 개발계획 등은 반드시 공식적으로 발표된 자료나 뉴스를 통해서 확인해야죠. 기획부동산이 말하는 은밀한 계획, 비공개 정보, 달콤한 유혹은 경계해야 합니다.

| 문기자의 부동산 팩트체크 |

장기미집행 도시계획시설에 투자하기

땅 중에는 용도가 제한되거나 묶인 곳들이 많습니다. 그린벨트(개발제한구역)가 대표적인 경우죠. 각종 개발에 제한을 두면서 녹지를 보전하기 위해 설정해 둔 곳이 그린벨트입니다. 그린벨트로 묶이면 집, 공장 등을 고치거나 새로 지을 때 아주 많은 제약이 따릅니다. 당연히 토지의 가치는 낮을 수밖에 없습니다.

여의도 면적의 299배 땅 묶여 있어

하지만 이렇게 묶여 있는 그린벨트에 투자하는 사람들이 있습니다. 지금은 비록 개발행위가 제한되는 땅이지만 언젠가는 제한이 풀릴 거라고 믿고 기다리는 거죠. 그린벨트가 풀리면 땅의 가치는 순식간에 치솟기 때문입니다.

실제로 서울 강남 수서역 일대는 그린벨트로 묶여 있습니다. 국토교통부가 이곳을 개발하기 전 토지보상을 위해 조사해 봤더니 서울 강남에 사는 부자들이 대부분이었습니다. 부자들이 돈 냄새를 먼저 맡은 걸까요? 그린벨트로 묶인 땅에 투자를 하려면 무한정 기다려야 하니 돈이 없다면 불가능하겠죠.

그린벨트는 아니지만 개발행위가 제한되는 땅이 또 있습니다. 여의도 면적(2.9㎢)의 299배에 이르는 어마어마한 땅이 '도시계획시설'이라는 이름으로 10년 이상 개발도 안 되고 묶여 있습니다.

도시계획시설이란 도로, 철도, 공원, 유원지, 학교, 공동묘지 등 도시에 사는 시민들의 생활이나 도시기능을 유지하기 위해 설치되는 기반시설 중 특별히 지방자치단체장의 장이 지정한 곳을 가리킵니다. 도시계획시설 결정에 따라 설치하거나 정비하는 사업을 도시계획시설 사업이라고 하죠.

그런데 A라는 사람의 땅이 어느 날 갑자기 도시계획시설로 묶이게 되면 개발행위가 제한되는 것은 물론 땅값도 떨어집니다. 공권력에 의한 사유재산 침해행위라고 볼 수 있죠. 지방자치단체가 도시계획시설로 지정한 후 얼마 지나지 않아 이 땅을 A로부터 매입해서 도로나 공원을 만든다면 그나마 피해는 덜할 겁니다. 문제는 예산이 부족하다는 이유로 도시계획시설로 지정만 해두고 10년, 20년 허송세월하는 경우입니다. 이렇게 10년 이상 묶여 있는 땅을 특별히 '장기미집행 도시계획시설'이라고 합니다.

지난 1999년 헌법재판소는 개인 사유재산을 도시계획시설로 묶어놓고 정당한 보상도 하지 않은 채 시간만 보내는 것은 과도한 재산권 침해라며 해당 법률 조항에 대해 헌법불합치 결정을 내렸습니다. 이 판결에 따라 10년 이상 방치된 장기미집행 도시계획시설에 대해 소유자는 국가를 상대로 매수 청구가 가능해졌죠. 또 2007년 7월 1일 이전에 지정된 도시계획시설은 2020년 7월 1일까지 보상도 안 되고 집행도 안 되면 일시에 모두 해제되도록 했습니다. 이 때까지 예산 문제가 모두 해결된다는 보장은 없어요. 결국 대규모 도시계획시설 해제는 막을 수 없을 것 같습니다.

대규모로 일시에 해제되면 정부나 지방자치단체로서도 문제가 이만저만이 아닙니다. 특히 국토의 계획적인 개발을 이끌어야 하는 정부로서는 무더기로 해제되는 땅들의 난개발을 막을 길이 없습니다. 최대한 순차적으로, 질서 있게 해제될 수 있도록 제도를 만들고자 하는 건 정책당국 입장에서 볼 때 당연한 절차로 보여집니다.

그 일환으로 10년 이상 개발되지 않고 있는 장기미집행 도시계획시설 부지의 소유자는 2017년 1월 1일부터 지방자치단체나 국토교통부를 상대로 직접 해제신청을 할 수 있습니다. 지방자치단체에서 해제신청을 거부하면 국토교통

◆ 장기미집행 도시계획시설 현황

지자체	전체 미집행 면적	10년 이상 장기미집행	장기 미집행 비율(%)
총계	1,328.50	869.1	65.4
서울	66.1	60.7	91.8
부산	89.5	77	86.0
대구	34.1	31.3	91.8
인천	46.3	33.3	71.9
광주	21.9	16.9	77.2
대전	19.8	15.1	76.3
울산	49.3	42.2	85.6
세종	2.2	1.6	72.7
경기	241	96.6	40.1
강원	76.3	52.2	68.4
충북	77.7	46.9	60.4
충남	78.3	47.8	61.0
전북	75.6	52.2	69.0
전남	100.2	73.6	73.5
경북	162.1	102.7	63.4
경남	166	100.8	60.7
제주	22.1	18.2	82.4

출처 : 국토교통부, 2016년 8월 기준 (단위 : ㎢, %)

부에 신청을 하는 구조인데, 국토부에서 최종 해제결정 권고를 내리면 지자체는 6개월 안에 도시계획시설에서 해제해야 합니다.

국토교통부는 왜 이런 절차를 마련했을까요? 앞서 살펴봤듯이 장기미집행 도시계획시설 해제 연착륙을 위한 조치입니다. 한꺼번에 해제되기 시작하면 정신을 차릴 수 없고 도시의 무분별한 개발도 막기 어렵기 때문이죠.

대박도 가능하지만 정부 정책 신중하게 주시해야

이 같은 정부의 방침은 땅 투자를 생각하는 사람들에게는 어쩌면 기회가 될지도 모릅니다. 실제로 그린벨트로 묶인 땅에 투자했다가 그린벨트가 해제되면서 큰 돈을 번 사람들을 곳곳에서 발견할 수 있죠. 장기미집행 도시계획시설도 마찬가지 상황으로 볼 수 있습니다.

다만 10년 넘게 묶여 있는 장기미집행 도시계획시설이라고 해서 무작정 매입했다는 큰 코 다칠 수 있다는 점을 명심해야 합니다. 오늘 매입했다가 내일 해제신청을 하면 지방자치단체나 국토교통부가 바로 해제해 줄 것이라는 믿음은 지나치게 낙관적인 희망사항입니다.

무엇보다 해제는 곧 땅값 상승과 연결되기 때문에 공무원 입장에서는 특혜 시비가 두려워 소극적인 자세로 나올 수 있습니다. 이 경우 생각보다 해제까지 오래 걸릴 수 있습니다. 자동 해제 시점까지 은행 이자를 내면서 버틸 수 있다면 다행이지만 그렇지 않은 상황이라면 섣불리 투자했다가 큰 손해를 떠안을 수 있으니 주의해야 합니다.

PART 7

부동산 투자 전에 반드시 알아야 할 14가지 상식

REAL ESTATE INVESTMENT

용적률과 건폐율

　부동산을 처음 접하는 분들은 어려운 용어와 개념 때문에 금세 포기하는 경우가 많습니다. 하지만 전문가들조차도 어렵고 헷갈려서 해당 법령을 찾아보고 또 찾아본다는 사실을 알고 나면 조금 위안이 될 거예요. 용적률과 건폐율도 단어는 정말 간단하지만 종합적으로 이해하려면 많은 노력과 인내심이 필요합니다.

　간단한 사례를 들어 보겠습니다. 나건축 씨는 은퇴 후 단독주택을 짓고 살려고 경기도 용인시 외곽의 한적한 곳에 땅 6,600m^2(200평)을 샀습니다. 알아보니 이 땅에는 2층까지 집을 지을 수 있다고 합니다. 나건축 씨는 큰 마당보다 집을 넓게 쓰기를 원했어요. 그래서 마당은 40평 정도로 하고 1층 80평, 2층 80평 이렇게 계획을 잡았습니다.

얼마 후 군청에 알아보니 담당 공무원은 "나건축 씨 땅은 건폐율 30%, 용적률 100%입니다"라며 알아들을 수 없는 말을 했습니다. 다시금 물어보니 "200평 중에 60평에만 집을 지을 수 있습니다"라는 답이 돌아왔어요. 나건축 씨는 이게 웬 날벼락인가 적잖이 당황했습니다만 그래도 집을 지을 수 있긴 있으니 다행이라며 가슴을 쓸어 내렸습니다.

여기서 건축, 주택, 도시계획에서 가장 중요한 개념인 '건폐율'과 '용적률'이 한꺼번에 등장합니다. 우선 건폐율부터 알아볼까요? 군청 공무원이 말한 건폐율 30%라는 뜻은 전체 건물을 지을 대지면적에서 건물 1층 바닥면적이 차지하는 비율이 30%라는 말입니다. 사례에서 대지는 200평이기 때문에 건폐율 30%를 적용하면 나건축 씨가 지을 수 있는 집의 1층 바닥면적은 60평을 넘을 수 없어요. 그래서 건폐율은 영어로 'building coverage ratio'라고 합니다.

건폐율이 건물 1층 바닥면적 비율이라면 용적률은 건물 전체의 바닥면적을 합친 비율을 가리킵니다. 그래서 용적률은 영어로 'Floor Area Ratio'라고 씁니다. 건물 전체 바닥면적의 합은 연면적이라고도 하죠. 나건축 씨 땅은 200평이기 때문에 용적률이 100%라는 의미는 연면적이 200평을 넘을 수 없다는 뜻이기도 합니다. 1층 바닥면적이 60평을 넘지 못하기 때문에 이론적으로 나건축 씨는 바닥면적이 60평인 단독주택을 3층까지 올릴 수 있습니다. 물론

건폐율

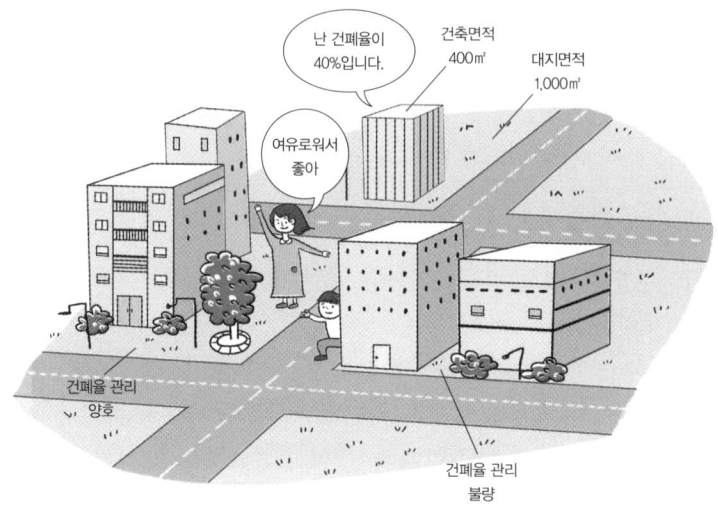

용적률

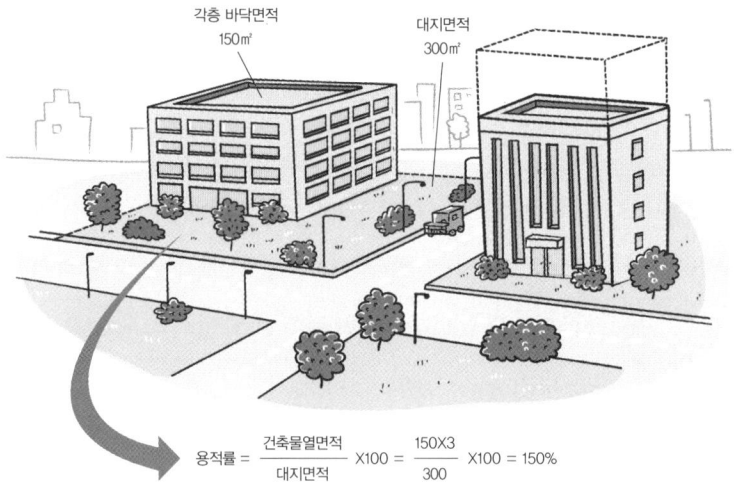

이 땅에 3층까지 지을 수 있는지는 다시 알아봐야 합니다. 법령과 조례를 따져봐야 하는데 어렵기 때문에 담당 공무원에게 물어보면 가장 빠르고 정확하게 알 수 있습니다.

건폐율 낮은 아파트가 쾌적한 환경 가능

그렇다면 나건축 씨처럼 직접 집을 짓는 경우 말고 아파트를 고를 때 건폐율과 용적률은 왜 중요할까요? 건폐율부터 보겠습니다. 건폐율이 40%인 A아파트가 있고, 20%인 B아파트가 있습니다. 두 아파트의 대지 면적은 동일하고 5개 동으로 이뤄져 있습니다.

어떤 아파트가 더 쾌적할까요? 맞습니다, 건폐율이 낮은 B아파트가 A아파트보다 훨씬 쾌적합니다. 왜냐구요? A아파트는 아파트를 다 짓고 60%의 땅이 남지만 B아파트는 80%의 땅이 남기 때문입니다. 그만큼 B아파트는 동간 간격을 넓게 만들 수 있겠죠. 동간 간격이 넓으면 통풍도 잘되고 사생활 보호에도 유리합니다. 다닥다닥 붙어있는 아파트에 살다보면 여간 불편하지 않아요.

아파트를 고를 때 용적률이 갖는 의미는 크게 두 가지로 구분됩니다. 하나는 용적률이 높으면 집을 높이 올릴 수 있어요. 나건축 씨 사례에서 100% 용적률을 받으니 3층까지 올리고도 20% 용적률이 남았습니다. 반면 용적률이 50%라면 나건축 씨는 1층까지 올리고 40% 용적률을 남기게 됩니다. 2층을 조금 적은 평수로 올릴 수 있겠지만 어쨌든 100%일 때보다 낮은 건 같습니다. 나건축 씨 땅이 서울 도심 한복판에 있었다면 손해가 이만저만이 아니겠죠?

아파트에 국한해서 본다면 얘기는 또 달라집니다. 즉 아파트를 구매하는 입장이라면 용적률이 낮은 아파트가 유리하다는 뜻이죠. 예를 들어 볼까요? 같은 땅에 용적률 300%를 적용해 10층까지 올린 아파트가 있고, 반면 100%를 적용해 5층까지 올린 아파트가 있다고 가정해 봅시다. 층당 1가구라고 하면 10층 아파트는 10가구, 5층 아파트는 5가구입니다. 아파트 바닥면적이 같다면 한 가구당 돌아가는 토지지분은 5층 아파트가 10층 아파트의 2배가 됩니다. 이 토지지분은 나중에 아파트가 재건축에 들어가면 상당히 중요한 의미를 갖습니다. 재건축 아파트는 사실 건물 가치는 0에 가깝기 때문에 땅에 대한 지분이 많아야 유리합니다. 사례에서 10층 아파트보다 5층 아파트가 재건축 하기에 유리한 구조가 되는 거예요.

건폐율과 용적률은 땅의 위치에 따라 크게 달라집니다. 바로 옆에 붙은 땅이지만 건폐율과 용적률은 다르게 적용될 수 있습니다. 땅마다 '용도지역'이라는 꼬리표가 붙어있기 때문이죠. 용도지역에 따른 건폐율과 용적률은 '국토의 계획 및 이용에 관한 법률'과 각 도시별 '도시계획조례'에 자세히 규정돼 있습니다.

2 용도지역

우리나라 국토의 전체 면적은 얼마일까요? 2005년에는 9만 9,645㎢였는데 2015년에는 10만 295㎢로 증가했습니다. 여의도 면적이 2.9㎢니까 10년 동안 여의도 면적 224배의 땅이 새로 생긴 셈인데요. 대부분 서·남해안 간척사업 덕분입니다.

그런데 우리나라 모든 땅에는 '용도지역'이라는 꼬리표가 붙어 있습니다. 땅마다 용도를 다 정해줬다는 뜻이에요. 아파트를 지을 수 있는 땅과 없는 땅, 공장을 지을 수 있는 땅과 없는 땅 등으로 전부 구분하고 있다는 말입니다. 왜 그럴까요? 그리고 용도지역은 왜 알아둬야 할까요? 이제부터 부동산에서 용도지역이 어떤 의미를 갖는지 자세히 살펴보겠습니다.

우선 용도지역의 정의부터 볼까요? '국토의 계획 및 이용에 관한 법률'에 따르면 용도지역이란 토지의 이용 및 건축물의 용도, 건폐율, 용적률, 높이 등을 제한함으로써 토지를 경제적이고 효율적으로 이용하고 공공복리의 증진을 도모하기 위해 서로 중복되지 않게 지정되는 지역입니다. 무분별하고 무계획적인 개발을 막기 위해 땅의 용도를 전부 정해둔 것이 용도지역이라는 뜻이죠.

이런 용도지역은 크게 도시지역과 관리지역, 농림지역, 자연환경보전지역으로 나뉩니다. 도시지역이란 인구와 산업이 밀집돼 있거나 밀집이 예상돼 체계적인 개발·관리가 필요한 지역을 말해요. 우리나라 전체 국토 중 도시지역 비율은 2015년 말 기준으로 16.6%밖에 안 되지만 전체 인구 중 91.8%인 4,729만 명이 도시지역에 거주하고 있습니다. 서울은 용도지역상 100% 도시지역입니다. 반면 강원도는 도시지역 면적이 6%에 불과합니다.

관리지역이란 도시지역 인구와 산업을 수용하기 위해 도시지역에 준해서 체계적으로 관리가 필요하면서도 보전의 필요성이 어느 정도 인정되는 지역입니다. 농림지역은 농지법상 농업진흥지역 또는 산지관리법상 보전산지 등으로 농업 진흥과 산림 보전을 위해 필요한 지역이며 자연환경보전지역은 환경, 생태계, 문화재 등 보전 가치가 높아 개발행위가 상당히 제한되는 지역을 가리킵니다.

다른 용도지역도 무시할 수 없지만 우리 국민 10명 중 9명 이상 살고 있는 도시지역에 대해서만 제대로 알아도 충분합니다. 이제부터 도시지역에 대해서 살펴보도록 하겠습니다.

도시지역의 용도지역 구분

도시지역은 다시 주거지역과 상업지역, 공업지역, 녹지지역으로 구분됩니다. 거의 대다수 부동산 거래는 주거지역과 상업지역에서 이뤄진다고 봐도 무방합니다. 주거지역은 다시 전용주거지역과 일반주거지역으로 나뉩니다. 전용주거지역은 '양호한' 주거환경을 보호하기 위해 필요한 지역으로 단독주택 중심의 제1종 전용주거지역과 연립주택과 저층주택 중심의 제2종 전용주거지역으로 구분됩니다. 서울의 경우 평창동과 연희동이 대표적인 제1종 전용주거지역에 해당하죠.

일반주거지역은 '편리한' 주거환경을 조성하기 위해 필요한 지역으로 저층주택 중심의 제1종일반주거지역, 중층주택 중심의 제2종일반주거지역, 중·고층주택 중심의 제3종일반주거지역을 포함하고 있습니다. 주거기능을 위주로 하면서도 업무·상업기능까지 일부 갖춘 곳은 준주거지역에 해당합니다.

A라는 땅이, B라는 아파트가 주거지역 중 어떤 곳에 위치하느냐

에 따라 지을 수 있는 건물과 용적률, 건폐율은 크게 차이가 납니다. 땅이나 주택을 구매하기 전에 세부적인 용도지역 정보를 정확히 파악해야 하는 이유가 바로 여기 있습니다.

A라는 땅이 서울시 제1종전용주거지역 안에 있다고 가정해 볼까요? 우선 서울시는 제1종전용주거지역 안에 짓는 건축물의 건폐율은 60% 이하, 용적률은 100% 이하로 정하고 있습니다. 건폐율과 용적률에 대한 공부는 앞에서 했으니 생략하기로 합니다. 건폐율과 용적률이 사업성을 결정짓는 가장 중요한 기준이라는 사실만 기억하면 충분해요.

1종전용주거지역 안에는 지을 수 있는 건축물도 제한됩니다. 지역마다 조금씩 차이가 있는데 서울시의 경우 단독주택과 다가구주택, 다세대주택은 허용되지만 연립주택은 지을 수 없습니다. 제1종전용주거지역에 연립주택을 짓겠다고 구청에 건축허가를 신청하면 허가를 받을 수 없다는 뜻이죠.

B라는 아파트가 서울시 제3종일반주거지역 안에 있다는 건 어떤 의미일까요? 사실 실거주 목적이라면 B아파트가 제2종일반주거지역에 있으나 제3종일반주거지역에 있으나 큰 차이는 없습니다. 다만 주변 환경에 조금 차이가 날 뿐입니다. 특히 아파트가 준공업 지역 안에 있다면 주변에 자동차 정비 공장 등이 있어 일반주거지역 안에 있는 경우보다 주거환경이 좋지 않습니다.

그런데 B아파트가 재건축에 들어간다면 제2종일반주거지역인

◆ 우리나라의 용도지역 구분

대분류	중분류	소분류	목적
도시지역	주거지역	제1종전용주거	단독주택 중심의 양호한 주거환경 보호
		제2종전용주거	공동주택 중심의 양호한 주거환경 보호
		제1종일반주거	저층주택 중심의 주거환경 조성
		제2종일반주거	중층주택 중심의 주거환경 조성
		제3종일반주거	중고층주택 중심의 주거환경 조성
		준주거	주거기능에 상업, 업무기능 보완
	주거지역	중심상업	도심, 부도심의 상업, 업무기능 확충
		일반상업	일반적인 상업, 업무기능 담당
		근린상업	근린지역 일용품 및 서비스 공급
		유통상업	도시 내, 지역 간 유통기능 증진
	공업지역	전용공업	중화학공업, 공해성 공업 등을 수용
		일반공업	환경을 저해하지 않는 공업 배치
		준공업	경공업 수용 및 주거 상업 업무기능 보완
	녹지지역	보전녹지	도시의 자연환경, 경관, 산림 및 녹지공간 보전
		생산녹지	농업적 생산을 위해 개발을 유보
		자연녹지	보전할 필요가 있는 지역으로 제한적 개발허용
관리지역		보전관리	보전이 필요하나 자연환경보전지역으로 지정이 곤란한 경우
		생산관리	농, 임, 어업생산을 위해 필요하나 농림지역으로 지정이 곤란한 경우
		계획관리	도시지역 편입이 예상되는 지역으로 체계적인 계획 관리가 필요한 경우
농림지역			농림업 진흥과 산림의 보전을 위해 필요한 지역
자연환경 보전지역			자연환경 보전과 수산자원 보호, 육성

출처 : 국토교통부 도시업무편람(2016)

지 제3종일반주거지역인지 굉장히 중요합니다. 왜냐하면 제2종일반주거지역은 서울시 조례에 따라 200% 이하 용적률을 받을 수 있지만 제3종일반주거지역은 기본적으로 250%까지 용적률을 받을 수 있기 때문이죠. 용적률 차이는 사업성 차이로 귀결됩니다. 제2종일반주거지역은 층수 제한까지 있기 때문에 한강변이나 고도제한을 받는 지역이 아니라면 층수제한을 받지 않는 제3종일반주거지역에 있어야 재건축을 할 때 유리합니다.

    결국 지을 수 있는 건축물과 지을 수 없는 건축물을 구분하고 지을 수 있는 건축물이라도 건폐율과 용적률, 층수 규제가 어떻게 되는지 파악하기 위해서 용도지역을 알아야 합니다. 더 세부적인 정보는 '국토의 계획 및 이용에 관한 법률 시행령'과 각 시·도별로 마련된 '도시계획조례'에서 얻을 수 있습니다.

3 주택의 종류

'집'은 우리가 살고 있는 건물이나 공간을 말합니다. 가족들과 혹은 혼자 사는 곳이 집이죠. 사람이 살고 있으면 보통 집이라고 부릅니다. 너무 상식적인 말이죠?

하지만 집은 법률상 용어는 아니에요. 우리나라 주택법 등에서는 집을 '주택'이라고 표현합니다. 결국 사람이 거주하는 곳은 '주택인 집'과 '주택이 아닌 집'으로 나뉘게 됩니다. 법적으로 그렇다는 거예요. 사실 일상생활을 하면서 법률 용어를 모두 알 필요는 없지만 주택과 관련해서는 꼭 알아둘 필요가 있습니다. 잘못 알면 재산상 손해를 입을 수 있기 때문이죠.

위치와 거주 목적 등에 따라
주택의 종류 다양

주택이란 법에 정의가 내려져 있습니다. 주택법 제2조에 따르면 주택이란 '세대의 구성원이 장기간 독립된 주거생활을 할 수 있는 구조로 된 건축물의 전부 또는 일부 및 그 부속토지'를 말하며, 크게 단독주택과 공동주택으로 나뉩니다.

◆ 주택의 종류

구분	주택종류	층수	연면적	등기	비고
단독주택	일반단독	3층 이하	330㎡ 이하	1인소유 (가구별등기 안됨)	1가구 거주
	다가구 단독	3층 이하	660㎡ 이하		19가구 이하 거주
	점포 겸용 단독	3~4층 이하	–		한 건물에 상가와 주택이 함께 있음. 주상복합은 상가+아파트
공동주택	아파트	5층 이상	–	각 세대별로 등기	–
	연립	4층 이하	660㎡ 초과		규모가 다세대보다 크지만 아파트보다 작음
	다세대	4층 이하	660㎡ 이하		–
	도시형 생활주택	–	단지형연립 : 660㎡ 초과 단지형다세대 : 660㎡ 이하		300가구 미만 전용면적 85㎡ 이하
준주택	주거용 오피스텔	–	–		전용면적 85㎡ 이하만 바닥난방 허용

출처 : 국토교통부 '2014 주거실태조사', 주택법, 건축법

우선 단독주택부터 볼까요? 단독주택은 아파트가 보편화되기 전에 가장 많은 국민들이 살던 주택 유형입니다. 과거에는 2층짜리 단독주택도 흔치 않았지만 요즘 짓는 서울 연희동이나 성북동, 한남동에 가면 담이 높고, 마당이 넓은 2층 단독주택도 많죠.

단독주택은 기본적으로 집주인이 1명이고 1가구가 거주합니다. 여기서 가구란 가족단위라고 봐도 무방합니다. 별로도 분리된 방과 부엌, 화장실, 출입구를 갖춘 공간에 세 들어 사는 가족이 있다고 해도 단독주택입니다. 즉 이 공간은 세를 줄 수는 있지만 따로 떼어내 매매할 수 없다는 뜻입니다. 단독주택 주인은 1명만 인정되기 때문이죠.

다가구주택도 단독주택의 한 유형입니다. 세 들어 사는 가족이 여러 가구 있다고 해도 다가구주택 전체 주인은 1명뿐입니다. 대학가 원룸촌에 흔히 보이는 다가구주택도 주인은 한 명입니다. 101호와 201호 주인이 곧 다가구주택 건물 주인이자 임대인입니다. 집주인은 101호만 따로 세를 줄 수는 있지만 매매할 수는 없습니다.

다가구주택 중에는 1층이나 2층에 카페나 음식점이 들어선 곳들이 많아요. 이런 건물은 서울 연남동 경의선 숲길과 이태원 경리단길, 신사동 가로수길에 가면 어렵지 않게 볼 수 있습니다. 다가구주택도 단독주택의 한 유형이기 때문에 '점포겸용단독주택' 또는 '상가주택'이라고 부릅니다. 앞에서도 말했지만 요즘 신도시나 택지지구에 공급되는 점포겸용단독주택용지는 나오기만 하면 불티나게 팔립니다. 집주인 입장에서는 주거와 임대를 동시에 해결할 수 있기 때문이죠.

주인이 1명인 단독주택과 구별되는 공동주택도 있습니다. 대표적인 공동주택이 아파트죠. 조금 어려운 말로 '구분소유'가 가능한 주택이 공동주택입니다. 즉 공동주택은 집집마다 개별 등기가 가능하고 일반적으로 주인도 달라요. 물론 한 명이 한 아파트에 여러 집을 가지고 있을 수도 있지만 어쨌든 집집마다 각각 등기가 가능하다는 점에서 단독주택과 뚜렷하게 구분됩니다.

아파트와 같은 공동주택으로 집집마다 주인이 다르지만 규모가 작으면 연립주택이거나 다세대주택 중 하나라고 봐도 됩니다. 사실 연립과 다세대주택은 외형을 봐서는 구분하기 어려워요. 가장 빠르고 확실한 방법은 건축물대장이나 등기부등본을 보는 겁니다. 하지만 집주인이나 세입자 입장에서 둘을 구분할 실익은 크게 없습니다.

도시형생활주택은 다세대주택의 한 유형이면서 아파트나 오피스텔과 비슷한 듯 다른 공동주택입니다. 기본적으로 공동주택이기 때문에 집집마다 등기가 가능하고 집주인이 다 다를 수 있습니다. 건물 전체 주인이 한 명이 아니라는 뜻이죠. 건축주는 보통 도시형생활주택을 지어서 전부 분양합니다. 이런 구조는 아파트나 오피스텔과 같아요. 도시형생활주택은 입지나 외형도 오피스텔과 거의 같습니다.

하지만 오피스텔은 업무시설인 반면 도시형생활주택은 주택입니다. 또 오피스텔은 면적 제한이 없지만 도시형생활주택은 2009년 도입 당시 취지가 1~2인 가구의 주거난 해소였기 때문에 전용면적 85㎡를 넘지 못합니다. 오피스텔은 업무용이기 때문에 취득세율이 4%에 이르지만 도시형생활주택은 보통 6억 원 이하 주택에 해당해 취득세는 1%에 불과합니다. 오피스텔을 주거용으로 세를 주고 있다고 하더라도 전입신고만 되지 않으면 업무용으로 분류되기 때문에 종합부동산세 대상에서도 제외되지만, 도시형생활주택은 주택이기 때문에 종합부동산세 과세 대상에 포함됩니다.

그렇다면 우리나라 사람들은 어떤 주택에 얼마나 살고 있을까요? 통계청이 2015년 조사한 결과를 보면 우리나라 전체 가구 중 48.1%는 아파트에 거주하고 있습니다. 단독주택에 거주하는 가구는 35.3%로 그 다음으로 많아요. 단독주택에는 다가구주택도 포함됩니다. 11.2%는 연립이나 다세대주택에 거주하고 있는 것으로 나왔습니다.

전체 주택 재고는 얼마나 될까요? 통계청 조사에 따르면 빈집까지 포함해서 우리나라에는 1,637만 7,000호의 주택이 있습니다. 이 중 아파트가 59.9%로 가장 많고, 24.3%는 단독주택, 14.6%는 연립 다세대 주택입니다.

4 부동산의 가격

REAL ESTATE INVESTMENT

　모든 물건에는 가격이 있습니다. 너무 오래됐거나 비교대상이 없어서 전문가가 아니면 값을 매기기 어려운 경우도 있지만 누구나 라면 1봉지 가격과 물 1통의 가격이 얼마인지는 대충 알고 있죠. 부동산도 마찬가지예요. 모든 부동산에는 가격이 매겨져 있습니다.

　그런데 라면이나 물과 다르게 부동산 가격은 하나가 아닙니다. 하나의 부동산에 다양한 가격이 존재한다는 얘기죠. 물론 라면 가격도 마트마다 다르지만 부동산 가격은 조사기관마다 다른 건 아닙니다. 조사의 목적과 방법에 따라 가격이 다를 뿐이며, 부동산을 사고 팔 때는 결론적으로 말해서 '실거래가'와 '시세'만 참고하면 됩니다. 공시가격은 실거래가와 시세가 없는 경우 보조지표로 활용할 수 있습니다. 이제 하나씩 각 가격이 갖는 의미를 알아볼까요?

부동산 실거래가 확인하는 법

—

우선 부동산 거래에서 가장 중요한 실거래가부터 살펴볼게요. 실거래가란 말 그대로 실제 거래된 가격을 의미합니다. A라는 아파

◆ 부동산의 다양한 가격

	구분	조사(공시)기관	기준시점	용도
주택	개별단독주택가격	시군구	매년 1월 1일	재산세, 종합부동산세 부과기준
	표준단독주택가격	국토교통부	매년 1월 1일	개별단독주택가격 산정기준
	공동주택공시가격 (아파트, 연립, 다세대)	국토교통부	매년 1월 1일	재산세, 종합부동산세 부과기준
토지	개별공시지가	시군구	매년 1월 1일	재산세, 종합부동산세 부과기준
	표준지공시지가	국토교통부	매년 1월 1일	개별공시지가 산출기준
주택 + 토지	시세	한국감정원 부동산114(아파트만) KB국민은행	매주(아파트만), 매달(주택, 토지) 매주, 매달 매주(아파트만), 매달(주택만)	부동산 매매 시 참고지표
	실거래가	매수인,매도인 (직거래) 공인중개업자	계약일로부터 60일 이내에 신고	취득세 및 양도소득세 부과기준

트, B라는 오피스텔, C라는 토지를 과도하게 비싸게 사지 않고 지나치게 싸게 팔아서 손해 보지 않으려면 부동산 매매 전에 반드시 실거래가를 확인하는 게 좋습니다.

실거래가는 국토교통부가 운영하는 실거래가 사이트(rt.molit.go.kr)에서 확인할 수 있습니다. 개인정보보호를 위해 아주 상세한 소재지까지 나오진 않지만 아파트나 연립주택, 오피스텔의 경우 '층'까지 표시됩니다. 처음에는 아파트를 포함한 주택 실거래가만 공개됐지만 지금은 오피스텔은 물론 재건축 재개발 아파트 분양권과 입주권, 토지 실거래가까지 이 사이트를 통해 확인할 수 있어요.

매도인과 매수인이 부동산을 직접 거래하는 경우 매도인이나 매수인이 시군구청에 계약일로부터 60일 안에 실거래가를 신고해야 합니다. 시청이나 구청을 방문하지 않고 인터넷(rtms.molit.go.kr)으로도 신고할 수 있는데 이 경우엔 매도인과 매수인이 함께 신고해야 합니다. 반면 공인중개업소를 통해 거래할 경우 매도인과 매수인은 실거래가 신고 의무가 면제되고 공인중개사에게 신고 의무가 부과됩니다. 매도인이나 매수인, 공인중개사 등 신고 의무가 있는 사람이 기간 안에 신고하지 않으면 500만 원 이하의 과태료 처분을 당하기 때문에 유의해야 합니다.

실거래가는 그 자체로 거래에서 가장 중요한 가격인 동시에 매도인 입장에서는 양도소득세, 매수인 입장에서는 취득세를 낼 때 기준이 됩니다. 많은 부동산 가격지표 중 양도소득세와 취득세는 실거래가를 기준으로 삼고 있는 거죠. 앞서 설명한 바 있듯이 매도인은 양도세를 줄이기 위해, 매수인은 취득세를 덜 내기 위해 '불법 다운계약서'를 쓰는 경우가 많습니다. 다운계약서를 썼다가 적발되면 매도인과 매수인 모두 과태료 처분을 받고 동시에 원래 내야 할 취득세와 양도세에 대한 가산세까지 내야 합니다. 또 다운계약서를 쓰도록 도와준 공인중개사는 6개월 자격정지나 중개업 등록 취소 처분을 받게 됩니다.

실거래가는 아니지만 내가 사거나 팔고자 하는 부동산의 현재 가격을 나타내는 지표로 '시세'가 있습니다. 시세는 실제 거래되는 가격과 같을 수도 있지만 더 높거나 낮을 수도 있습니다. 'A아파트 103동 501호의 시세가 3억 원'이라고 할 때 이 가격은 실거래가와 부동산 시장 상황 등을 고려해 매도인과 매수인이 적정하다고 생각하는 수준을 의미합니다. 한국감정원, 부동산114, KB국민은행 등에서도 매주 또는 매달 시세동향을 발표하는데 이 통계는 개별 단지의 가격은 보여주지 않습니다. 따라서 매매나 투자 시 한 지역이나 전체 부동산 시장의 가격 흐름을 파악할 때 참고하면 좋습니다.

행정관청에서 주로 과세를 목적으로 책정하는 가격도 있습니다. 토지의 경우 표준지공시지가와 개별공시지가, 주택의 경우 표준단독주택가격, 개별단독주택가격, 공동주택공시가격 등이 여기 해당하죠. '표준'자가 들어간 것은 샘플(표준) 조사라는 뜻이에요. 이 샘플조사 가격을 기초로 해서 '개별' 토지와 주택 가격이 산정됩니다.

그런데 국토교통부나 지방자치단체에서 산정하는 토지나 주택의 공시가격은 실거래가나 시세보다 훨씬 낮은 경우가 대부분입니다. 2014년 9월 현대자동차그룹은 10조 5,000억 원에 서울 삼성동 한국전력 부지를 매입했지만 이 땅의 2016년 공시지가는 2조 2,000억 원에 불과합니다. 2016년 공시가격 10억 원인 서울 압구정동 현대아파트 12차 전용면적 121㎡의 실거래가는 18억 원입니다.

장기간에 걸쳐
현실화되는 공시지가

왜 이런 현상이 나타날까요? 이유는 간단합니다. 공시가격의 가장 중요한 목적은 재산세나 종합부동산세 등 부동산 보유에 따른 세금을 부과하기 위해서인데 이 가격을 실거래가만큼 끌어올리면 국민의 세금 부담이 지나치게 늘어날 수 있기 때문이죠. 급격한 세 부담 증가는 조세저항을 일으킬 수 있어요. 따라서 정부는 공시가격을 한꺼번에 현실화하지 않고 오랜 기간을 두고 천천히 현실화하고 있습니다.

참고로 2016년 국토교통부가 발표한 자료를 보면 우리나라에서 가장 비싼 아파트는 서울 서초동 드라움하우스3차 전용면적 273㎡로 44억 4,000만 원이고, 2위는 강남구 청담동 상지리츠빌카일

룸3차 전용면적 265㎡로 44억 800만 원입니다. 3위는 용산구 한남동 한남더힐 전용면적 244㎡로 42억 1,600만 원이에요. 또 연립주택 중 가장 비싼 곳은 서초동 트라움하우스5차 전용면적 273㎡로 무려 63억 6,000만 원이나 합니다. 한남동 라테라스 한남 전용면적 244㎡는 41억 3,600만 원으로 연립주택 중 두 번째로 비쌉니다.

신도시와 택지개발지구

분당, 일산, 위례, 동탄, 판교… 이 도시들의 공통점은 뭘까요? 서울, 부산, 대구, 광주, 대전과는 어떻게 다를까요? 정부가 2016년 8월 25일 가계부채 대책 일환으로 공공택지 공급을 줄이겠다고 했는데 그 의미는 또 뭘까요? 이제부터 하나 둘 그 답을 찾아보겠습니다.

2014년 9월 1일 우리 정부는 부동산 대책의 일환으로 1980년 도입한 '택지개발촉진법(택촉법)'을 폐지하겠다고 발표했습니다. 국회나 정부에서 살아있는 법을 없애겠다고 나서는 것은 이례적인 일이죠. 부동산 시장은 정부가 택촉법을 폐지하겠다고 발표하자 달아오르기 시작했습니다. 택촉법을 폐지하는데 부동산 시장은 왜

달아올랐을까요?

택촉법은 분당, 일산, 위례, 동탄, 판교 등 1·2기 신도시를 만들 때 그 법적 근거를 제공했습니다. 즉 신도시는 택촉법이 없었다면 탄생할 수 없었다는 뜻이죠. 택촉법과 신도시는 하나의 운명공동체라고 봐도 무방합니다. 따라서 정부가 택촉법을 폐지하겠다고 발표한 것은 더 이상 신도시를 만들지 않겠다는 뜻과 같습니다. 더 이상 대규모 아파트 공급을 하지 않겠다는 뜻이기도 하죠. 수요가 그대로 있는 상태에서 어떤 제화의 공급이 줄면 가격이 오르는 것은 경제학 원론을 배우지 않은 사람들도 다 알고 있어요.

새로운 신도시 건설은 현실적으로 불가능

하지만 택촉법을 폐지하는 법률안은 국회를 통과하지 못했습니다. 지금 이 시간에도 택촉법은 살아 있어요. 정부가 마음만 먹으면 신도시를 또 만들 수 있다는 뜻입니다. 속았다고 생각할 분들도 있지만 수도권 인구가 급증하지 않는 한 신도시를 추가로 만들 필요는 없다는 게 많은 전문가들의 공통된 의견입니다.

신도시를 만들기 위해서 한국토지주택공사(LH)는 토지를 매입합니다. 신도시가 들어설 땅에 원래 살던 사람들은 토지보상금을 받고 다른 곳으로 떠납니다. 그리고 LH는 이 땅을 잘 정리해서 직접 개발하기도 하고 사업자들에게 공급하기도 하죠. 이렇게 조성된 땅을 '(공공)택지'라고 하고 신도시가 들어설 택지구역 전체를 '택지개발지구'라고 합니다. 이렇게 해서 탄생한 신도시는 1기 신도시 5곳, 2기 신도시 12곳 등 총 17곳입니다.

그런데 이상합니다. 17곳 중 서울 마곡지구와 하남미사강변도시, 남양주 다산신도시 등 가장 최근 인기를 끌고 있는 지역은 빠져 있습니다. 특히 다산신도시는 지역 이름에 신도시라고 들어가 있는데 1, 2기 신도시 명단에 없습니다.

사실 신도시급 택지개발사업을 하기 위한 근거법은 택촉법 외에도 공공주택법과 도시개발법이 있습니다. 신도시는 전부 택촉법으로 만들어졌지만 마곡지구는 도시개발법, 하남미사강변도시와 다산신도시는 공공주택법에 따라 만들어졌습니다. 개발하는 절차가 조금씩 다르긴 하지만 신도시 사업과 도시개발사업, 공공주택사업 구조는 비슷합니다.

소비자들 입장에서 보면 다산신도시가 진짜 신도시냐 아니냐 하는 논쟁은 큰 의미가 없습니다. 인구 10만 명 정도를 수용하기 위해 대규모로 택지를 조성하고 새 아파트를 공급하면 신도시나 다름없기 때문이죠. 소비자들에게 진짜 중요한 정보는 이렇게 대규모 택지를 조성해 아파트를 공급하는 경우 입주자 선정방식과 분양권 전매제한 기간이 다르다는 데 있습니다.

이 대목에서 2016년 8월 다산신도시에 분양한 '다산신도시 금강펜테리움 리버테라스' 입주자모집공고를 볼까요? 이 공고를 보

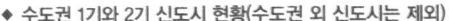

◆ 수도권 1기와 2기 신도시 현황(수도권 외 신도시는 제외)

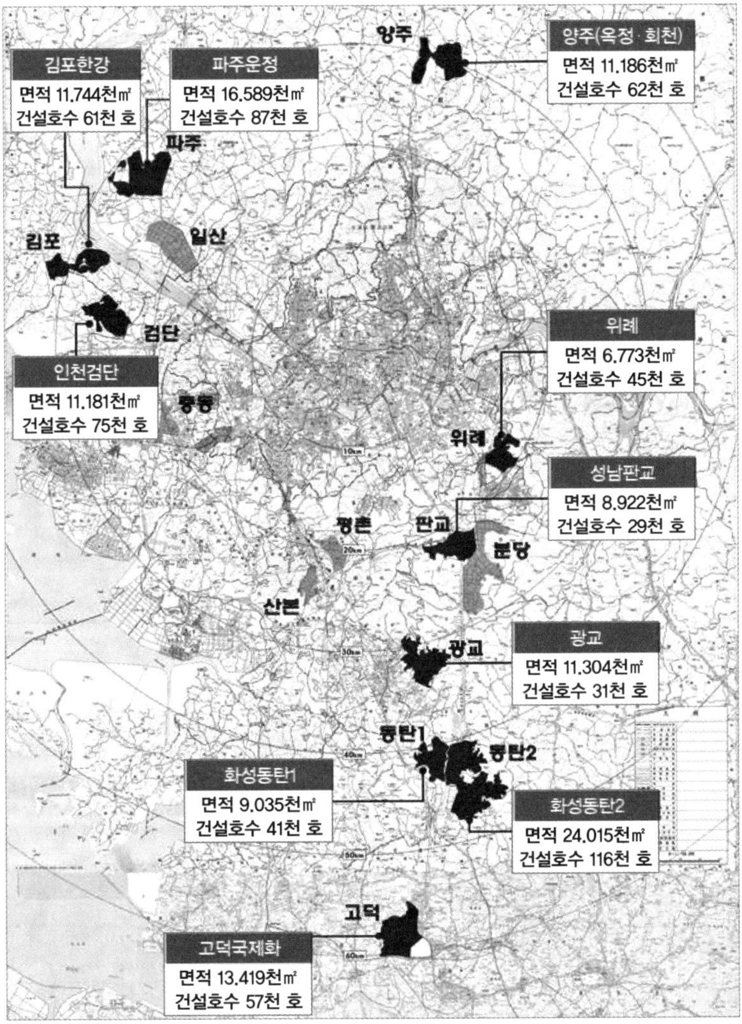

양주
양주(옥정·회천)
면적 11.186천㎡
건설호수 62천 호
김포한강
면적 11.744천㎡
건설호수 61천 호
파주운정
면적 16.589천㎡
건설호수 87천 호
파주
김포
일산
검단
인천검단
면적 11.181천㎡
건설호수 75천 호
중동
위례
면적 6.773천㎡
건설호수 45천 호
위례
성남판교
면적 8.922천㎡
건설호수 29천 호
평촌
판교
분당
산본
광교
광교
면적 11.304천㎡
건설호수 31천 호
동탄1
동탄2
화성동탄1
면적 9.035천㎡
건설호수 41천 호
화성동탄2
면적 24.015천㎡
건설호수 116천 호
고덕
고덕국제화
면적 13.419천㎡
건설호수 57천 호

면 입주자선정방식이 일반 아파트와 다릅니다. 아파트가 들어서는 남양주시의 1년 이상 거주자에게 우선 30%를 배정하고 경기도에 6개월 이상 거주자에게 20%를 우선 할당합니다. 그리고 나머지 50%는 서울과 인천, 경기도(6개월 미만) 거주자에게 공급합니다.

2013년 6월 위례신도시(서울 송파권역)에 분양한 '위례2차 아이파크'는 대규모 택지지구지만 또 달라요. 서울시의 1년 이상 거주자에게 50%를 우선 배정하고 나머지 50%는 서울시 1년 미만 거주자와 인천, 경기도 거주자에게 공급한다고 공고했습니다.

여기서 보듯 신도시든 아니든 수도권 내 66만m^2 이상 택지개발지구 안에 분양하는 아파트는 주택건설지역이 서울·인천인 경우와 그 외 경기도 지역인 경우 입주자 선정방식에 차이가 납니다.

분양권 전매제한 기간도 택지지구마다 차이가 납니다. 기본적으

◆ 택지지구 입주자선정 방법 예시 ① – 서울 또는 인천지역 택지지구

공급가구수	순위		접수건수	경쟁률	계산방법
100가구	1순위	당해	60	1.2대 1	공급가구 : 100X50%=50가구 경쟁률 : 60/50=1.2대 1
		수도권	20	0.6대 1 (20가구 미달)	공급가구 : 100X50%=50가구 경쟁률 : 50-30=20가구 미달
	2순위	당해	40	4대 1	공급가구 : 20X50%=10가구 경쟁률 : 40/10=4대 1
		수도권	20	5대 1	공급가구 : 20X50%=10가구 경쟁률 : 50/10=5대 1

당해=서울 또는 인천 1년 이상 거주자(50% 우선공급)
수도권=서울 또는 인천 1년 미만 거주자, 경기도 거주자(나머지 50% 공급)
* 1, 2순위 당해지역에서 탈락하면 수도권 청약자들과 다시 경쟁하게 됨

◆ 택지지구 입주자선정 방법 예시 ② – 하남(서울, 인천 이외 경기도) 지역 택지지구

공급가구수	순위		접수건수	경쟁률	계산방법
100가구	1순위	당해	50	1.67대 1	공급가구 : 100X30%=30가구 경쟁률 : 50/30=1.67대 1
		기타 경기	30	2.5대 1	공급가구 : 100X20%=20가구 경쟁률 : 50/20=2.5대 1
		서울 인천	10	0.8대 1 (10가구 미달)	공급가구 : 100X50%=50가구 경쟁률 : 50-40=10가구 미달
	2순위	당해	5	1.67대 1	공급가구 : 10X30%=3가구 경쟁률 : 5/3=1.67대 1
		기타 경기	5	3.5대 1	공급가구 : 10X20%=2가구 경쟁률 : 7/2=3.5대 1
		서울 인천	100	21대 1	공급가구 : 10X50%=5가구 경쟁률 : 105/5=21대 1

당해=하남시 1년 이상 거주자(30% 우선배정)
기타 경기=하남시 외 경기도지역 6개월 이상 거주자(20% 우선배정)
서울 인천=서울, 인천 및 경기도 6개월 미만 거주자(50% 배정)
* 1, 2순위 당해지역 탈락하면 기타 경기지역 청약자와 경쟁, 기타 경기에서 탈락하면 서울 인천 청약자와 경쟁

로 아직 진행되고 있는 위례, 동탄2 신도시는 전매제한 기간이 1년입니다. 1년 안에 분양권을 다른 사람에게 팔면 불법이라는 뜻이죠. 하지만 분양권 불법 전매가 기승을 부리고 분양시장이 투기판으로 전락하자 정부는 2016년 11월 3일 위례, 동탄2 신도시 등 분양권 전매제한을 사실상 금지했습니다. 물론 기존에 분양했던 단지는 해당되지 않고 2016년 11월 3일 이후 이 지역에서 입주자모집공고를 하는 단지부터 적용됩니다.

그린벨트를 50% 이상 해제해 조성된 공공택지에 공급되는 전용면적 $85m^2$ 이하 민간아파트의 분양권 전매제한도 2016년 11월 3

일 이후 강화됐어요. 기존에는 주변 시세대비 분양가에 따라 전매 제한 기간이 1~3년이었지만 소유권이전등기일 또는 3년으로 늘어났죠. 보통 분양 후 아파트 준공까지 3년 정도 걸리기 때문에 사실 이 지역 분양권 전매 역시 전면 금지됐다고 봐도 무방합니다.

6 집단대출과 주택담보대출

내 집 마련 방법은 크게 두 가지로 구분됩니다. 새 집을 사는 것과 누군가 살고 있는 집을 사는 경우죠. 빌라나 오피스텔은 새로 지어도 청약통장이 필요 없지만 새 아파트를 갖고 싶다면 일단 청약통장부터 가입해야 합니다. 물론 새 아파트지만 미분양인 경우에는 청약통장이 없어도 됩니다.

내 집 장만을 위해서는 청약통장만 필요한 게 아닙니다. 가장 중요한 건 자금이죠. 어느 정도 모아둔 돈이 있어야 새 아파트든 헌 아파트든 사려는 의지가 생깁니다. 기초자금이 없으면 내 집을 가져야겠다는 의지마저 갖기 어려운 게 현실이죠. 미국에서는 집을 살 때 대출을 제외한 자기자금을 다운페이먼트(down payment)라고 합니다.

그렇다면 집을 사기 위해서는 다운페이가 얼마나 필요할까요? 새 아파트인지 기존 아파트인지, 기존 아파트지만 전세가 세입자가 있는지 없는지 등 조건에 따라 큰 차이가 납니다.

주택에 따른
자금 운용법

우선 새 아파트부터 볼까요? 이론적으로 새 아파트를 분양받기 위해서는 분양가격의 20%만 있으면 됩니다. 왜냐구요? 법적으로 건설사는 계약금을 20%까지 받을 수 있기 때문이죠. 나머지 80%는 은행에서 빌릴 수 있습니다. 분양가 5억 원인 아파트가 있다면 계약금 1억 원만 있으면 된다는 뜻이죠. 나머지 4억 원은 은행 대출로 충당하면 됩니다.

이 때 4억 원은 중도금대출과 잔금대출로 구성됩니다. 중도금이란 분양가의 60~70% 규모로 입주 전까지 정해진 기간에 따라 건설사에 납부해야 하는 돈입니다. 보통 건설사는 아파트 분양 전에 은행 1~2곳을 정해서 계약자들이 중도금대출을 받을 수 있도록 주선해 줍니다. 계약자들이 모두 같은 은행에서 대출을 받기 때문에 언론에서는 '집단대출'이라고 부르죠.

♦ 중도금대출과 잔금대출 비교

구분	중도금대출	잔금대출
특징	아파트 당첨 후 1~2년간 분양대금의 약 60%를 대출	입주시점에 아파트를 담보로 집값의 70%까지 대출
대출기간	1~2년	5~30년
대출형태	주택금융공사, 주택도시보증공사 보증서 담보대출	부동산담보대출
LTV, DTI	미적용	LTV 70% 적용
분할상환	미적용	2017년 1월 1일 입주자모집 단지부터 적용

주선을 받은 은행은 중도금을 그냥 빌려주지 않습니다. 담보를 요구합니다. 이 때 주택금융공사(주금공)나 주택도시보증공사(HUG)에서 제공하는 보증서가 담보 역할을 합니다. 계약자가 중도금대출을 받고 제때 갚지 못하면 주금공과 HUG에서 대신 갚아주겠다는 약속이죠. 주금공과 HUG는 보증서를 발급해 주는 대신 계약자들에게 보증 수수료를 받습니다.

분양가 중 나머지 20%는 잔금입니다. 잔금은 아파트 입주시점에 내는 돈이에요. 아파트가 다 지어져서 건설사로부터 소유권을 넘겨받은 후에 지불하기 때문에 은행에서는 보증서 대신 아파트를 담보로 잡은 후 빌려줍니다. 이 때 중도금도 잔금과 합쳐서 부동산담보대출로 전환됩니다. 그 동안 이자만 갚고 원금을 갚지 않았다면 입주자는 적어도 중도금 중 10~20%는 갚아야 해요. 왜냐하면 마지막 잔금대출은 총 분양가의 70%까지만 허용되기 때문이죠.

아파트 분양이 많으면 중도금대출은 증가합니다. 100% 자기 자금으로 계약금과 중도금을 납부하는 사람이 드물기 때문이죠. 대부분 대출을 받아 중도금과 잔금을 납부하다 보니 아파트 분양이 많으면 중도금대출과 잔금대출은 증가할 수밖에 없어요. 정부에서는 가계부채 증가 속도를 조절하기 위해서 2016년 7월 1일부터 HUG의 중도금대출 보증 조건을 강화했습니다. 분양가가 9억 원이 넘는 경우 보증을 아예 제공하지 않고, 1인당 보증한도도 수도권과 광역시는 6억 원, 지방은 3억 원으로 제한하기로 한 겁니다. 1인당 보증도 2건까지만 해주기로 했습니다.

더욱 강화된 정부의 대출 기준

하지만 이 조치에도 분양시장 열기가 식지 않고 아파트 공급이 계속되자, 정부는 같은 해 8월 25일 HUG 중도금대출 보증과 주금공의 보증을 각각 2건씩 허용하던 것을 합쳐서 2건만 허용하기로 규제를 강화했어요. 보증한도도 100%에서 90%로 축소했습니다. 나머지 10%는 은행 자체 심사를 통해서 대출을 해주거나 거부할 수 있도록 조치했습니다. 지금까지 중도금대출은 계약자의 신용이나 소득을 고려하지 않았지만 이제 중도금대출의 10%는 신용이나 소득이 뒷받침되지 않으면 자기 자금으로 충당할 수밖에 없어요.

기존 아파트를 매수하는 경우는 어떻게 다를까요? 5억 원 하는 기존 아파트를 매수하기 위해서는 기본적으로 새 아파트를 분양받는 경우보다 자기자금이 더 필요합니다. 은행은 LTV(담보인정비율)와 DTI(총부채상환비율)를 따져서 부족한 자금을 빌려주는데 아무리 많아도 집값의 70%까지만 가능합니다. LTV와 DTI를 따지지 않는 중도금대출, 집단대출과 다른 대목입니다.

이렇게 해서 받는 대출은 집단대출이 아니라 주택담보대출이라고 불러요. 주택담보대출 안에 집단대출을 포함시키기도 하지만 앞서 살펴본 것처럼 집단대출 중 중도금대출은 아파트가 아닌 보증서를 담보로 잡기 때문에 엄밀하게 따지면 주택담보대출이라고 부르기 어려운 측면이 있습니다.

새 아파트를 분양받을 때 받는 집단대출과 기존 아파트를 매수할 때 받는 주택담보대출은 LTV와 DTI 적용 여부는 물론 분할상환을 의무화하는 '여신심사 가이드라인' 적용에 있어서도 차이가 납니다. 즉 모든 주택담보대출은 2016년 5월부터 전국 어느 지역에서 받던지 처음부터 원금과 이자를 함께 갚아야 합니다. 이자만 갚다가 원금을 갚지 못해서 발생하는 부실을 방지하기 위한 조치예요.

집단대출 중에서 중도금대출은 여신심사 가이드라인을 적용받지 않지만 잔금대출은 2017년 1월 1일 이후 입주자모집공고를 하는 단지부터 여신심사 사이드라인 적용을 받습니다. 다시 말해 2017년 1월 1일 이후 분양하는 단지에 당첨된 후 2~3년이 지나 전체 분양가의 약 20%인 잔금대출을 받는 경우 이 대출은 반드시 이자와 원금을 함께 갚아야 한다는 뜻이죠. 금융당국에서는 잔금대출 분할상환 의무화로 2019년부터 매년 1조 원 정도 가계부채 증가 속도가 줄어드는 효과가 나타날 것으로 기대하고 있습니다.

LTV, DTI 그리고 DSR

　서울에서 보통 전용면적 $59m^2$(옛 25평) 아파트 한 채를 사려면 4~5억 원이 필요합니다. 한 채에 5억 원 하는 아파트를 산다고 가정해 볼까요? 한 달에 300만 원씩 10년을 저축해도 이자까지 합쳐도 4억 원이 안되죠. 한 달에 300만 원씩 10년 동안 저축할 수 있는 가정도 많지 않습니다. 순수하게 저축으로 5억 원을 모으려면 20년은 넘게 걸릴 겁니다. 결국 서울에서 5억 원 아파트를 한 채 사려면 은행 대출을 받을 수밖에 없는데요. 이 때 은행원은 LTV와 DTI에 따라 대출한도를 산정하고 그 범위 안에서 돈을 빌려줍니다.

LTV와 DTI를 통해
적극적으로 가계부채 관리

—

 LTV는 영어로 'Loan To Value ratio'라고 쓰고 우리 말로는 담보인정비율이라고 합니다. 여기서 담보란 은행에 맡기는 물건 즉 부동산을 의미하죠. 아파트나 상가, 오피스텔, 토지 모두 담보가 될 수 있습니다.

 은행은 담보가치를 100% 인정해 주지 않습니다. 즉 아파트값이 5억 원이라고 5억 원 전부 인정해 주지 않는다는 뜻이죠. 인정해 준다는 의미는 한도를 부여한다는 뜻과 같아요. 아파트값이 5억 원이라고 5억 원까지 한도를 주지 않는다는 겁니다.

 은행에서는 보통 아파트를 담보로 대출을 취급할 때 LTV 70%를 적용합니다. 5억 원 아파트를 담보로 은행에 제공할 경우 1차

◆ DTI와 LTV 비교

	LTV	DTI
영문	Loan To Value ratio	Debt To Income ratio
국문	담보인정비율	총부채상환비율
의미	주택담보대출액을 담보가치(주택가격)로 나눈 값	주택담보대출액을 소득으로 나눈 값
도입	2002년	2005년
규제기준**	전 금융권, 전국 70%	전 금융권, 수도권 60%*

*지방은 DTI 규제 없음
**2014년 7월 규제완화 후 2015년 1년 연장, 2016년 다시 1년 연장

적으로 3억 5,000만 원 한도가 나옵니다. 여기서 서울은 3,200만 원, 수도권은 2,700만 원, 광역시 2,000만 원, 기타지역 1,500만 원씩 공제를 합니다. 주택임대차보호법상 최우선변제 소액임차보증금입니다. 은행에서 대출을 취급할 때 세입자가 있는지 없는지 확인하지만 미처 모른 상태에서 대출이 나간 후 집이 경매에 넘어가게 되면 최소한의 세입자 보호가 불가능하기 때문이죠. 이렇게 3억 5,000만 원에서 3,200만 원을 뺀 3억 1,800만 원 한도가 우선 산출됩니다. 방 공제의 경우 아파트는 무조건 1개만 한도에서 차감하지만 다세대나 연립주택은 방 개수만큼 모두 공제해 대출 한도는 더 줄어듭니다.

DTI는 Debt To Income ratio의 약자로 총부채상환비율입니다. 연간 소득에서 대출 원리금 상환금액이 차지하는 비율로 최종 대출 한도 산정 기준이 됩니다. 연봉이 엄청나게 많으면 분모가 크기 때문에 같은 대출을 받아도 비율이 낮게 나옵니다. 이 말은 연봉이 많을수록 대출한도가 올라간다는 뜻이죠.

또 대출기간도 중요합니다. 요즘 은행에서는 분할상환을 사실상 강제하고 있는데 분할상환대출의 경우 대출기간이 길수록 해마다 갚아야 하는 원리금 부담이 줄고 분자가 작아집니다. 분자가 작아지면 자연스레 같은 대출을 받아도 비율이 낮아지죠. 즉 대출을 더 받을 수 있다는 뜻입니다.

실제로 앞의 사례에서 이 사람이 연봉 5,000만 원이고 다른 대출이 없는 상태에서 3억 원의 대출을 기간 30년, 금리 3%, 원리금균등분할 조건으로 신청할 경우 연간 납부해야 할 원리금은 1,517만 원이기 때문에 DTI는 30%밖에 되지 않아요. 그런데 기간을 10년으로 줄이면 DTI는 69%로 치솟게 됩니다. 이 경우 DTI 한도초과에 걸려서 3억 원 대출이 불가능하기 때문에 한도를 줄이거나 대출기간을 늘려야 합니다. 연봉을 갑자기 올리는 건 불가능하니까요.

사실 은행이 주택담보대출을 해주면서 LTV만 신경써도 큰 문제는 없어요. 집주인이 대출을 못 갚아 경매에 넘긴다고 해도 이론적으로 시세의 80~90%에 매각할 경우 원금은 물론 이자까지 회수할 수 있습니다.

그렇다면 왜 은행은 담보대출 받는 사람의 소득까지 고려해서 대출 한도를 부여할까요? 우선은 급격한 가계부채 증가를 막기 위한 포석이라고 봐야 합니다. LTV로만 묶으면 소득이 없거나 낮아도 집값의 70%까지 대출을 받지만 DTI 잣대를 들이대면 소득이 적은 사람들은 대출을 많이 받기 어렵겠죠. 가계부채 총량 증가 억제 효과를 기대하는 겁니다.

리스크관리 차원으로도 볼 수 있어요. 차주가 소득이 충분하면 대출을 많이 받아도 매달 원리금을 꼬박꼬박 잘 갚겠죠. 반대로 소득이 별로 없으면 원리금 상환 부담이 클 수밖에 없습니다. 연체가 누적되고 부실대출로 전락하게 되면 은행 건전성에도 악영향을 미치게 됩니다. 이런 상황에서 주택 경기마저 나빠져 담보로 잡았던 집을 경매에 넘겨도 70%는커녕 50~60%밖에 못 받게되면 은행은 손실을 입게 되겠죠.

◆ A 씨의 부동산 담보대출 시뮬레이션 사례

기존대출	1억 원 신용대출, 금리 연 3%, 원리금균등분할상환, 10년 만기
신규대출	3억 원 담보대출, 금리 연 3%, 원리금균등분할상환, 30년 만기
신규대출 아파트	시세 5억 원, 방 3개, 전용면적 59㎡
연소득	5,000만 원
LTV	5억 원×70%−방 1개(3,200만 원)=3억 1,800만 원
DTI	158만 원(기존대출연간이자)+1,517만 원(신규대출연간원리금) /5,000만 원=33.5%
DSR	1,158만 원(기존대출연간원리금)+1,517만 원(신규대출연간원리금) /5,000만원=53.5%

요즘 뉴스를 보면 DSR이라는 용어도 등장합니다. 영어로는 'Detb Service Ratio'라고 쓰고 우리 말로는 총채적부채상환능력이라고 부릅니다. 최근에 등장한 개념이라 낯설기만 한데 사실 개념은 간단합니다. 가계부채 증가를 억제하고 부실대출을 막기 위해서 차주의 대출금 상환능력을 DTI보다 더 꼼꼼하게 보겠다는 겁니다.

즉 DTI는 기존에 대출이 있을 경우 그 대출의 연간 이자상환액과 새로 받는 담보대출 연간 원리금 상환액을 연소득으로 나눠서 계산했다면, DSR은 기존 대출도 이자상환액이 아니라 원리금상환액으로 반영합니다. 앞선 예에서 기존에 이 차주가 1억 원 신용대출(금리 연 3%)이 있다고 가정해 볼까요? 원래 DTI로 계산할 때 분자는 1,517만 원+158만 원(기존대출 연간 이자)을 합쳐 1,675만 원이 됩니다. 연봉이 5,000만 원이니까 DTI는 33.5%로 한도 여유가 충분합니다.

　반면 DSR로 계산하면 분자는 1,517만 원+1,158만 원(기존대출 연간 원리금)을 합쳐 2,675만 원이 됩니다. 이 경우 DTI는 53.5%로 겨우 60% 한도를 넘기지 않습니다. 기존 대출이 조금만 더 많았더라도 새로 받는 대출 DTI가 60%를 넘어 원하는 만큼 대출을 못 받는 상황이 발생할 수도 있었죠.

재건축, 재개발 그리고 리모델링

　최근 3.3㎡당 분양가 4,000만 원을 훌쩍 넘기고 있는 서울 강남 아파트 단지들의 공통점은 '재건축' 단지라는 점입니다. 물론 위치가 강남이라는 공통점도 있죠. '아크로리버파크'는 신반포 1차를 재건축했으며 '디 에이치 아너힐즈'는 개포주공 3단지를 재건축합니다. 요즘 강남에 들어서는 아파트는 대부분 재건축 단지라고 볼 수 있어요.

　반면에 서울 강북과 부산, 대구 등 지방에서는 '재개발' 단지들이 많습니다. '효창파크 KCC스위첸'은 효창4구역을 재개발했고, 롯데건설은 인근 효창5구역을 재개발해 '용산 롯데캐슬 센터포레'를 2016년 11월 분양했습니다. 이 아파트 입주자모집공고를 보면 시행사가 '효창제5구역 주택재개발정비사업조합'으로 표시돼 있습니다. 이 사업의 주체가 재개발조합이라는 뜻이죠.

왜 강남에는 재건축이 많은데 강북에는 재개발이 많을까요? 재건축과 재개발의 차이점을 알면 어렵지 않게 이해할 수 있습니다.

재건축과 재개발, 무엇이 다른가

재건축은 기본적으로 30년 넘은 아파트 같은 공동주택을 대상으

◆ 재건축과 재개발, 리모델링의 차이

구분		재건축	재개발	리모델링
대상		노후공동주택(준공 30년 이상) 단독주택도 가능	노후 불량 건축물 밀집지역	노후공동주택(준공 15년 이상)
시행자		▲ 조합, ▲ 한국토지주택공사(LH), ▲ 조합+시장군수, LH, 건설사 등		▲ 조합 ▲ 조합+한국토지주택공사(LH)
공급대상		▲ 토지 등 소유자 ▲ 잔여분 : 일반분양	▲ 토지 등 소유자 ▲ 세입자 : 임대주택 ▲ 잔여분 : 일반분양	▲ 토지 등 소유자 ▲ 잔여분 : 일반분양
동의요건	추진위 설립	토지 등 소유자의 과반수		없음
	조합 설립	각 동별 구분소유자의 과반수 동의+전체 구분소유자의 4분의 3 이상 동의+토지면적의 4분의 3 이상 토지소유자 동의	토지 등 소유자의 4분의 3 이상 동의+토지면적의 2분의 1 이상 토지소유자 동의	전체 구분소유자와 의결권의 각 3분의 2 이상의 결의+각 동의 구분소유자와 의결권과 반수결의 (한 개 동만 리모델링하고자 하는 경우 : 동의 구분 소유자 및 의결권의 각 3분의 2 이상의 결의)

로 합니다. 일단 준공한 지 30년이 넘어야 하고 공동주택이어야 합니다. 연립주택과 다세대주택은 공동주택이기 때문에 재건축 대상입니다.

물론 단독주택도 재건축구역에 포함될 수 있지만 사례가 많지는 않아요. 2016년 6월 GS건설이 분양한 '백련산 파크자이'는 대표적인 단독주택 재건축 단지입니다. 같은 해 11월 GS건설이 분양한 '방배 아트자이' 역시 서울 강남의 대표적인 단독주택 밀집 지역인 방배동3구역을 재건축하는 단지입니다.

30년이 넘었다고 모두 재건축을 할 수 있는 건 아닙니다. 30년이 넘었지만 튼튼한 아파트는 재건축할 수 없다는 말입니다. 따라서 재건축을 하기 위해서는 안전진단 결과 D등급이나 E등급이 나와야 합니다. 특히 E등급이 나오면 붕괴 위험이 있기 때문에 조건없이 재건축을 추진할 수 있어요.

반면 재개발은 주로 노후 단독주택, 다가구주택 밀집 지역을 대상으로 합니다. 특히 이런 지역은 도로, 상하수도, 공공기관 등 사회기반시설이 아주 열악합니다. 이렇게 사회기반시설이 열악하고 노후주택 밀집지역을 대상으로 하는 정비사업이 재개발입니다. 서울의 경우 강북지역에 낡은 저층 주택이 몰려 있기 때문에 강북에 재개발사업이 상대적으로 많은 것이죠.

재건축과 재개발은 대상지역이 다르지만 추진 절차는 대체로 대동소이합니다. 정비구역으로 지정된 곳에 거주하는 땅주인, 집주인 등의 동의를 얻어 조합을 만들고 조합이 주체가 돼 사업을 이끌게 되죠. 즉 조합이 시행사가 되는 겁니다.

시행사가 된 조합은 정비사업전문업체를 파트너로 선정해 전체적인 사업계획, 건축계획을 마련합니다. 그리고 그 계획을 시나 도의 건축위원회에 올려 승인을 받아야 합니다. 이 과정에서 구체적인 용적률이 정해지고 조합원 물량 외의 일반분양 물량이 결정되죠. 일반분양 물량은 곧 사업성, 추가 분담금과 직결되는 가장 중요한 부분입니다.

◆ 재건축, 재개발과 리모델링의 절차

재건축, 재개발 사업의 사업성은 '비례율'이라는 용어로 표현됩니다. 비례율이란 사업 전과 비교한 사업 후의 가치를 환산한 비율입니다. 100%를 기준으로 이보다 낮으면 재건축 후의 가치가 재건축 전의 가치보다 떨어진다는 의미예요. 이 경우 집주인은 모자라는 만큼 추가분담금을 내야 합니다. 반대로 100%가 넘으면 재건축 후의 가치가 더 높다는 뜻입니다. 따라서 집주인은 추가분담금을 낼 필요가 없죠. 오히려 환급금을 돌려받을 수 있어요.

비례율을 높이려면 일반분양 물량이 많아야 합니다. 일반분양을 많이 해서 분양수입이 늘어나면 가구별 부담이 줄어드는 구조입니다. 또 공사비 등 각종 비용을 줄이게 되면 마찬가지로 비례율은 좋아집니다.

비례율은 '(총수입-총지출)/조합원 감정평가금액의 합×100'으로 구합니다. 각 조합원의 정비사업 후 권리가액은 '감정평가금액×비례율'로 산출하죠. 이렇게 비례율과 조합원 권리가액이 정해지면 '조합원 분양가격-권리가액'으로 개별 조합원의 추가분담금이 산출됩니다.

예를 들어 조합의 총수입(조합원 분양수입+일반분양 수입 등)이 1,000억 원이고 철거비, 이주비, 설계비, 시공비 등 총지출이 900억 원이며 조합원 감정평가금액의 합이 80억 원이라면 비례율은 (1,000억 원-900억 원)/80억 원×100=125%입니다.

A라는 조합원 종전 자산 평가액이 2억 원이라면 새 아파트에 대

한 권리가액은 2억×125%=2억 5,000만 원입니다. 조합원 분양가가 2억 원이라면 A 씨는 2억 원-2억5,000만 원=5,000만 원을 환급받게 됩니다.

재건축, 재개발 비례율과 사업성은 살펴봤듯이 일반분양가에 따라 크게 좌우됩니다. 조합원들은 추가분담금을 줄이거나 초과이익에 대해서 환수받기를 원하기 때문에 최대한 일반분양가를 끌어올리려고 하죠. 특히 서울 강남 재건축 단지는 너 나 할 것 없이 분양가를 최대한 끌어올리며 과열경쟁과 거품을 조장한다는 비판을 받고 있습니다.

사업성을 높이려고 일반분양가를 끌어올리다 보면 소비자들에게 외면을 받을 수도 있습니다. 조합원들의 과도한 탐욕으로 미분양이 발생할 경우 결국 피해는 고스란히 조합원들에게 돌아갑니다. 탐욕만 억제한다면 시장 질서를 해치지 않으면서도 조합원들은 적정 수준의 이익을 거둘 수 있습니다.

재건축, 재개발은 정비구역 안에 있던 기존 건물을 모두 철거하고 주민들을 전부 이주시킨 후에 진행됩니다. 반면 리모델링은 다릅니다. 리모델링은 전면 철거를 전제로 하지 않습니다. 고쳐 쓴다는 개념이기 때문이죠. 물론 뼈대만 남겨두고 나머지는 다 바꾸는 작업이기 때문에 이주는 불가피합니다. 다만 공사기간은 재건축, 재개발보다 짧아서 오랜 기간 이주하지 않아도 되죠.

리모델링은 크게 수평증축과 수직증축으로 구분됩니다. 기존에는 수평증축만 허용했지만 국토교통부는 2014년 4월 25일부터 수직증축 리모델링도 허용하고 있어요. 수평증축은 기본적으로 내가 살던 집만 앞뒤로 넓게 확장하고 새로 고치는 개념이기 때문에 일반분양 물량이 나오지 않습니다. 반면 수직증축은 전체 가구수의 15%까지 늘릴 수 있죠. 또 15층 이상인 아파트는 최대 3개층까지, 14층 이하인 경우 최대 2개층까지 더 올릴 수 있습니다.

수직증축을 하면 일반분양 물량이 발생하기 때문에 조합원들에게 유리합니다. 수평증축보다 사업비가 많이 들지만 일반분양을 통해 전체적으로 가구당 부담을 덜어 줄 수 있죠. 따라서 15년 이상 된 아파트에 사는 경우 대부분 수직증축을 원합니다.

하지만 수직증축에도 제한이 있습니다. 수직증축과 수평증축을 동시에 진행할 때 세대를 구분하는 내력벽(아파트 전체 하중을 지탱하는 몸의 척추와 같은 벽체) 철거는 허용되지 않습니다. 아파트 안전에 심각한 문제가 발생할 수 있기 때문입니다. 내력벽 철거가 허용되지 않기 때문에 경기도 성남시 분당구 등에서 내력벽 철거 리모델링을 준비하던 단지들은 타격이 큰 것으로 알려졌습니다.

9 공공주택

보통 우리나라 사람들은 '임대주택'이라고 하면 한국토지주택공사(LH)에서 짓는 공공임대아파트를 떠올립니다. 'LH아파트'라고들 하죠. '휴먼시아((Humansia) 아파트'라고도 합니다. LH가 과거 한 때 공공임대아파트 브랜드로 휴먼시아를 사용했기 때문이에요. 판교 신도시에 가면 휴먼시아 아파트를 쉽게 찾아볼 수 있습니다.

LH아파트는 과거 동네마다 있었던 '주공아파트'와 같아요. 2009년 토지공사와 주택공사가 합병해 LH가 되기 전에는 주택공사가 공공임대아파트를 도맡아 공급했기 때문입니다. 하나둘 재건축에 들어가면서 분양가 신기록을 세우고 있는 개포주공아파트를 비롯해서 곧 재건축에 들어갈 잠실주공아파트 5단지, 구반포주공아파트 등은 주택공사에서 공급했던 대표적인 주공아파트들입니다.

공공임대아파트 공급은 지방자치단체에서도 하고 있습니다. 예를 들어 서울시의 경우 서울시 산하 SH공사에서 임대아파트를 공급하고 있죠. 인천도시공사, 경기도시공사 등에서도 지역 주민들을 위한 임대아파트를 공급하고 있어요. 가락시영아파트, 개포시영아파트 등은 과거 서울시가 직접 분양·임대했기 때문에 '시영'이라는 이름이 붙었습니다.

무주택·저소득층을 위한 공공임대주택

이렇게 우리 주변에서 공공임대아파트는 쉽게 찾아볼 수 있어요. 아파트, 다세대, 다가구 등을 모두 합친 공공임대주택은 100만 가구 정도 존재합니다. 예전에는 종류와 입주자격이 단순했지만 사회가 복잡해지면서 임대주택 종류도 다양해지고 입주자격도 종류별로 조금씩 차이가 납니다.

공공임대주택은 국가(LH)나 지방자치단체(지방공기업)에서 무주택·저소득층을 위해 제공하는 임대주택을 가리킵니다. 과거에는 주로 아파트를 지어서 공급했기 때문에 공공임대주택과 공공임대아파트가 같은 말이었지만 최근에는 다세대, 다가구, 오피스텔 등을 매입한 후 공공임대로 공급하는 경우도 많아 공공임대주택이라고 합니다.

모든 공공임대주택에 입주하기 위해서는 본인이나 배우자 소유의 주택이 없어야 합니다. 무주택은 기본조건이에요. 집을 가진 사람에게 국가나 지방자치단체가 임대주택을 제공하는 건 상식에 어

◆ **우리나라 공공임대주택의 종류**

종류	최장 임대기간	임대료	주택규모	특징(무주택은 모든 공공임대주택 입주 기본조건)
영구 임대	영구	시세의 30% 수준	전용면적 40㎡ 이하	기초생활수급자, 국가유공자, 북한이탈주민 등
국민 임대	30년	시세의 60~80% 수준	전용면적 60㎡ 이하	저소득층(도시근로자 월소득 70% 이하) 대상
5년 임대	5년	시세의 90% 수준	전용면적 149㎡ 이하	5년 후 분양전환, 분양전환가격 = 건설원가+감정가/2
10년 임대	10년	시세의 90% 수준	전용면적 149㎡ 이하	10년 후 분양전환, 분양전환가격 =감정가
매입 임대	20년	시세의 30~40% 수준	전용면적 85㎡ 이하	기초생활수급자, 도시근로자 월소득 50% 이하
전세 임대	20년 (대학생은 6년)	LH에서 전세보증금 지원	전용면적 85㎡ 이하	기초생활수급자, 도시근로자 월소득 50% 이하, 대학생, 신혼부부
장기 전세	20년	시세의 80% 수준	전용면적 85㎡ 이하	60㎡ 이하 : 도시근로자월소득 100% 이하 60~85㎡ 이하 : 도시근로자월소득 120% 이하
행복 주택	젊은층 6년 주거급여수급자, 고령자 20년	시세의 60~80% 수준	전용면적 45㎡ 이하	대학생, 취업준비생, 사회초년생, 신혼부부 등

출처 : 한국토지주택공사(LH) 〈알기쉬운 임대주택〉, 국토교통부 〈주택업무편람〉(2015년)

굿나는 일입니다. 공공임대주택에 거주하다가 돈을 모아서 집을 샀다면 더 이상 공공임대주택에 거주할 수 없습니다.

전세금이 매매가 턱밑까지 치솟고 월세 내기가 부담스러운 무주택자라면 시세보다 많게는 70%까지 저렴한 공공임대주택 입주를 노려볼만 합니다. 다만 공공임대주택 종류가 워낙 다양해 소득과 재산상황을 먼저 꼼꼼하게 따져보는 건 필수예요. 모르면 공공임대주택 입주자모집공고를 낸 곳에 전화를 걸어 물어보는 게 가장 빠른 길입니다.

모아둔 재산이나 소득이 거의 없다면 영구임대주택에 입주할 수 있습니다. 영구임대주택은 기초생활수급자, 한부모가정, 국가유공자, 북한이탈주민 등이 일정 조건을 충족할 경우 평생 집 걱정 없이 살 수 있도록 주변시세의 30% 수준에서 공급되는 공공임대주택입니다.

소득이나 자산이 넉넉하지 않다면 최장 30년간 거주할 수 있는 국민임대주택에 입주할 수 있습니다. 국민임대는 영구임대 입주자들보다는 소득 자산이 많기 때문에 임대료도 더 내야 합니다. 국민임대 임대료는 일반적으로 주변시세의 60~80% 수준에서 정해집니다.

5년임대주택과 10년임대주택도 있습니다. 이름에서 보듯이 거주기간이 각각 5년, 10년 보장되는 공공임대주택이죠. 그런데 5년, 10년 임대주택은 LH에서 공급하는 경우도 있지만 민간건설사에서 임대하는 경우도 많아요. 부영이 대표적인 건설사죠. 부영은 5년, 10년 동안 입주민들에게 월세를 받고 그 후 분양전환해서 큰 수익을 거두고 있습니다.

즉 5년, 10년 임대는 임대기간이 끝나면 분양전환된다는 뜻이죠. 분양전환이란 더 이상 임대를 주지 않고 임대주택을 매각한다는 얘기예요. 일종의 '후분양'으로 볼 수 있습니다. 후분양이란 아파트가 준공되기 전에 분양하는 '선분양'과 달리 아파트 준공 후 분양하는 방식입니다. 건설사들은 보통 토지비와 공사비를 선분양으로 받은 계약금과 중도금 등으로 갚아나가기 때문에 후분양을 하려면 자금여력이 충분해야 합니다.

공공임대주택은 아파트만 있는 게 아닙니다. 요즘에는 다세대, 다가구, 오피스텔도 공공임대주택으로 활용됩니다. 이런 공공임대주택 중 대표적인 것이 매입임대주택과 전세임대주택이에요. 둘 다 전용면적 $85m^2$ 이하인 다세대, 다가구, 오피스텔 등을 대상으로 한다는 점에서 공통점이 있습니다.

매입임대와 전세임대는 또 기존에 있는 주택을 활용한다는 점에서 아파트를 새로 지어 공급하는 기존의 건설임대방식과 차이가 납니다. 매입임대는 LH가 매입한 후 시세보다 저렴하게 저소득층에게 임대를 주는 구조지만 전세임대는 임차인이 직접 살고 싶은 집을 골라오면 LH에서 전세자금을 지원해 주는 구조입니다. 즉 전세임대는 LH가 집주인과 임대차계약을 맺은 후 저소득층 등에게 다시 임대를 주는 것이죠. LH가 임대인에게 전세 보증금을 지급했기 때문에 임차인은 LH에 이자명분으로 연 1~2%를 지불해야 합니다.

예를 들어 전세 1억 5,000만 원 하는 다가구주택을 빌려 LH에서 보증금 8,000만 원 지원을 받았다면 나머지 보증금 7,000만 원은 임차인이 부담하고 8,000만 원에 대한 이자(연 2% 적용) 160만 원은 12개월로 나눠 LH에 월세 형식으로 납부하면 됩니다. 단 임차인이 구해서 올 수 있는 주택은 수도권의 경우 전세 2억 1,250만 원 이내여야 합니다.

공공임대주택은 무주택·저소득층을 위해 공급됩니다. 재산이나 소득이 많거나 고급 외제 승용차를 타는 사람들은 5년, 10년 임대주택을 제외하면 공공임대주택에 거주할 수 없습니다. 하지만 상당히 많은 입주자들이 규정을 어기고 공공임대주택에 거주하고 있다는 사실이 국정감사 때마다 언론을 장식합니다. 이 때문에 국토교통부는 공공임대주택 소득·자산 기준을 계속 강화하고 있지만 불법 입주자를 다 적발해내지 못하고 있어요. 자격을 갖추고도 공공임대주택 입주를 위해 2~3년씩 기다려야 하는 상황을 감안한다면 정부나 LH의 보다 적극적이고 체계적인 관리가 필요한 대목입니다.

3베이, 4베이, 5베이

아파트를 고르는 기준은 사람마다 조금씩 차이가 납니다. 내가 원하는 모든 조건을 완벽하게 갖춘 아파트는 세상에 존재하지 않고, 존재한다고 해도 그 가격을 감당하기 어려울 것입니다. 교통, 학군, 가격, 주변여건, 평면 등 다양한 요소 중 가장 중요하게 생각하는 1~2가지를 충족하는 아파트라면 과감하게 청약통장을 꺼내드는 게 좋습니다.

여러 가지 요소 중 평면구조는 요즘 소비자들이 아파트를 고를 때 중요한 부분으로 떠올랐습니다. 과거에는 아파트마다 내부 구조가 거의 다 비슷했지만 요즘 나오는 아파트들은 단지마다 평면이 다 다릅니다. 같은 단지에 분양하는 같은 면적의 아파트라도 소비자들의 취향을 고려해 여러 가지 평면을 제공합니다. 가끔 한 가지 면적에 평면이 너무 다양하게 나와서 머리가 아플 지경이죠.

분양가에 포함되지 않아 길고 넓을수록 소비자에게 유리

아파트 평면은 거실이나 방 앞으로 발코니를 얼마나 배치하느냐에 따라 크게 달라집니다. 거실만 발코니와 연결될 수도 있고 모든 방과 거실이 발코니를 앞에 두고 있는 경우도 있습니다. 발코니는 서비스면적으로 분양가에 포함되지 않으면서도 확장할 수 있기 때문에 발코니가 길고 넓을수록 소비자들에게는 유리합니다. 또 확장하지 않고 발코니를 그대로 두는 경우에도 방이나 거실 앞으로 발코니가 있으면 추위와 더위 영향을 덜 받을 수 있습니다. 발코니 공간을 정원이나 창고 등 다양한 용도로 활용하는 것도 가능하죠.

아파트 분양광고나 모델하우스에 가면 가장 많이 보고 듣는 용어 중 하나가 '베이'(Bay)입니다. '전 가구 2베이', '일부 세대 3베이', '5베이 혁신평면' 등 건설사들은 베이 앞에 숫자를 붙여 소비자들에게 선택을 호소합니다.

이 때 베이란 방이나 거실이 발코니와 접하고 있는 구조나 형태를 말합니다. 즉, 2베이에서 발코니는 거실과 방 1개 앞으로 설치되고 3베이의 경우 거실과 방 2개가 발코니를 갖게 됩니다. 방 3개와 거실 앞으로 발코니가 들어서면 4베이 구조가 되겠죠. 요즘에는 방 4개와 거실 앞으로 발코니를 설치하는 5베이 아파트도 속속 등장하고 있습니다. 베이 앞에 숫자가 높아질수록 아파트 평면 구조는 길쭉한 직사각형 형태가 되고 반대로 베이 앞에 숫자가 줄어들면 정사각형 형태로 바뀌게 되겠죠.

보통 소비자들에게 가장 익숙한 평면은 3베이입니다. 가장 많은 소비자들이 선호하는 전용면적 $85m^2$ 아파트는 방 3개와 거실을 갖게 되는데 방 2개와 거실 앞에 발코니를 갖추고 나머지 방 1개는 정면이 아니라 후면 쪽에 배치합니다.

하지만 요즘 소비자들은 4베이 구조도 선호합니다. $85m^2$를 기준으로 방 3개 전부와 거실을 전부 발코니 쪽으로 빼는거죠. 출입문을 통과해서 집에 들어오면 한 쪽으로 방이 다 있고 후면 쪽으로는

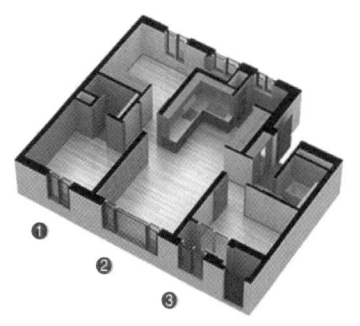

3베이 구조

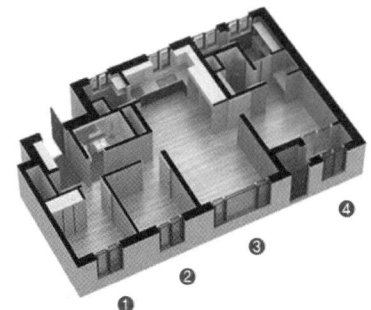

4베이 구조

부엌 정도만 설치되는 구조예요. 3베이에서 방 1개는 창이 없거나 나머지 방이나 거실과 다른 향으로 창이 나지만 4베이에서 모든 방과 거실은 한 방향으로 창이 납니다. 집이 남향이라면 4베이가 3베이보다 당연히 채광에 유리하겠죠.

3베이보다 4베이, 4베이보다 5베이가 일반적으로 발코니 면적이 더 넓게 나옵니다. 발코니 면적은 분양가에 포함되지 않는 일종의 서비스면적이라고 했죠. 즉 발코니 면적이 넓을수록 확장할 경우 추가로 얻게 되는 면적이 늘어나게 됩니다. 확장을 고려할 경우 같은 가격이라면 3베이보다 4베이를, 4베이보다 5베이를 선택하는 게 유리합니다. 물론 발코니가 넓을수록 확장 비용이 많이 들기 때문에 이 부분까지 꼼꼼하게 잘 따져봐야 할 것입니다.

최근에는 5베이를 넘어 6베이 아파트까지 나오고 있습니다. 5베이나 6베이 평면은 모든 아파트에 다 적용하기에는 구조적으로 불가능합니다. 5베이는 방 4개와 거실은 기본적으로 갖춰야 하고 6베이는 방 5개와 거실을 갖춰야 하기 때문에 대형평형에만 적용할 수 있습니다. 방이 많아봐야 3개밖에 나오지 않는 전용면적 $59m^2$의 소형 아파트는 4베이가 최대치입니다.

3베이와 3면 발코니, 4베이와 4면 발코니는 같은 말일까요? 많은 분들이 3베이와 3면 발코니가 같다고 오해하는 경우가 많은데 기본적으로 개념 자체가 다릅니다. 우연의 일치로 3베이면서 3면 발코니일 수는 있지만 동일한 개념은 아닙니다.

3베이는 방과 거실 중 3개가 발코니 쪽으로 창이 나는 구조입니다. 반면 3면 발코니는 아파트가 직사각형 구조라면 3개면에 발코니가 설치되는 형태죠. 전면부에는 거실만 발코니와 붙어있고 양옆으로 방 1개씩이 있는데 방마다 발코니가 하나씩 붙는다고 해도 3면 발코니 구조라고 부를 수는 있지만 3베이라고 말하지는 않습니다. 베이는 아파트 전면부에 방이나 거실 연장선상에 설치되는 발코니 개수에 따라 달라지지만 면은 전면이든 후면이든 측면이든 발코니가 설치되는 방향이나 위치에 구애받지 않기 때문입니다.

발코니와 베란다, 테라스

아파트를 분양받을 때 발코니 확장은 확실히 요즘 트렌드입니다. 발코니를 확장하면 방과 거실 면적이 늘어나 집이 전체적으로 넓어지죠. 지금은 당연하게 여겨지지만 2005년 12월 이전에 발코니 확장은 불법이었습니다. 많은 집들이 법을 어기고 발코니를 확장하자 정부는 2005년 12월 2일부터 발코니 확장을 합법화했습니다.

발코니 확장이 합법화된 지도 10년이 넘었지만 아직도 발코니 확장을 '베란다 확장'이라고 말하고 그렇게 이해하는 사람들이 많아요. 발코니와 베란다를 정확히 구분하는 사람이 많지 않다는 뜻이죠. 사실 부동산에 관심이 없는 사람이라면 굳이 발코니와 베란다를 구분할 필요는 없습니다.

흔히 하는 착각,
발코니는 베란다가 아니다

―

하지만 부동산 영역으로 들어오면 발코니와 베란다는 반드시 구분해야 합니다. 둘을 구분하지 못하면 본의 아니게 법을 어길 수 있습니다. 건설사들이 하는 말을 이해할 수도 없고 분양가격이 적절한지 따져보는 일도 불가능합니다.

우선 발코니부터 볼까요? 발코니는 '건축법 시행령'에 그 정의가 잘 나와 있습니다. 시행령에 따르면 발코니는 '건축물의 내부와 외부를 연결하는 완충공간으로, 전망이나 휴식 등의 목적으로 건축물 외벽에 접하여 부가적으로 설치되는 공간'입니다. 특별히 주택에 설치되는 발코니는 '필요에 따라 거실·침실·창고 등의 용도'로 사용할 수도 있습니다.

이 설명만 봐서는 잘 와 닿지 않지만 베란다와 비교하면 어느정도 감이 잡힙니다. 베란다는 아래 위층 간 면적 차이로 위층에 남게 되는 공간을 말합니다. 다음 그림을 보면 좀 더 이해가 쉬울 텐데요. 발코니와 달리 베란다가 만들어지기 위해서는 건물이 위로 올라갈수록 좁아지는 계단식 구조를 가져야 합니다.

◆ 발코니와 베란다

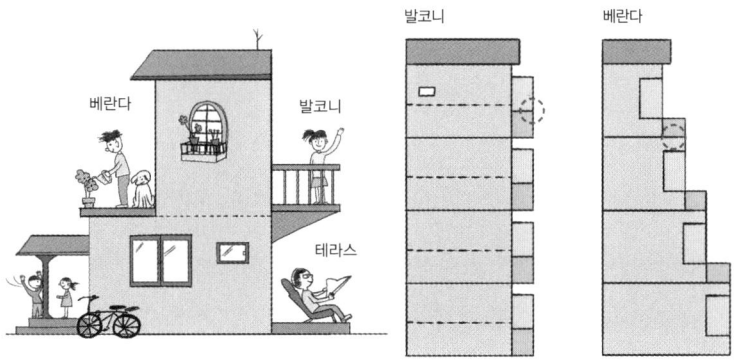

　따라서 일반적으로 아파트 거실 바깥 쪽에 설치되는 것은 발코니라고 부르는 게 맞습니다. 그리고 이 발코니는 소유자 부담으로 확장공사가 가능합니다. 반면 베란다는 주로 다가구주택이나 단독주택에 발견됩니다. 베란다 확장에 대해서는 법에서 따로 정하고 있지 않지만 건축물 구조는 법에 허용된 것 외에는 변경할 수 없다는 점에서 불법입니다. 발코니 확장은 합법, 베란다 확장은 불법이라는 점을 분명히 알아둬야 합니다.

　과거 복도식 아파트의 경우 발코니는 아파트 거실 앞쪽에만 설치됐습니다. 1면 발코니라고 합니다. 하지만 계단식 아파트가 등장하면서 거실 앞쪽은 물론 부엌 뒤쪽에도 발코니가 생겼습니다. 2면 발코니 시대가 열린거죠. 그리고 최근에는 앞, 뒤는 물론 옆에도 발코니가 설치되는 3면 발코니 아파트도 등장하고 있습니다. 발코니가 앞으로 뒤로 옆으로 있으면 개방감이 극대화되겠죠. 다양한 전망 확보도 가능합니다.

 그런데 여기서 더 중요한 포인트가 있습니다. 발코니 면적은 기본적으로 아파트 분양가에 포함되지 않습니다. 그래서 건설사들은 아파트를 분양할 때 발코니 면적을 '서비스면적'이라고 홍보합니다. 분양가에 포함되지 않지만 확장하면 그만큼 전용면적이 넓어지기 때문에 서비스라고 표현하는 것이죠. 물론 발코니 확장비용은 집주인이 부담해야 하기 때문에 100% 서비스면적이라고 보긴 어렵지만 분양가에 포함되지 않는다는 사실은 주목할만한 점이죠.

 실제로 2016년 일산에 분양한 '킨텍스 원시티'의 경우 3면 발코니가 적용된 전용면적 $84m^2$는 발코니를 모두 확장할 경우 추가로 얻게 되는 면적이 $57m^2$나 됐습니다. 전용면적의 67%에 해당하는 면적을 발코니에서 추가로 얻게 된 것이죠. 사실상 전용면적 $137m^2$ 아파트를 $84m^2$ 분양가로 분양한 겁니다.

 앞서 발코니 확장은 합법, 베란다 확장은 불법이라고 했습니다. 그렇다면 오피스텔 발코니나 베란다는 어떨까요? 오피스텔은 현행법상 주택이 아니라 업무시설로 분류되기 때문에 발코니 설치는 금지됩니다. 따라서 오피스텔에는 기본적으로 발코니가 있을 수 없죠. 그렇다면 오피스텔인데 앞에 빨래 건조대를 놓거나 에어컨 실외기를 설치할 수 있도록 된 공간은 뭘까요? 대부분 베란다라고 봐야 합니다. 그리고 이 베란다는 확장이 불가능합니다.

 발코니, 베란다와 또 헷갈리는 공간이 '테라스'입니다. 테라스하우스, 테라스상가 등 요즘 테라스라는 수식어가 들어간 아파트, 상가가 불티나게 팔리고 가격도 비싸게 책정됩니다.

테라스는 방이나 거실에서 바로 외부와 연결되는 공간으로 바닥은 만들어져 있지만 지붕이 없습니다. 따라서 필연적으로 1층에 설치되고 길이나 정원과 연결됩니다. 하지만 요즘 유행하고 있는 테라스하우스는 전층에 테라스가 설치된다고 광고합니다. 1층은 그렇다고 치고 나머지 층에 설치되는 것은 뭘까요? 말이 테라스지 사실은 위 아래 층을 경사지게 배치해 발생하는 공간으로 베란다고 봐야 합니다. 그리고 테라스하우스는 아파트가 아니라 연립주택인 경우가 많습니다.

아파트인데 일부 평형에 테라스가 설치되는 경우도 있습니다. 이건 또 어떻게 된 일일까요? 짐작하듯이 이 공간은 엄밀히 말해서 테라스가 아니라 '오픈형 발코니'입니다. 발코니는 발코니인데 지붕이 없고 외부와 연결된다는 점에서 오픈형이라는 수식어가 붙습니다. 발코니라는 점에서 이 공간도 기본적으로 분양가에 포함되지 않습니다.

전용면적과 공용면적, 분양가

아파트를 분양받기 위해 카탈로그나 홈페이지를 보면 어려운 용어가 많습니다. 사실 이런 어려운 용어들은 몰라도 됩니다. 시시콜콜하게 다 알 필요가 없어요. 모든 부품과 성능에 대한 전문 용어나 지식을 알고 자동차를 사지 않는 것과 같습니다. 위치가 좋고 구조도 마음에 들고 분양가격까지 합리적이라면 일단 청약해보는 것도 나쁘지 않습니다.

그런데 아파트 분양가는 자동차 가격하고는 비교할 수 없을 정도로 비쌉니다. 대부분의 경우 아파트는 우리가 살면서 구매하는 것 중에서 가장 고가의 상품입니다. 이렇게 비싼 제품을 마트에서 물건 고르듯이 고를 수는 없는 노릇이겠죠? 조금 더 세심한 주의가 필요합니다.

특히 분양가가 높은지 낮은지 이해하려면 전용면적, 공용면적, 공급면적, 계약면적, 서비스면적 등 아파트 면적에 대한 낯설고 비슷하면서도 다른 용어에 대해서는 알아둘 필요가 있습니다. 임대 목적으로 오피스텔을 분양받을 때도 마찬가지에요. 아파트와는 또 다른 오피스텔 면적과 분양가 기준에 대해서 정확히 모르고 덜컥 계약했다가는 큰 낭패를 보게 됩니다.

면적에 대한 정확한 개념이 비용 낮출 수 있어

우선 전용면적의 개념부터 알아볼까요? 전용면적이란 201호, 301호 안에 거주하는 사람이 집 안에서 실제 사용하는 면적입니다. 요즘 모든 분양광고는 전용면적으로 합니다. 설명이 없으면 전용면적이라고 보면 되는 거예요.

전용면적 59m^2는 전용면적 18평입니다. 하지만 2007년 이전, 'm^2' 단위 대신 '평' 단위를 쓰던 시절에는 그냥 25평이라고 불렀죠. 59m^2를 1평=3.3m^2로 나누면 18평인데 왜 사람들은 아직까지도 25평이라고 할까요?

25평은 공급면적 기준입니다. 공급면적은 실제 사용하는 전용면적에 계단, 복도, 엘리베이터 등 주거공용면적을 합친 면적을 가리키죠. 보통 전용면적 59㎡ 아파트는 공용면적이 21~22㎡ 정도 됩니다. 둘을 합치면 80~81㎡가 되고 3.3㎡로 나누면 24~25평이 됩니다. 예전에는 실제 거주하는 공간이 아닌 공용면적까지 더해서 공급면적을 평으로 환산한 후 광고도 하고 계약서도 작성했습니다.

공급면적은 분양면적과 동일합니다. 따라서 건설사가 분양가를 책정할 때 기준이 되는 것은 공급면적입니다. 즉 전용면적 59㎡의 공급면적이 81㎡라면 공급면적은 24.5평이 됩니다. 이 아파트 평균 분양가가 3.3㎡당 1,000만 원이라면 전용면적 59㎡의 분양가는 1,000만 원×59/3.3(18평)=1억 8,000만 원이 아니라 1,000만 원×81/3.3(24.5평)=2억 4,500만 원이 됩니다. 의외로 이 계산을 못하는 사람들이 생각보다 많습니다.

계약면적이라는 개념도 있습니다. 계약면적은 공급면적에 노인정, 관리사무소, 주차장, 커뮤니티센터 등 기타공용면적을 합친 면적입니다. 기타공용면적은 분양가 책정과는 사실 관계가 없습니다. 주민들이 공동으로 사용하는 공간으로 넓으면 편리하지만 공용 관리비가 올라가는 부작용도 있습니다.

분양가에 포함되지 않는 서비스면적도 있습니다. 서비스면적은 발코니면적과 같습니다. 발코니면적은 분양가에 포함되지 않는 서비스면적이기 때문에 같은 가격이면 발코니면적이 넓을수록 유리합니다. 발코니는 확장해서 쓸 수 있기 때문에 서비스면적이 넓을

수록 전용면적이 늘어나는 효과를 누리는 것도 가능합니다.

오피스텔은 어떨까요? 아파트는 공급면적=분양면적을 기준으로 분양가가 책정되지만 오피스텔은 특히 지하주차장까지 포함한 계약면적을 기준으로 분양가가 책정됩니다. 이 때문에 같은 지역에 전용면적이 같은 아파트와 오피스텔이 있다고 해도 $3.3m^2$(1평)당 분양가는 아파트보다 오피스텔이 낮습니다. 오피스텔 계약면적이 아파트보다 훨씬 넓기 때문이죠.

아파트나 오피스텔 광고를 보면 '전용률'이라는 개념도 나옵니다. 이것도 아파트와 오피스텔이 서로 다릅니다. 아파트 전용률이 일반적으로 오피스텔보다 많이 나오는데 이는 계산 방법이 서로 다르기 때문입니다.

아파트 전용률은 '전용면적/공급면적×100'을 합니다. 보통 80% 정도 나오는데요. 아파트는 전용률이 높은 편입니다. 반면 오피스텔이나 상가 전용률은 '전용면적/계약면적×100'을 합니다. 오피스텔 계약면적에는 지하주차장, 기계실 등 기타공용면적까지 포함되기 때문에 분모가 아파트보다 훨씬 큽니다. 이 때문에 오피스텔 전용률은 50~60%밖에 나오지 않죠. 상가는 이보다 더 낮아서 45~50% 정도 나옵니다.

전용률이 갖는 의미는 무엇일까요? 우선 기준이 서로 다르기 때문에 아파트는 아파트와, 오피스텔은 오피스텔과 비교하는 게 합리적입니다. 일단 전용률은 높을수록 좋아요. 전용률이 높다는 건 그만큼 가구별로 실제 집 안에서 사용하는 전용면적이 넓다는 뜻이기 때문입니다. 같은 가격인데 전용률이 낮다면 전용면적은 상대적으로 좁고 공용면적이 넓다는 뜻으로, 공용면적이 넓은 아파트는 관리비만 많이 나올 뿐 실용적이지 않습니다.

부동산 중개수수료

부동산을 거래하는 방법에는 크게 두 가지가 있습니다. 당사자 간의 직거래와 공인중개소를 통한 거래가 그것입니다.

먼저 당사자 간 직거래는 대학가 원룸촌이나 고시원에서 주로 이뤄집니다. 젊은이들은 중개수수료를 아끼기 위해 인터넷을 통하거나 직접 발로 뛰면서 집주인(임대인)과 직접 계약을 맺습니다. 원룸이나 고시원 임대차 계약이 직거래로 가능한 것은 '보증금 500만 원, 월세 30만 원' '보증금 100만 원, 월세 50만 원'처럼 보증금 규모가 소액이기 때문에 가능합니다. 보증금 규모가 집주인이 망해도 보장받을 수 있는 소액임차보증금 한도 안에 있기 때문에 굳이 적지 않은 수수료를 주면서 중개업소를 거칠 필요가 없는 거죠. 참고로 서울시의 경우 보증금이 1억 원 이하인 경우 세 들어 사는 집이 경매로 넘어가도 3,400만 원까지는 무조건 가장 먼저 보장받을 수 있습니다. 단 보장을 받기 위해서는 전입신고를 하고 임대차계약서에 확정일자를 받아둬야 합니다.

활발해지는 직거래, 큰 거래는 중개업자 활용하는 것이 안전

직거래가 활발하다고 하지만 대부분의 부동산 거래는 공인중개사를 통해 공인중개업소에서 이뤄집니다. 과거에는 중개업소가 동네 사랑방 역할을 했죠. 중개업소를 아직도 복덕방이라고 부르는 어른들이 많아요. 참고로 새 아파트 모델하우스 앞에 진을 치고 앉아 있는 분들은 '이동식 중개업소'라고 합니다. 언론에서는 '떴다방'이라고 부르기도 하는데, 여기저기 모델하우스를 옮겨 다니기 때문에 이런 별칭이 붙었습니다. 현재 공인중개사법은 떴다방을 불법으로 규정하고 있습니다. 부동산 투기를 조장하고 불법 분양권 거래를 유도하고 세금도 제대로 내지 않기 때문이죠.

중개업소를 이용해서 매매계약을 맺거나 전월세 계약을 체결하면 수수료를 내야 합니다. 중개사가 물건을 소개해주고 계약서 작성을 도와준 데 대한 일종의 서비스요금입니다. 중개수수료는 매도인과 매수인, 임대인과 임차인 양쪽 모두 부담합니다.

수수료율은 전국이 동일합니다. 수수료는 보통 중개보수라고 하는데 중개업소 책상 위나 벽에 항상 붙어있습니다. 인터넷을 찾아봐도 자료는 충분해요. 요즘 중개보수를 갖고 장난치는 중개사들은 거의 없다고 봐도 무방합니다.

예를 들어 5억 원 하는 아파트를 매수한다고 생각해 볼까요? 거래금액이 5억 원인 경우 요율은 0.4%입니다. 따로 한도는 없어요. 따라서 5억 원×0.4%를 하면 200만 원이 나옵니다. 매수인은 중개사에게 200만 원을 중개보수 명목으로 줘야 한다는 뜻이죠.

중개보수는 한 번에 다 줘야 하는 걸까요? 그렇지 않습니다. 중개보수 지급 시기는 중개사와 계약자가 따로 정하면 됩니다. 따로 정하지 않으면 보통 잔금 지급일에 중개보수료를 지급합니다. 계약부터 잔금까지는 3개월 정도 기간을 두기 때문에 중개보수는 계약 3개월 후에 지급한다고 보면 됩니다.

10억 원 하는 아파트를 매도할 경우 중개보수는 '0.9% 이내'로 돼 있습니다. 애매하죠? 0.9%를 다 줘야 하는 건지, 아니면 좀 깎을 수 있는지 부동산 거래에 익숙하지 않은 분들은 적잖이 헷갈릴 거예요. 하지만 당황할 필요 없습니다. 0.9% 안에서 중개사와 협상을 하면 됩니다. 보통 0.9%를 다 달라고 하는 중개사는 거의 없어요. 0.5% 정도 주면 적절한 것으로 봅니다. 정말 물건을 비싸게 잘 팔아줬다면 감사의 표시로 0.9%를 다 주는 경우도 있지만 일반적인 경우는 아닙니다.

전월세 계약도 매매와 크게 다르지 않아요. 전세가 2억 원이라면

거래내용	거래금액	상한요율	한도액	중개보수 요율 결정	거래금액 산정
매매교환	5천만 원 미만	1천 분의 6	25만 원	·중개보수는 거래금액×상한요율 이내에서 결정 (단, 이때 계산된 금액은 한도액을 초과할 수 없음)	·매매 : 매매가격 ·교환 : 교환대상 중 가격이 큰 중개대상물 가격
	5천만 원 이상 ~2억 원 미만	1천 분의 5	80만 원		
	2억 원 이상 ~6억 원 미만	1천 분의 4	없음		
	6억 원 이상 ~9억 원 미만	1천 분의 5	없음		
	9억 원 이상	1천 분의 ( ) 이내		·상한요율 1천 분의 9 이내에서 개업공인중개사가 정한 좌측의 상한요율 이내에서 중개의뢰인과 개업공인중개사가 서로 협의하여 결정함	
임대차 등 (매매·교환 이외)	5천만 원 미만	1천 분의 5	20만 원	·중개보수는 거래금액×상한요율 이내에서 결정 (단, 이때 계산된 금액은 한도액을 초과할 수 없음)	·전세 : 전세금 ·월세 : 보증금+(월차임액×100), 단, 이때 계산된 금액이 5천만 원 미만일 경우 : 보증금+(월차임액×70)
	5천만 원 이상 ~1억 원 미만	1천 분의 4	30만 원		
	1억 원 이상 ~3억 원 미만	1천 분의 3	없음		
	3억 원 이상 ~6억 원 미만	1천 분의 4	없음		
	6억 원 이상	1천 분의 ( ) 이내		·상한요율 1천 분의 8 이내에서 개업공인중개사가 정한 좌측의 상한요율 이내에서 중개의뢰인과 개업공인중개사가 서로 협의하여 결정함	

* 분양권의 거래금액 계산 : [거래당시까지 불입한 금액(융자포함)+프리미엄]×상한요율

수수료는 공식에 따라 2억 원×0.3%를 적용해 60만 원입니다. 2억 원 주택을 매매할 경우 수수료인 80만 원과 비교하면 전세 수수요가 좀 더 저렴합니다. 하지만 반드시 그런건 아니에요. 전세 5억 원 아파트의 중개수수료는 200만 원으로 매매와 동일합니다.

중개보수 산정 때 가장 논란이 되는 부분은 반전세(보증부 월세)예요. 저금리가 장기화되면서 최근 임대인들은 전세를 반전세나 월세로 많이 돌리고 있습니다. 전세금을 받아서 은행에 넣어 둬봐야 2% 금리도 기대하기 어렵지만 반전세나 월세로 돌리면 이보다 큰 금리효과를 기대할 수 있기 때문이죠.

보통 전세 1억 원인 집을 반전세로 돌리는 경우 지역에 따라 다르지만 보증금 5,000만 원, 월세 30만 원 정도 됩니다. 반전세나 월세는 전세로 환산해서 중개보수를 책정합니다. 이 경우 5,000만 원+(30만 원×100)을 적용해 전세 8,000만 원에 해당하는 수수료를 내게 되죠. 1억 원과 8,000만 원 전세 중개수수료는 30만 원으로 동일하기 때문에 이 경우 큰 문제는 없어요.

하지만 아주 간혹 수수료를 더 받기 위해 반전세로 나온 물건의 실제 전세 시세를 부풀리는 경우가 있습니다. 반전세로 보증금 5,000만 원, 월세 30만 원에 나온 물건의 실제 전세 시세는 1억 원이지만 1억 5,000만 원이라고 부풀리는 경우예요. 월세 부담을 느낀 임차인은 1억 5,000만 원이라도 전세 계약을 맺으려고 할 겁니다. 이 경우 수수료를 볼까요? 반전세나 전세 1억 원인 경우 앞서 봤듯이 30만 원입니다. 하지만 1억 5,000만 원으로 계약하게 되면 수수료는 45만 원이 됩니다. 물론 이런 사례는 그렇게 흔하지 않지만 정확한 시세 정보를 모르면 중개사들의 장난에 넘어갈 수 있다는 점을 알아둬야 합니다.

주거용 오피스텔은 사실 아파트처럼 사용되지만 중개보수 규정이 따로 있습니다. 보통 전용면적 $85m^2$ 이하인 경우가 대부분인데 매매의 경우 0.5%, 전월세는 0.4% 요율을 적용하고 있어요. 금액대별로 차이가 나는 주택과 차이가 납니다. 예를 들어 3억 원 아파트 매매 시 중개보수는 3억 원×0.4%로 120만 원이지만 같은 가격의 오피스텔은 3억 원×0.5%로 150만 원입니다. 전세 2억 원 아파트의 경우 중개보수는 2억 원×0.3%로 60만 원이지만 오피스텔은 2억 원×0.4%로 80만 원입니다. 오피스텔 거주자들에게 더 많은 중개보수를 요구하는 것은 불합리하기 때문에 개정이 필요한 대목입니다.

분양권 전매와 프리미엄, 불법전매

누구나 한 번쯤 "A아파트에 당첨돼서 억대 프리미엄 한 번 받아보고 싶다"는 꿈을 꾸곤 합니다. 실제로 이런 꿈을 실천한 사람도 많습니다. 하지만 전매제한 기간 안에 불법으로 분양권을 팔았다가 오히려 씻을 수 없는 불명예를 안고 살아가는 사람도 많습니다. 분양권 전매와 프리미엄이 대체 뭐길래 사람들은 대박을 꿈꾸고, 불법행위를 서슴지 않고 하는 걸까요?

아파트에 청약한 후 당첨자가 발표되면 계약금을 내고 건설사와 분양계약을 맺습니다. 계약이 성사되면 아파트에 입주할 수 있는 권리는 '분양권' 상태가 됩니다. 그리고 이 분양권은 '주택공급 계약 체결이 가능한 날로부터' 일정기간 사고파는 데 제약이 따릅니다. 주택공급 계약 체결이 가능한 날이란 당첨자 발표 후 이뤄지는 정당계약체결 시작일입니다. 보통 계약기간은 3일 정도 주어지는데 3일 중 첫날을 기준으로 전매제한 기간을 산정하는 겁니다.

분양권은 전매제한 기간이 끝나면 합법적으로 사고 팔 수 있습니다. 분양권을 사려는 사람은 무엇보다 매도자가 실제 계약자가 맞는지, 이 분양권이 실제 입주할 수 있는 권리가 맞는지, 매도인이 계약금과 중도금은 정상적으로 납부했는지 철저하게 알아봐야 하는데요. 건설사에서 발급한 증명서를 확인하면 됩니다.

분양권 매매계약을 체결할 때 분양권 가격은 총 분양가격이 아닙니다. 매도인이 지금까지 납부한 계약금과 중도금 그리고 프리미엄이 가격이 됩니다. 예를 들어 분양가 5억 원 아파트의 분양권

◆ 분양권 전매 절차

분양권 전매 절차	아파트 분양 당첨 후 건설사와 분양계약이 체결되어야 분양권전매 가능
매매계약	매도자와 매수자가 지역 중개업소
매매계약서 검인	매도자 또는 매수자 한 명만 방문
실 거래가 신고	중개업자가 부동산 거래계약서신고서를 작성, 신고
은행대출 승계	· 매도자와 매수자가 함께 대출받은 금융기관을 방문해 중도금대출의 채무를 승계(은행대출채무승계동의서 작성) · 매도자는 신분증, 분양계약서, 검인계약서, 인감도장, 대출통장을 준비하고 매수자는 신분증, 인감도장을 준비
명의변경 (매도자와 매수자)	· 매도자는 인감증명서, 주민등록등본, 인감도장, 신분증, 분양계약서, 분양대금납부영수증, 은행대출채무승계동의서를 준비 · 매수자는 인감증명서, 인감도장, 신분증, 검인계약서를 준비해 건설사의 분양사무소를 방문하여 분양계약서 뒷면에 매수자의 명의를 변경

을 매매할 때 매도인이 계약금 5,000만 원과 중도금 5,000만 원을 납부한 상태에서 프리미엄 5,000만 원을 요구할 경우 거래가격은 5억 5,000만 원이 아니라 1억 5,000만 원이 되는 거죠. 그리고 공인중개사에게 지급하는 중개수수료 기준도 5억 5,000만 원이 아니라 1억 5,000만 원이 됩니다.

계약서 작성이 끝나면 매도인이나 매수인이 60일 안에 시군구청에 실거래가 신고를 해야 합니다. 다만 대부분 중개업소를 이용하기 때문에 신고는 보통 공인중개사가 하고 있죠. 신고가 이뤄지지 않으면 공인중개사가 처벌을 받게 됩니다.

계약을 했으면 대출 문제도 처리해야 합니다. 매도인이 중도금 대출을 받았다면 매수인과 매도인은 은행을 함께 방문해 대출승계 절차를 밟아야 합니다. 즉 매도인이 받던 중도금 대출이 이제 매수인이 받게 되는거죠. 이 때 분양권 매수인은 매도인이 이자 또는 원금 연체가 없는지 잘 확인해야 합니다.

이렇게 매수인과 매도인 상호간의 문제가 정리되면 아파트를 분양한 곳에 가서 명의변경 절차까지 이행해야 합니다. 명의변경 절차를 거쳐야 최종적으로 분양권 매수 절차가 모두 종료된다는 뜻이죠. 모든 절차가 끝나면 분양권 주인이 매도인에서 매수인으로 바뀌게 됩니다.

거래와 신고 절차가 모두 끝나면 세금 문제가 남겠죠? 분양권 전매의 경우 우선 매수인이 내는 세금은 없습니다. 매수인은 나중에 입주 시점이 되면 그 때 취득세를 냅니다. 이 때 취득세는 당초 분양가가 아니라 분양가에 프리미엄을 더한 금액을 기준으로 합니다. 만약 매수인이 분양가보다 저렴하게 샀다면 취득세 부과 기준은 매수인이 실제 지급한 금액이 됩니다. 과거에는 마이너스 프리미엄을 주고 분양권을 사는 경우에도 최초 분양가를 기준으로 취득세가 부과됐지만 2016년 소비자들에게 유리한 방향으로 제도가 변경됐습니다.

매도인은 프리미엄을 받고 팔았다면 양도차익이 발생했기 때문에 양도소득세를 납부해야 합니다. 양도소득세율은 분양권 보유기간에 따라 1년 미만 50%, 1년 이상~2년 미만 40%, 2년 이상 6~38%입니다. 분양권 보유기간이 10개월이고 프리미엄 5,000만 원, 중개수수료 200만 원인 경우를 볼까요? 세율은 일단 과표의 50%입니다. 이 때 과표는 프리미엄에서 중개수수료와 기본공제(250만 원)을 빼야 합니다. 계산해보면 과표는 4,550만 원이 됩니다. 결국 4,550만 원의 50%인 2,275만 원이 최종적으로 납부해야 할 양도소득세가 되는 거죠.

분양권 불법전매의 대부분은
전매제한기간 위반

지금까지 살펴본 것은 분양권을 합법적으로 거래하는 과정입니다. 이 때 합법이란 전매제한 기간을 어기지 않고 실거래가를 정상적으로 신고해 양도소득세를 제대로 내는 경우를 통칭합니다. 따라서 전매제한기간을 어기거나 실거래가를 제대로 신고하지 않는 분양권 거래는 자연스레 불법이 됩니다.

분양권 불법전매의 가장 비근한 사례는 전매제한기간 위반입니다. 전매제한 기간 규정은 워낙 복잡한데 정부는 2016년 11월 3일 부동산 대책을 발표하면서 서울 강남4구(강남구, 서초구, 송파구, 강동구)와 과천시에 분양하는 공공택지 또는 민간택지 분양 아파트 분양권 전매를 소유권이전등기 때까지 금지했습니다. 사실상 입주 때까지 분양권 전매가 불가능해진 셈이죠.

또 서울 강남4구를 제외한 나머지 21개 자치구와 분당 판교가 포함된 성남시 민간아파트에 대해서는 분양권 전매제한기간을 기존 6개월에서 1년 6개월로 1년 연장했습니다. 이 지역 내 공공택지 안에서 분양하는 공공 또는 민간아파트 분양권 전매는 소유권이전등기 때까지 금지됩니다.

전매제한 기간 안에 분양권을 사고 팔면 3년 이하의 징역이나 3,000만 원 이하의 벌금형에 처해집니다. 매수인, 매도인 모두 처벌 대상이에요. 또 불법 전매를 알선한 공인중개사는 3년 이상의 징역이나 2,000만 원 이하의 벌금형을 받고 등록취소 또는 영업정지 처벌을 받게 됩니다. 불법전매는 암암리에 이뤄지지만 일단 적발되면 처벌은 보다시피 아주 무겁습니다. 주택 시장 질서를 교란해 국민 경제 전체에 악영향을 주는 범죄로 취급하기 때문이죠.

그렇다면 불법전매 적발 시 매수인이 넘겨받은 분양권 혹은 분양계약자의 지위는 어떻게 처리될까요? 과거에는 처벌만 하고 실제 계약은 유효한 것으로 봤지만 최근 추세는 매수인의 분양계약까지 취소하고 있습니다. 이 경우 매수인이 부담했던 프리미엄은 공중에 붕 뜨게 됩니다. 매수인은 계약금과 중도금 등 계약 취소와 함께 프리미엄을 뺀 돈만 돌려받기 때문이죠. 따라서 매수인은 매도인에게 요청하거나 부당이득반환 소송을 제기해 이미 지급한 프리미엄을 돌려받을 수 있습니다.

| 문기자의 부동산 팩트체크 |

주거용이지만
업무시설인 오피스텔

요즘 주변에 보면 오피스텔에 혼자 사는 젊은 사람들이 많습니다. 오피스텔이지만 방이 2개 나오고 거실까지 갖춘 곳은 아파트하고 별반 다르지 않아 '아파텔'(아파트+오피스텔)이라고 불리기도 하죠. 사실 요즘 지어지고 있는 아파텔은 외형만 봐서는 아파트와 구분하기 어려워요. 건설사들은 언론에 '미니아파트'라고 광고하기도 합니다.

2016년 기준으로 전국에 오피스텔은 약 7,000동이 있습니다. 여기 거주하는 사람이 정확히 얼마인지 모르지만 대략 50만 가구는 살고 있을 것으로 추정됩니다. 대부분 1인가구 일테지만 간혹 2~3인 가구도 있을 겁니다. 적어도 50만 명 이상이 오피스텔에 살고 있다고 볼 수 있는 대목입니다.

그런데 참 우리나라 법은 이상합니다. 사람들이 아파트처럼 오피스텔에 살고 있지만 오피스텔은 아파트하고 달라도 아주 많이 다릅니다. 심지어 아파텔, 미니아파트라고 부르지만 아파트하고 다른 게 한 둘이 아니에요.

법적으로 오피스텔은 '사는 곳'이 아니라 '일하는 곳'

우선 오피스텔은 주거시설이 아니라 업무시설로 분류됩니다. 사람이 거주하는 곳이 아니라 일하는 곳이라는 뜻이죠. 오피스텔은 업무시설이기 때문에 원래 사람이 살 수 없지만 이미 많은 사람들이 살고 있으니 정부에서는 2011년 '준주택'이라는 타이틀을 붙여 줬습니다. 주택 같기도 하고 사무실 같기도 하다는 뜻이죠.

기본적으로 업무시설·비주거 용도의 건축물이다 보니 오피스텔은 아파트를 지을 수 있는 땅에 짓지 못하는 경우가 많아요. 보통 공공택지의 경우 공동주택용지로 공급되는 땅에는 아파는 지을 수 있지만 오피스텔은 짓지 못합니다. 오피스텔은 상업용지나 도시지원시설용지에 지을 수 있습니다. 공동주택용지는 한국토지주택공사(LH)에서 입찰할 때 뽑기를 하지만 상업용지나 도시지원시설용지는 가장 높은 가격을 써낸 사업자가 땅을 가져갑니다.

택지지구가 아닌 경우 지역마다 차이는 있는 아파트는 2종·3종 일반주거지역과 준주거지역, 준공업지역에 지을 수 있습니다. 하지만 오피스텔은 2종이나 3종 일반주거지역에는 짓지 못합니다. 오피스텔은 주거시설이 아니기 때문이죠.

아파트와 오피스텔은 취득세와 중개수수료도 달라요. 아파트의 경우 금액과 전용면적에 따라 1.1~3.5%의 취득세를 내지만 오피스텔은 4.6% 단일세율이 적용됩니다. 같은 전용면적 60㎡에 3억 원 하는 아파트와 오피스텔이 있다면 아파트 취득세는 1.1% 세율을 적용해 330만 원이지만 오피스텔은 4.6%를 적용받아 1,380만 원이 취득세로 나옵니다.

물론 취득세를 아낄 수 있는 방법도 있어요. 전용면적 60㎡ 이하인 신축 오피스텔

◆ 오피스텔과 아파트 비교

오피스텔	항목	아파트
4.6%(전용면적 60㎡ 이하 신축오피스텔 최초 분양받은 후 주택임대사업자등록 시 85~100% 감면)	취등록세	1.1~3.5%
분양가의 7% 납부 (업무용으로 임대하는 일반임대사업자로 등록하면 부가세환급. 단, 최소 10년 의무임대)	부가세	없음
0.5% 혹은 0.9% 이하	중개수수료(매매)	0.4~0.6% 혹은 0.9% 이하
계약면적(주거전용+주거공용+기타공용)	분양가 산정기준	공급면적(주거전용+주거공용)
주택임대사업등록 하지 않은 임대인이 불허	전입신고	가능
전용 85㎡ 이하만 허용	바닥난방	허용
불허	발코니	허용
불필요	청약통장	필요
불가	에어비앤비	가능(남는 방)
허용	테라스	허용
자유	인터넷 청약	의무
주거용은 주택수에 포함 (기준시가 6억 원 이하로 5년 이상 임대 시 양도소득세 계산 때 주택수에서 제외)	주택수 반영	포함
없음	전매제한	있음
주택용 누진제 적용 (업무용 오피스텔은 누진제 배제)	전기요금	주택용 누진제 적용

을 분양받은 경우라면 잔금을 내고 소유권을 이전받을 때 주택임대사업등록을 내면 2018년 말까지 취득세를 감면받을 수 있습니다. 앞의 사례의 경우 과거에는 1,380만 원을 다 깎아줬지만 2016년부터 최소세액제도가 생겨 감면받는 취득세가 200만 원 이상이면 내야할 취득세의 15%는 납부해야 합니다. 즉 1,380만 원의 15%인 207만 원이 취득세로 부과되는 것입니다.

하지만 주택임대사업자로 일단 등록하면 적어도 4년은 임대를 유지해야 한다는 조건이 있으니 유의해야 합니다. 4년 안에 팔 수 없다는 뜻이죠. 4년 안에 팔면 감면 받았던 취득세를 다시 내야 합니다. 또 주택임대사업자로 등록하면 오피스텔은 양도소득세 계산 때 1주택으로 계산됩니다. 따라서 1주택자라면 오피스텔 외에 보유하고 있던 주택을 매매할 때 양도소득세 비과세 혜택을 못 받을 수도 있습니다. 단, 기준시가 6억 원 이하인 오피스텔을 5년 이상 임대할 경우 양도소득세 계산 때 주택수로 계산하지 않습니다. 이 경우 기존에 보유하고 있던 주택을 매각할 때 양도차익이 발생해도 비과세 혜택을 받을 수 있습니다. 현행 세법상 1주택자는 2년 보유 요건만 충족하면 양도세를 내지 않아도 됩니다.

이 사례에서 중개수수료도 오피스텔이 더 비쌉니다. 즉 오피스텔 중개수수료율은 0.5%로 150만 원이지만 아파트 중개수수료율은 0.4%로 120만 원입니다. 아파트가 중개수수료가 오피스텔보다 30만 원 더 저렴합니다.

오피스텔에 대한 차별은 건축과정에도 존재합니다. 전용면적 85㎡가 넘는 오피스텔은 바닥난방을 할 수 없어요. 예전에는 오피스텔 규모와 상관없이 전부 허용되지 않았지만 2009년 규제 완화로 85㎡까지는 바닥난방을 허용해 주기로 했죠. 오피스텔은 과거 욕조 설치도 안됐지만 이 규제는 2010년 폐지돼 지금은 욕조가 설치된 오피스텔도 많습니다.

오피스텔은 발코니도 설치할 수 없습니다. 아파트는 3베이, 4베이 등 집 앞에 발코니를 설치한 후 확장해서 쓸 수 있지만 오피스텔은 발코니 설치가 금지돼 확장해서 쓴다는 개념이 존재하지 않죠. 테라스나 베란다의 경우 따로 제한이 없어 오피스텔에도 설치할 수 있습니다.

오피스텔이 아파트에 비해 차별을 받고 있지만 혜택을 받는 부분도 있습니다. 우선 오피스텔은 청약통장이 필요 없어요. 임대목적의 투자 상품이기 때문에 정부에서 따로 청약통장 가입조건을 달지 않은 겁니다. 6개월 또는 1년 분양권 전매제한 기간도 없습니다. 따라서 오피스텔은 분양받은 후 아무 제한 없이 제3자에게 매도할 수 있습니다.

| 문기자의 부동산 팩트체크 |

분양권과 입주권

재건축·재개발 사업에서 새 아파트를 얻는 방법은 크게 세 가지로 조합원 입주권을 사거나 일반분양을 받는 것, 그리고 분양권 전매를 통해 매입하는 것입니다. 그런데 입주권과 분양권은 그 성격이 많이 달라요. 입주권이나 분양권에 투자해 큰 손해를 보지 않으려면 각각의 특징을 미리 잘 알아두는 게 좋습니다.

◆ 분양권과 입주권의 차이

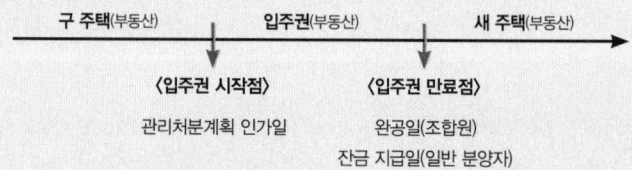

우선 입주권과 분양권은 개념에서부터 다릅니다. 입주권은 재건축·재개발 사업에서 조합원이 가지는 권리를 말합니다. 일반적으로 관리처분계획인가 이후부터 기존 낡은 아파트 소유권은 입주권으로 상태로 바뀌게 됩니다. 그리고 새 아파트가 완공되기 전까지 조합원 입주권은 자유롭게 매매될 수 있습니다. 입주권은 기존 아파트에 대한 권리인 동시에 재건축 후 새 아파트에 입주할 수 있는 권리라고 볼 수도 있죠.

반면 분양권은 전체 물량 중 조합원 입주권 물량을 뺀 일반분양 물량에 대한 권리로 재건축·재개발 사업 분양권과 일반 아파트 분양권은 개념상 동일합니다. 2016년 8월 분양한 디에이치아너힐즈(개포주공 3단지 재건축)는 총 1,320가구 중 63가구가 일반분양 물량으로 나왔습니다. 임대 85가구를 제외한 나머지는 조합원 물량, 즉 조합원 입주권이라고 보면 됩니다.

이렇게 개념적으로 차이가 나다보니 서로 다른 특징을 갖고 있어요. 우선 재건축·재개발 절차에 따라 조합원에게 전망이나 입지가 좋은 동·호수가 배정됩니다. 따라서 일반적으로 입주권을 사면 선호도가 높은 남향, 로얄층에 입주할 수 있습니다. 반면 분양권은 조합원들이 고르고 남은 물량이 배정되기 때문에 층이나 향이 좋지 않은 경우가 많죠. 가격도 차이가 납니다. 보통 입주권은 분양권보다 10~20% 저렴합니다. 입주권이 분양권보다 층과 향이 더 좋은데 가격이 저렴하다면 충분히 투자 메리트가 있다고 볼 수 있겠죠.

◆ 분양권과 입주권 비교

구분	조합원 입주권	일반 분양권
청약통장	불필요	필요
주택수	포함	불포함
취득세	4.6%(매입 즉시)	1.1~3.5%(소유권 등기 때)
장점	좋은 동·호수배정 일반분양보다 낮은 분양가	초기 자금 부담 크지 않음
단점	초기 자금 부담 큼 추가분담금 발생 우려 있음	좋은 동·호수배정 어려움 입주권보다 분양가가 높음

입주권이 저렴한 이유

하지만 입주권 가격이 저렴한 이유가 있어요. 입주권을 사면 승계조합원이 됩니다. 참고로 기존조합원(원조합원)과 승계조합원 차이는 〈4부 청약통장의 마법 : 아파트 분양의 모든 것〉에서 자세히 다룬 바 있습니다.

조합원은 재건축·재개발 사업 리스크도 함께 부담하게 됩니다. 그런데 재건축·재개발 사업은 잘 진행되다가도 어긋나는 경우가 많아요. 사업이 지체되면 비용이 불어나고 조합원들에게 돌아가는 부담이 늘어납니다. 게다가 일반분양까지 제대로 잘 안되면 조합원 추가분담금은 눈덩이처럼 불어날 수 있어요. 따라서 입주권을 매입할 때는 반드시 사업성을 따져보고 추가분담금이 얼마나 되는지 조합에 알아봐야 합니다.

입주권 매입에는 한꺼번에 목돈이 필요하다는 것도 단점으로 꼽힙니다. 분양권의 경우 계약금, 중도금, 잔금을 나눠서 지급하면 되지만 입주권은 한 번에 매매대금을 모두 납부해야 합니다. 한꺼번에 큰 돈이 필요하기 때문에 입주권은 분양권보다 거래가

활발하지 않습니다.

입주권에 부과되는 취득세율도 꽤 높은 편입니다. 재건축·재개발 사업에서 건물은 철거되기 때문에 입주권은 사실 토지에 대한 권리로 볼 수 있습니다. 따라서 토지에 부과되는 취득세율인 4.6%가 부과됩니다. 반면 분양권은 매입시점에는 취득세가 부과되지 않고 완공 후 등기 시점에 주택 크기와 가격에 따라 1.1~3.5%의 취득세가 부과됩니다.

주택수 포함여부는 양도소득세와 직결되는 문제이기 때문에 아주 꼼꼼하게 따져봐야 합니다. 우리 세법상 입주권은 주택수에 포함하고 분양권은 주택수에 포함하지 않습니다. 즉 입주권 외에 주택 한 채를 갖고 있다면 2주택자가 되지만 분양권 외에 주택 한 채를 갖고 있다면 1주택자가 된다는 뜻이죠.

이렇게 입주권과 주택 한 채를 보유한 사람이 기존 주택을 매도하는 경우 2주택자가 되기 때문에 양도소득세가 부과됩니다. 반면 분양권과 주택 한 채를 보유한 사람은 기존 주택을 매도하는 경우 1주택자와 같기 때문에 해당 주택을 2년 이상 보유했다면 실거래가 9억 원을 넘지 않는 한 양도소득세 비과세 혜택을 받을 수 있습니다.

그러나 입주권과 분양권 자체를 매매하는 경우 양도소득세는 또 다릅니다. 우선 입주권과 주택 한 채를 갖고 있는 상태에서는 원조합원이냐 승계조합원이냐에 따라 양도소득세가 달라요. 원조합원이 다른 주택을 취득한 날로부터 3년 안에 입주권을 팔면 양도소득세 비과세 혜택을 받을 수 있습니다. 반면 승계조합원은 이런 혜택이 없어요. 즉 승계조합원은 다른 주택 소유 여부와 상관없이 입주권 보유기간이 1년 이내이면 40%, 1년 이상이면 양도차익에 따라 6~38%의 양도소득세를 내야 합니다.

분양권의 경우 주택으로 취급하지 않지만 양도차익에 대해서 무거운 양도소득세를 부과하고 있습니다. 분양권 보유기간이 1년이 안 된 상태에서 양도할 경우 양도차익의 50%를 세금으로 내야 합니다. 1년 이상 2년 미만 보유한 후 양도하면 40%의 양도소득세가 부과되고 2년 이상 보유한 후 매각할 때는 6~38%의 일반 양도소득세율을 적용합니다.

분양 아파트에 잔금을 납부하고 입주했다면 이 때부터 주택수에 포함됩니다. 따라서 기존에 보유한 주택이 있다면 2주택자가 됩니다. 다만 이 경우 일시적 2주택자 혜택은 받을 수 있습니다. 즉 분양 아파트에 입주하면서 일시적으로 2주택자가 됐지만 기존 아파트를 3년 안에 팔면 기존 아파트는 양도소득세 비과세 혜택을 받을 수 있다는 말입니다. 이렇게 해서 1주택자가 됐을 경우 분양받은 아파트를 2년 이상 보유한 후 매각하면 역시 양도소득세를 면제받게 됩니다.

시간이 지나도 변하지 않는
부동산 절대지식

1판 1쇄 인쇄 | 2017년 4월 4일
1판 2쇄 발행 | 2017년 5월 22일

지은이 문지웅
펴낸이 김기옥

프로젝트 디렉터 기획1팀 모민원, 정경미
커뮤니케이션 플래너 박진모
경영지원 고광현, 김형식, 임민진, 김주현

디자인 디자인허브
인쇄·제본 민언프린텍

펴낸곳 한스미디어(한즈미디어(주))
주소 우편번호 121-839 서울특별시 마포구 양화로 11길 13 (서교동, 강원빌딩5층)
전화 02-707-0337 | **팩스** 02-707-0198 | **홈페이지** www.hansmedia.com
출판신고번호 제 313-2003-227호 | **신고일자** 2003년 6월 25일

ISBN 979-11-6007-128-3 13320

책값은 뒤표지에 있습니다.
잘못 만들어진 책은 구입하신 서점에서 교환해 드립니다.